江苏产业结构的投入产出分析

金春鹏 徐爱军 著

JIANGSU
CHANYE JIEGOU
DE
TOURU CHANCHU
FENXI

江苏大学出版社
JIANGSU UNIVERSITY PRESS

镇 江

图书在版编目(CIP)数据

江苏产业结构的投入产出分析 / 金春鹏,徐爱军著
. — 镇江：江苏大学出版社，2021.4
ISBN 978-7-5684-1612-2

Ⅰ. ①江… Ⅱ. ①金… ②徐… Ⅲ. ①产业结构—投入产出分析—江苏 Ⅳ. ①F269.275.3

中国版本图书馆 CIP 数据核字(2021)第 074251 号

江苏产业结构的投入产出分析

Jiangsu Chanye Jiegou de Touru Chanchu Fenxi

著　　者/金春鹏　徐爱军
责任编辑/米小鸽
出版发行/江苏大学出版社
地　　址/江苏省镇江市梦溪园巷 30 号(邮编：212003)
电　　话/0511-84446464(传真)
网　　址/http://press.ujs.edu.cn
排　　版/镇江文苑制版印刷有限责任公司
印　　刷/镇江文苑制版印刷有限责任公司
开　　本/718 mm×1 000 mm　1/16
印　　张/17.75
字　　数/325 千字
版　　次/2021 年 4 月第 1 版
印　　次/2021 年 4 月第 1 次印刷
书　　号/ISBN 978-7-5684-1612-2
定　　价/69.00 元

如有印装质量问题请与本社营销部联系(电话:0511-84440882)

前 言

2019 年,江苏 GDP 同比增长 6.1%,是自 1991 年以来的最低水平。随着经济增速明显放缓,经济结构优化调整的问题被提到更加重要的位置。如何正确处理好稳增长和调结构的关系,如何通过深化改革促进结构调整,是当下亟待解决的重要问题。从江苏经济发展的现实需求来看,准确把握江苏产业结构的发展规律与现状特征,有效解决产业结构中存在的深层次问题和矛盾,有针对地推动产业结构调整升级,对进一步激发江苏经济发展活力、释放发展新动能和实现经济高质量发展意义重大。

投入产出分析在各类经济分析方法中具有比较明显的优势,它不是从单一的产业部门或产业的单一特征孤立地去分析产业发展问题,而是以一般均衡理论为基础,将整个经济体系作为由若干产业部门组成的整体系统进行全局性的多维分析。从具体分析技术看,投入产出分析包含若干动态和静态的多部门的投入产出分析模型及感应度分析、影响力分析、产业诱发分析、产业依赖分析、结构分解分析、产业预测分析等方法,同时,还能够与线性规划及因子分析、聚类分析等统计方法相结合,更好地分析产业结构、产业关联、产业组织等特征。

本书通过对江苏产业结构进行总产出增长分解模型分析、产业感应度影响力分析、产业关联结构分解分析、产业诱发和依赖效应分析、基于投入产出的主导产业分析、基于产业结构发展快车道分析等大量基于静态和动态投入产出分析技术的实证分析,揭示了江苏产业结构发展现状特征和发展趋势,为产业结构深度优化调整提供了充分的理论和实践依据。同时,在大量定性和定量研究基础上,结合实证研究结论,根据江苏产业发展实际,提出江苏产业结构优化调整的对策建议,希望能够为产业结构调整提供一定的理论依据和决策参考。

目 录

表目录

江苏总产出增长分解分析

根据总产出增长结构分解理论,经济增长是需求平衡增长、价格变动、结构变动、技术进步等因素共同作用的结果。利用结构分解模型,对驱动总产出增长的上述四种因素的作用进行定量测算,对明确经济增长机理、稳定增速具有重要作用。

第一节　总产出增长结构分解模型及算法

一、总产出增长结构分解模型简介

1957 年,美国经济学家罗伯特·默顿·索洛(Robert Merton Solow)在 *Technical Change and the Aggregate Production Function* 一文中,首次利用生产函数研究技术变动对经济增长的作用。索洛的研究是开创性的,具有极大的启发性,使人们逐渐认识到技术变动对经济增长的作用往往是决定性的。为实证研究的需要,索洛提出了测量技术变动对经济增长贡献的余值法。余值法虽然揭示了生产函数理论应用于实践的可能性,但也由于过于笼统而受到指责。不仅如此,生产函数理论偏重于研究总量增长,不能兼顾部门之间的均衡增长。

为此,华西里·列昂惕夫(Wassily Leontief)做了深入的创新研究,由其建立的投入产出模型把各部门增长与总量增长相结合,通过完全消耗系数矩阵,以最终需求变动来解释总产出的增长。利用投入产出模型,对总产出增长进行分解分析,基本分析思路是将总产出增长分解为四个因素的贡献,这四个因素分别是:① 需求平衡增长;② 价格变动;③ 结构变动;④ 技术进步(也称技术变动)。前三个因素对总产出增长的贡献相对容易测算,因此在总产出增长中除去前三个因素的贡献,其余部分就是技术进步对总产出增长的贡献。

二、总产出增长结构分解模型算法

假设全社会有 n 个生产部门,第 t 年总产出列向量为:

$$\boldsymbol{X}_t = (x_1 \quad x_2 \quad \cdots \quad x_n)^{\mathrm{T}}$$

最终需求列向量为:

$$\boldsymbol{Y}_t = (y_1 \quad y_2 \quad \cdots \quad y_n)^{\mathrm{T}} \, 。$$

考虑两个时期 t_1 和 t_2,则这两个时期的总产出为 $\boldsymbol{X}_{t1}$ 和 $\boldsymbol{X}_{t2}$,最终需求为 $\boldsymbol{Y}_{t1}$ 和 $\boldsymbol{Y}_{t2}$。根据投入产出模型有:

$$\boldsymbol{G}_{t1}\boldsymbol{X}_{t1} + \boldsymbol{Y}_{t1} = \boldsymbol{X}_{t1}$$

$$\boldsymbol{G}_{t2}\boldsymbol{X}_{t2} + \boldsymbol{Y}_{t2} = \boldsymbol{X}_{t2}$$

其中 G_t 为对角矩阵,其元素 $g_i = \sum h_{ij}$,h_{ij} 为中间分配系数。上式可变换为:

$$X_{t1} = (I - G_{t1})^{-1} Y_{t1} = C_{t1} Y_{t1}$$
$$X_{t2} = (I - G_{t2})^{-1} Y_{t2} = C_{t2} Y_{t2}$$

其中 $C_t = (I - G_t)^{-1}$,I 为单位矩阵。

假设总产出由 X_{t1} 增加到 X_{t2} 是通过以下过程实现的:① 需求平衡增长引起的增长;② 价格变动引起的增长;③ 结构变动引起的增长;④ 技术进步引起的增长。下面分别讨论这四个因素单独变动对总产出的影响。

① 需求平衡增长对总产出的影响

$$X_{t2}(1) = C_{t1} Y_{t2} - C_{t1} Y_{t1} = C_{t1}(1+k) Y_{t1} - C_{t1} Y_{t1} = k C_{t1} Y_{t1} = k X_{t1}$$

其中 k 为对角矩阵,元素 $k_j = |Y_{t2}| / (\lambda |Y_{t1}|) - 1$;

$|Y_{t1}|$、$|Y_{t2}|$ 分别为 t_1 和 t_2 年各部门最终需求之和;

λ 是以 t_1 年为基期、t_2 年为报告期的价格总指数变动幅度;

$$\lambda = \sum_1^n \omega_i \frac{P_{it2}}{P_{it1}}, \omega_i = \frac{y_{it1}}{|Y_{t1}|}$$

$X_{t2}(1)$ 是需求平衡增长对总产出增长所做的贡献。

② 价格变动对总产出的影响

$$X_{t2}(2) = \alpha X_{t1}$$

其中,α 为对角矩阵,元素 $\alpha_i = (P_{it2} - P_{it1}) / P_{it1}$,α 是以 t_1 年为基期、t_2 年为报告期的各部门产品价格指数。

$X_{t2}(2)$ 是价格上涨对总产出增长的影响。

③ 结构变动对总产出的影响

$$X_{t2}(3) = (C_{t2} - C_{t1}) Y_{t1} = (C_{t2} - C_{t1}) [(C_{t1})^{-1} X_{t1}]$$
$$= [C_{t2}(C_{t1})^{-1} - I] X_{t1} = \beta X_{t1}$$

其中 $\beta = [C_{t2}(C_{t1})^{-1} - I]$。

$X_{t2}(3)$ 是结构变动对总产出增长所做的贡献。

④ 技术进步对总产出的影响

$$X_{t2}(4) = \gamma X_{t1}$$

其中 γ 是对角矩阵。

$X_{t2}(4)$ 是技术进步对总产出增长所做的贡献。

这样,对实际总产出 X_{t2} 可做如下分解:

$$X_{t2} = X_{t1} + X_{t2}(1) + X_{t2}(2) + X_{t2}(3) + X_{t2}(4)$$
$$= X_{t1} + kX_{t1} + \alpha X_{t1} + \beta X_{t1} + \gamma X_{t1}$$
$$= (I + \delta)X_{t1}$$

其中 $\delta = k + \alpha + \beta + \gamma$。

总产出增量为:

$$\Delta X = X_{t2} - X_{t1} = X_{t2}(1) + X_{t2}(2) + X_{t2}(3) + X_{t2}(4)$$
$$= kX_{t1} + \alpha X_{t1} + \beta X_{t1} + \gamma X_{t1}$$
$$\gamma X_{t1} = \Delta X - (k + \alpha + \beta)X_{t1}$$

据此,需求平衡增长、价格变动、结构变动、技术进步对增长的作用可被分解出来。

第二节   江苏总产出增长分解分析

一、2007—2012 年总产出增长分解分析

根据 2007 年和 2012 年江苏投入产出表的数据(见表 1、表 2),用上面的分解模型进行实证分析。

表 1   2012 年江苏三次产业投入产出表

亿元

投入＼产出		中间使用				最终使用	总产出
		一产	二产	三产	合计		
中间投入	一产	459.2	3824.5	389.2	4672.9	1088.4	5761.3
	二产	1625.4	95119.5	6255.3	103000.3	39092.1	142092.4
	三产	258.4	10247.5	10984.4	21490.3	19791.1	41281.3
	合计	2343.0	109191.5	17628.9	129163.5	59971.5	189135.0
增加值		3418.3	32900.8	23652.4	59971.5	—	—
总投入		5761.3	142092.4	41281.3	189135.0	—	—

注:表中数据根据 2012 年"江苏投入产出表"整理计算,数据单位已换算为亿元。

2012 年的最终需求和总产出分别为 $|Y_{2012}| = 59971.5$ 亿元,$|X_{2012}| = 189135.0$ 亿元;总产出向量为 $X_{2012} = (5761.3 \quad 142092.4 \quad 41281.3)^T$。

表2　2007年江苏三次产业投入产出表

亿元

投入 ＼ 产出		中间使用				最终使用	总产出
		一产	二产	三产	合计		
中间投入	一产	378.5	2128.3	186.9	2693.8	370.9	3064.7
	二产	681.9	41808.8	3403.0	45893.7	18683.8	64577.5
	三产	188.1	5495.3	2770.4	8453.8	7453.6	15907.5
	合计	1248.5	49432.5	6360.4	57041.3	26508.4	83549.7
增加值		1816.2	15145.0	9547.1	26508.4	—	—
总投入		3064.7	64577.5	15907.5	83549.7	—	—

注：表中数据根据2007年"江苏投入产出表"整理计算，数据单位已换算为亿元。

2007年的最终需求和总产出分别为$|\mathbf{Y}_{2007}|=26508.4$亿元，$|\mathbf{X}_{2007}|=83549.7$亿元；总产出向量为$\mathbf{X}_{2007}=(3064.7 \quad 64577.5 \quad 15907.5)^{\mathrm{T}}$。

① 需求平衡增长对总产出的影响

$$|\mathbf{Y}_{2012}|/|\mathbf{Y}_{2007}|=2.262358$$

$$\lambda=1.177154$$

$$k_j=0.921888$$

$$\mathbf{X}_{2012}(1)=k\mathbf{X}_{2007}=\begin{bmatrix} 0.921888 & 0 & 0 \\ 0 & 0.921888 & 0 \\ 0 & 0 & 0.921888 \end{bmatrix}\begin{bmatrix} 3064.7 \\ 64577.5 \\ 15907.5 \end{bmatrix}=\begin{bmatrix} 2825.31 \\ 59533.23 \\ 14664.94 \end{bmatrix}$$

$$|\mathbf{X}_{2012}(1)|=77023.48 \text{亿元}$$

$$|\Delta\mathbf{X}|=105585 \text{亿元}$$

2012年比2007年总产出的增长中，需求平衡增长对总产出增长的贡献为：

$$s_1=|\mathbf{X}_{2012}(1)|/|\Delta\mathbf{X}|=72.95\%$$

② 价格变动的影响

$\mathbf{X}_{2012}(2)=\boldsymbol{\alpha}\mathbf{X}_{2007}$，$\alpha_i$为以2007年为基期、2012年为报告期的价格指数。

$$|\mathbf{X}_{2012}(2)|=14801.16 \text{亿元}$$

2012年比2007年总产出的增长中，价格变动对总产出增长的贡献为：

$$s_2=|\mathbf{X}_{2012}(2)|/|\Delta\mathbf{X}|=14.02\%$$

③ 结构变动的影响

$$C_{2007} = \begin{bmatrix} 8.2629 & 0 & 0 \\ 0 & 3.4563 & 0 \\ 0 & 0 & 2.1342 \end{bmatrix}$$

$$C_{2012} = \begin{bmatrix} 5.2934 & 0 & 0 \\ 0 & 3.6348 & 0 \\ 0 & 0 & 2.0859 \end{bmatrix}$$

$$X_{2012}(3) = \beta X_{2007} = \begin{bmatrix} -0.3594 & 0 & 0 \\ 0 & 0.0516 & 0 \\ 0 & 0 & -0.0226 \end{bmatrix} \begin{bmatrix} 3064.7 \\ 64577.5 \\ 15907.5 \end{bmatrix} = \begin{bmatrix} -1101.39 \\ 3334.58 \\ -360.11 \end{bmatrix}$$

$$|X_{2012}(3)| = 1873.085 \text{ 亿元}$$

2012 年比 2007 年总产出的增长中,结构变动对总产出增长的贡献为:

$$s_3 = |X_{2012}(3)| / |\Delta X| = 1.77\%$$

④ 技术进步的影响

技术进步对总产出增长的贡献为:

$$s_4 = 1 - s_1 - s_2 - s_3 = 11.26\%$$

从 2007 年到 2012 年,江苏总产出增长中:需求平衡增长的贡献为 72.95%,价格变动的贡献为 14.02%,结构变动的贡献为 1.77%,技术进步的贡献为 11.26%。

二、2002—2007 年总产出增长分解分析

根据 2002 年和 2007 年江苏投入产出表的数据(见表 2、表 3),用上面的分解模型进行实证分析。

表 3 2002 年江苏三次产业投入产出表

亿元

投入＼产出		中间使用				最终使用	总产出
		一产	二产	三产	合计		
中间投入	一产	566.14	1129.34	248.35	1943.83	408.11	2351.94
	二产	449.27	14393.52	1347.16	16189.96	7083.95	23273.90
	三产	135.85	2270.91	1588.31	3995.07	2896.26	6891.33
	合计	1151.26	17793.77	3183.83	22128.86	10388.31	32517.17
增加值		1200.68	5480.14	3707.50	10388.31	—	—
总投入		2351.94	23273.90	6891.33	32517.17	—	—

注:表中数据根据 2002 年"江苏投入产出表"整理计算,数据单位已换算为亿元。

2002 年的最终需求和总产出分别为 $|Y_{2002}| = 10388.31$ 亿元，$|X_{2002}| = 32517.17$ 亿元；总产出向量为 $X_{2002} = (2351.94 \quad 23273.90 \quad 6891.33)^T$。

① 需求平衡增长对总产出的影响

$$|Y_{2007}|/|Y_{2002}| = 2.551753, \lambda = 1.137711$$

$$k_j = 1.242883$$

$$X_{2007}(1) = kX_{2002} = \begin{bmatrix} 1.242883 & 0 & 0 \\ 0 & 1.242883 & 0 \\ 0 & 0 & 1.242883 \end{bmatrix} \begin{bmatrix} 2351.94 \\ 23273.90 \\ 6891.33 \end{bmatrix} = \begin{bmatrix} 2923.19 \\ 28926.74 \\ 8565.12 \end{bmatrix}$$

$$|X_{2007}(1)| = 40415.04 \text{ 亿元}$$

$$|\Delta X| = 51032.5 \text{ 亿元}$$

2007 年比 2002 年总产出的增长中，需求平衡增长对总产出增长的贡献为：

$$s_1' = |X_{2007}(1)|/|\Delta X| = 79.20\%$$

② 价格变动的影响

$X_{2007}(2) = \alpha X_{2002}$，$\alpha_i$ 为以 2002 年为基期、2007 年为报告期的价格指数。

$$|X_{2007}(2)| = 4477.972 \text{ 亿元}$$

2007 年比 2002 年总产出的增长中，价格变动对总产出增长的贡献为：

$$s_2' = |X_{2007}(2)|/|\Delta X| = 8.78\%$$

③ 结构变动的影响

$$C_{2002} = \begin{bmatrix} 5.7630 & 0 & 0 \\ 0 & 3.2854 & 0 \\ 0 & 0 & 2.3794 \end{bmatrix}$$

$$X_{2007}(3) = \beta X_{2002} = \begin{bmatrix} 0.4338 & 0 & 0 \\ 0 & 0.0520 & 0 \\ 0 & 0 & -0.1031 \end{bmatrix} \begin{bmatrix} 2351.94 \\ 23273.90 \\ 6891.33 \end{bmatrix} = \begin{bmatrix} 1020.22 \\ 1210.58 \\ -710.20 \end{bmatrix}$$

$$|X_{2007}(3)| = 1520.598 \text{ 亿元}$$

2007 年比 2002 年总产出的增长中，结构变动对总产出增长的贡献为：

$$s_3' = |X_{2007}(3)|/|\Delta X| = 2.98\%$$

④ 技术进步的影响

技术进步对总产出增长的贡献为：

$$s_4' = 1 - s_1' - s_2' - s_3' = 9.04\%$$

从 2002 年到 2007 年，江苏总产出增长中：需求平衡增长的贡献为 79.20%，价格变动的贡献为 8.78%，结构变动的贡献为 2.98%，技术进步的贡献为 9.04%。

三、1997—2002 年总产出增长分解分析

根据 1997 年和 2002 年江苏投入产出表的有关数据（见表 3、表 4），利用总产出分解模型进行实证分析。

表 4　1997 年江苏三次产业投入产出表

亿元

投入 ＼ 产出		中间使用				最终使用	总产出
		一产	二产	三产	合计		
中间投入	一产	371.7	415.4	55.2	842.3	974.1	1816.4
	二产	458.0	8689.4	1254.6	10402.0	4168.0	14570.0
	三产	77.6	1903.0	1283.4	3264.0	1356.5	4620.5
	合计	907.3	11007.8	2593.2	14508.3	6498.6	21006.9
增加值		909.1	3562.2	2027.3	6498.6	—	—
总投入		1816.4	14570.0	4620.5	21006.9	—	—

注：表中数据根据 1997 年"江苏投入产出表"整理计算，数据单位已换算为亿元。

1997 年的最终需求和总产出分别为 $|\boldsymbol{Y}_{1997}| = 6498.6$ 亿元，$|\boldsymbol{X}_{1997}| = 21006.9$ 亿元；总产出向量为 $\boldsymbol{X}_{1997} = (1816.4 \quad 14570.0 \quad 4620.5)^{\mathrm{T}}$。

① 需求平衡增长对总产出的影响

$$|\boldsymbol{Y}_{2002}|/|\boldsymbol{Y}_{1997}| = 1.598546, \lambda = 0.981867$$

$$k_j = 0.628068$$

$$\boldsymbol{X}_{2002}(1) = k\boldsymbol{X}_{1997} = \begin{bmatrix} 0.628068 & 0 & 0 \\ 0 & 0.628068 & 0 \\ 0 & 0 & 0.628068 \end{bmatrix} \begin{bmatrix} 1816.4 \\ 14570.0 \\ 4620.5 \end{bmatrix} = \begin{bmatrix} 1140.82 \\ 9150.95 \\ 2901.99 \end{bmatrix}$$

$$|\boldsymbol{X}_{2002}(1)| = 13193.75 \text{ 亿元}$$

$$|\Delta\boldsymbol{X}| = 11510.3 \text{ 亿元}$$

2002 年比 1997 年总产出的增长中，需求平衡增长对总产出增长的贡献为：

$$s''_1 = |\boldsymbol{X}_{2002}(1)|/|\Delta\boldsymbol{X}| = 114.63\%$$

② 价格变动的影响

$\boldsymbol{X}_{2002}(2) = \boldsymbol{\alpha}\boldsymbol{X}_{1997}$，$\alpha_i$ 为以 1997 年为基期、2002 年为报告期的价格指数。

$$|\boldsymbol{X}_{2002}(2)| = -380.918 \text{ 亿元}$$

2002 年比 1997 年总产出的增长中,价格变动对总产出增长的贡献为:

$$s_2'' = |\boldsymbol{X}_{2002}(2)| / |\Delta\boldsymbol{X}| = -3.31\%$$

③ 结构变动的影响

$$\boldsymbol{C}_{1997} = \begin{bmatrix} 1.8647 & 0 & 0 \\ 0 & 3.4956 & 0 \\ 0 & 0 & 3.4062 \end{bmatrix}$$

$$\boldsymbol{X}_{2002}(3) = \boldsymbol{\beta}\boldsymbol{X}_{1997} = \begin{bmatrix} 2.0901 & 0 & 0 \\ 0 & -0.0601 & 0 \\ 0 & 0 & -0.3015 \end{bmatrix} \begin{bmatrix} 1816.4 \\ 14570.0 \\ 4620.5 \end{bmatrix} = \begin{bmatrix} 3797.34 \\ -876.26 \\ -1392.86 \end{bmatrix}$$

$$|\boldsymbol{X}_{2002}(3)| = 1528.222 \text{ 亿元}$$

2002 年比 1997 年总产出的增长中,结构变动对总产出增长的贡献为:

$$s_3'' = |\boldsymbol{X}_{2002}(3)| / |\Delta\boldsymbol{X}| = 13.28\%$$

④ 技术进步的影响

技术进步对总产出增长的贡献为:

$$s_4'' = 1 - s_1'' - s_2'' - s_3'' = -24.60\%$$

从 1997 年到 2002 年,江苏总产出增长中:需求平衡增长的贡献为 114.63%,价格变动贡献为 -3.31%,结构变动贡献为 13.28%,技术进步贡献为 -24.60%(见表 5)。

表 5 江苏不同时期各因素对总产出增长的贡献情况

因素	贡献率 (2007—2012)	贡献率 (2002—2007)	贡献率 (1997—2002)
① 需求平衡增长	72.95%	79.20%	114.63%
② 价格变动	14.02%	8.78%	-3.31%
③ 结构变动	1.77%	2.98%	13.28%
④ 技术进步	11.26%	9.04%	-24.60%
合计	100.00%	100.00%	100.00%

注:表中数据根据 1997 年、2002 年、2007 年、2012 年"江苏投入产出表"整理计算。

综合来看,如表 5 所示,在江苏总产出增长的四个作用要素中,需求平衡增长对总产出增长的贡献率最高,但呈阶段性逐渐下降的发展趋势;价格变动对总产出增长的贡献率不断上升;结构变动的贡献率在下降;技术进步的贡献率在上升。从宏观政策的发展需求来看,由于需求增长对总产出增长具有居于首位的巨大拉动作用,因此要稳定原有需求、挖掘新的需求,保持经济增长的源动力。以现价计量的总产出中包含价格因素的影响,是名义总产出,不能全面反映产出的真实水平。价格指数增长越快,与真实产出水平之间的差距越大。因此,在关注经济总量时,不仅要关注名义增长情况,还要研究实际增长情况,客观反映经济增长的全貌。经济结构优化调整对经济发展具有显著的促进作用,这是指导经济结构理论研究和结构优化调整实践的重要前提和依据。结构优化本身就能够促进社会生产力发展。从江苏总产出增长因素来看,结构变动的贡献在弱化,表明结构优化的作用没有得到有效发挥。近年来,虽然经济结构优化调整得到了各级政府的高度重视,但是客观上调整的难度也在不断增大,结构趋于固化的倾向明显。从投入产出理论来看,结构优化必须从投入和产出两方面,即供给侧和需求侧同时展开,利用产业部门间的关联关系,实现经济各要素和各部门之间的动态平衡。当前,要以供给侧结构性改革为契机,打破制约结构优化的体制机制障碍,提升结构效益和层次,为经济新发展提供新动力。从 1957 年开始,经济学家就发现科技进步对经济增长具有巨大的促进作用,并利用生产函数、投入产出表等工具加强理论与实证研究。虽然各种研究方法至今仍具有一定缺陷,但是丝毫改变不了对这一研究领域的重视。各级政府也积极实施创新战略,在创新驱动经济发展上全社会已经形成共识。技术进步与其他影响因素具有显著区别,它不像生产函数中其他变量那样通过变量值改变影响总产出,技术进步改变的是整个生产函数本身,即改变整个投入产出模式,使在原来同样的投入水平下能够创造出更大的产出。因此,科技进步作用巨大,要从经济发展的真实科技需求入手,提升科技进步对经济发展的驱动作用。

第二章

江苏投入产出表结构分析

TWO

　　库兹涅茨认为,经济增长是一个总量变化的过程,而部门变化只有被纳入总量变化的框架下才能得到恰当的体现和衡量。罗斯托不赞同这一观点,他认为现代经济增长的本质是部门发展的过程,总量指标跟其他任何指标一样都是部门活动的总结,离开部门分析将无法解释经济增长的原因。在我国,传统经济分析往往更加注重对经济总量、发展速度等方面的分析,而对结构效益的分析往往只停留在三次产业层面,较少关注产业内各部门的运行状况。因此,有必要从产品部门的角度,运用投入产出法对产业内部进行深入分析。

第一节　总量结构历史演变分析

一、江苏投入产出表总量分析

2002 年、2007 年、2012 年江苏投入产出表的总量概况见表 6。

表 6　江苏投入产出表总量概况

亿元

分类	指标		2002 年	2007 年	2012 年
投入	中间投入		22128.86	57041.33	129163.46
	增加值		10388.31	26508.36	59971.51
	总投入		32517.17	83549.69	189134.97
产出	中间使用		22128.86	57041.33	129163.46
	最终消费	农村居民消费	1505.96	2078.86	4398.75
		城镇居民消费	1978.29	5241.16	11874.90
		居民消费小计	3484.25	7320.02	16273.65
		政府消费	1327.29	3278.81	7312.44
		合计	4811.54	10598.83	23586.09
	资本形成总额	固定资本形成	3994.31	11296.54	26808.34
		存货增加	706.01	754.61	891.74
		合计	4700.32	12051.15	27700.08
	净流出	出口	3257.64	13508.48	20829.33
		省外流出	3281.80	12569.71	36102.83
		流出合计	6539.44	26078.19	56932.16

分类	指标		2002 年	2007 年	2012 年
产出	净流出	进口	-2965.22	-10849.69	-13949.89
		省外流入	-2697.77	-11359.10	-34052.73
		流入合计	-5662.99	-22208.79	-48002.62
		净流出	876.45	3869.40	8929.54
	其他		0	-11.02	-244.20
	总产出		32517.17	83549.69	189134.97

注：表中数据根据 2002 年、2007 年、2012 年"江苏投入产出表"整理计算，单位为亿元。

从表 6 可见，2012 年，江苏总投入 189134.97 亿元，中间投入 129163.46 亿元，增加值 59971.51 亿元，中间投入率为 68.29%。与之相应，总产出、中间使用、最终使用分别为 189134.97 亿元、129163.46 亿元、59971.51 亿元。最终使用中，最终消费、资本形成总额和净流出分别为 23586.09 亿元、27700.08 亿元、8929.54 亿元。2007 年，江苏总投入、中间投入、增加值分别为 83549.69 亿元、57041.33 亿元、26508.36 亿元，中间投入率为 68.27%；总产出、中间使用、最终使用分别为 83549.69 亿元、57041.33 亿元、26508.36 亿元。最终使用中，最终消费、资本形成总额和净流出分别为 10598.83 亿元、12051.15 亿元、3869.40 亿元。2002 年，江苏总投入、中间投入、增加值分别为 32517.17 亿元、22128.86 亿元、10388.31 亿元，中间投入率为 68.05%；总产出、中间使用、最终使用分别为 32517.17 亿元、22128.86 亿元、10388.31 亿元。最终使用中，最终消费、资本形成总额和净流出分别为 4811.54 亿元、4700.32 亿元、876.45 亿元。

二、江苏投入产出表结构分析

2002 年、2007 年、2012 年江苏投入产出表的结构分析见表 7。

表 7　江苏投入产出表结构概况

分类	指标	2002 年	2007 年	2012 年
投入	中间投入	68.05%	68.27%	68.29%
	增加值	31.95%	31.73%	31.71%

分类		指标	2002 年	2007 年	2012 年
产出		中间使用	68.05%	68.27%	68.29%
	最终消费	农村居民消费	4.63%	2.49%	2.33%
		城镇居民消费	6.08%	6.27%	6.28%
		政府消费	4.08%	3.92%	3.87%
	资本形成总额	固定资本形成	12.28%	13.52%	14.17%
		存货增加	2.17%	0.90%	0.47%
	净流出	出口	10.02%	16.17%	11.01%
		省外流出	10.09%	15.04%	19.09%
		进口	−9.12%	−12.99%	−7.38%
		省外流入	−8.30%	−13.60%	−18.00%
		净流出	2.70%	4.63%	4.72%
		其他	0.00%	−0.01%	−0.13%

注：表中数据根据 2002 年、2007 年、2012 年"江苏投入产出表"整理计算。

从江苏投入产出表结构及其演变来看,宏观上的投入结构和产出结构相对稳定,中间投入占总投入比重(中间使用占总产出比重)振幅低于 0.24%。在最终使用中,农村居民消费、存货增加两个指标占总产出比重呈下降趋势,但降幅有限;固定资本形成、省外流出、省外流入、净流出等指标占总产出比重呈上升趋势,但增幅有限;进出口两个指标占总产出比重波动运行,振幅相对较大。

第二节　指标增速阶段对比分析

一、江苏投入产出表主要指标增长分析

2002 年、2007 年、2012 年江苏投入产出表主要指标增长情况见表 8。

表 8　江苏投入产出表主要指标增长情况

分类	指标	年均增速① (2002—2007)	年均增速② (2007—2012)	增速差③ (③=②−①)
投入	中间投入	20.85%	17.76%	−3.09%
	增加值	20.61%	17.74%	−2.87%
	总投入	20.77%	17.75%	−3.02%

分类	指标		年均增速① (2002—2007)	年均增速② (2007—2012)	增速差③ (③=②-①)
产出	中间使用		20.85%	17.76%	-3.09%
	最终消费	农村居民消费	6.66%	16.17%	9.51%
		城镇居民消费	21.51%	17.77%	-3.74%
		居民消费小计	16.01%	17.33%	1.32%
		政府消费	19.83%	17.40%	-2.43%
		合计	17.11%	17.35%	0.24%
	资本形成总额	固定资本形成	23.11%	18.87%	-4.24%
		存货增加	1.34%	3.40%	2.06%
		合计	20.72%	18.11%	-2.61%
	净流出	出口	32.90%	9.05%	-23.85%
		省外流出	30.81%	23.49%	-7.32%
		流出合计	31.87%	16.90%	-14.97%
		进口	29.62%	5.16%	-24.46%
		省外流入	33.31%	24.56%	-8.75%
		流入合计	31.43%	16.67%	-14.76%
		净流出	34.58%	18.21%	-16.37%
	总产出		20.77%	17.75%	-3.02%

注：表中数据根据2002年、2007年、2012年"江苏投入产出表"整理计算。

从表8可见，利用2012年和2007年江苏投入产出表测算，在投入方向，中间投入、增加值、总投入年均增速分别为17.76%、17.74%、17.75%，数值极差仅为0.02%，宏观增长态势均衡。在产出方向，中间使用、最终使用、总产出增长情况分别与中间投入、增加值、总投入增长相一致，宏观增长态势均衡。在最终使用中，最终消费、资本形成总额、净流出年均增速分别为17.35%、18.11%、18.21%，最终消费年均增速低于最终使用年均增速，资本形成总额和净流出的年均增速均高于最终使用年均增速，三个指标之间的数值极差为0.86%，最终使用增长态势相对均衡。从最终使用的构成小类来看，省外流入和省外流出两项指标的年均增速尤其高，分别达到24.56%和23.49%；而存货增加指标的年均增速最低，仅为3.4%；进口和出口的年均增速也较低，分别为5.16%和9.05%，指标增速之间的差异显现，呈现增长的非均衡性特征。

利用2007年和2002年江苏投入产出表测算，在投入方向，中间投入、增加值、总投入年均增速分别为 20.85％、20.61％、20.77％,数值极差仅为 0.24％,宏观增长均衡。在产出方向,中间使用、最终使用、总产出增长情况分别与中间投入、增加值、总投入增长相一致,宏观增长均衡。在最终使用中,最终消费、资本形成总额、净流出年均增速分别为 17.11％、20.72％、34.58％,最终消费年均增速低于最终使用年均增速,资本形成总额和净流出的年均增速均高于最终使用年均增速,三个指标之间的数值极差为 17.47％,非均衡特征明显。从最终使用的构成小类来看,最终消费中的农村居民消费年均增速偏低,仅为 6.66％;资本形成总额中的存货增加年均增速偏低,仅为 1.34％;形成净流出的各项指标年均增速均较高。

从两个时期的纵向比较来看,指标年均增速普遍下滑,宏观投入方面的中间投入、增加值、总投入指标和宏观产出方面的中间使用、最终使用、总产出指标,其年均增速下降幅度在 3 个百分点左右。在最终使用中,仅最终消费年均增速略有上升,但 2007—2012 年的年均增速仅较 2002—2007 年高 0.24 个百分点;资本形成总额和净流出年均增速均大幅下降。在最终使用的构成小类中,农村居民消费年均增速提高了 9.51 个百分点,拉动整个居民消费年均增速提高了 1.32 个百分点;存货增加年均增速也有小幅提升;年均增速下滑最为突出的两项指标是进口和出口,两时期相比,进口和出口年均增速分别下降了 24.46％和 23.85％。

二、江苏投入产出表指标增长特征分析

从投入产出指标增长和两个时期指标变动的综合情况来看,可以逐步判断江苏经济运行的一些趋势性特征:

一是宏观经济主要指标增速仍将大范围、大幅度下降,甚至增长本身变为负增长。这是出于以下两方面的考虑:第一,2007—2012 年这一时期经济指标增速下降并非局部、偶然现象,而是普遍现象。在这种背景下,单一的经济刺激和局部的经济调控并不能扭转整个经济系统的下行趋势,而全面的经济政策即便能够找到,但从前期调研到制定实施直至发挥效果这一过程在短时间内也难以完成,因此有理由相信指标增速下滑的局面仍将在下一个阶段延续。根据 2017 年投入产出数据测算,主要指标增速进一步下滑,普遍降至 6％左右。第二,经济运行进入新常态阶段的判断,已经达成共识,经济发展正处于速度转换期。回看 2007—2012 年的增速本身,虽然较前一时期普遍下降,但增速仍处于较高位,因此,在新常态下保持速度指标稳定在原有水平的想法本身就缺乏依据和支撑。当然,保持经济运行稳定也不是没有努力的方向和挖潜的空间。从总产出增长分解情况来看,结构变动和技术进步可作为主要方向。当前,结构变动对总产出增长的贡献率很低,因此这可以作为一个主要的挖潜方向,即优化经济结构,提升结构变动的效益水平。但这也面临障碍,因为结构变动贡献率处于低位已经持续了很长时间,结构固化的特征开始显现,制约结构优化的矛盾和障碍已经上升到制度层面,加大了调整和解决的难度。还有一个方向就是技术进步,技术进步本身能够实现生产函数的变革,促进经济增长以几何级数实现,但困难就在于技术进步的路径探索。

二是增长动力转变,但很有可能面临原有动力弱化而新动力不足的危险。两个时期对比来看,有两个小类的指标变动最为显眼,一类是代表经济外向型发展水平的进出口指标,另一类是消费指标中的农村居民消费,前者增速下降得显眼,后者增速上升得显眼。两类指标虽小,却代表了驱动经济发展的两个动力源。两类指标变动方向的反差,体现了江苏经济动力转换的特征。一直以来,以外向型经济为主是江苏经济的最大特征,两头在外,进出口总额、外商直接投资等指标领先全国。然而,2008 年以来,外向型经济受外部环境的影响受到重创,由之前最强劲的增长变为最缓慢的增长(参见两阶段年均增速对比)。从整个经济来看,外向型经济这个动力无疑是趋于弱化的。同时,消费作为另一个动力源在加速发展。两个动力源的比较无疑显示出江苏经济动力转换的趋势。但形势不容乐观,原有动力弱化的趋势过快,新动力发展无论从体量还是方式上短时期内都难以实现对原有动力的替代,经济下行风险很大。综合来看,经济下行风险大,扭转局面需要制度层面的顶层设计,并配合可操作、见效快的调控手段。

第三章

江苏中间投入中间需求分析

第一节　中间投入总量结构分析

一、2012 年中间投入总量结构分析

2012 年江苏投入产出表中间投入情况见表 9。

表 9　2012 年江苏投入产出表中间投入情况

序号	产业名称	中间投入/亿元	投入占比/%	中间投入率
01	农林牧渔产品和服务	2343.00	1.814	0.40668
02	煤炭采选产品	183.65	0.142	0.53266
03	石油和天然气开采产品	16.54	0.013	0.15699
04	金属矿采选产品	98.06	0.076	0.84251
05	非金属矿和其他矿采选产品	160.41	0.124	0.70808
06	食品和烟草	3772.49	2.921	0.69190
07	纺织品	5313.97	4.114	0.79732
08	纺织服装鞋帽皮革羽绒及其制品	3350.34	2.594	0.77451
09	木材加工品和家具	1470.71	1.139	0.79574
10	造纸印刷和文教体育用品	1989.50	1.540	0.75565
11	石油炼焦产品和核燃料加工品	1824.63	1.413	0.79272
12	化学产品	16619.83	12.867	0.75643
13	非金属矿物制品	2835.11	2.195	0.76731
14	金属冶炼和压延加工品	12702.75	9.835	0.82090
15	金属制品	3850.89	2.981	0.77964
16	通用设备	4954.93	3.836	0.77195
17	专用设备	3001.30	2.324	0.73798
18	交通运输设备	7294.32	5.647	0.83517
19	电气机械和器材	10675.24	8.265	0.79239
20	通信设备计算机和其他电子设备	13364.57	10.347	0.78701
21	仪器仪表	2024.25	1.567	0.74729

序号	产业名称	中间投入/亿元	投入占比/%	中间投入率
22	其他制造产品	222.40	0.172	0.82239
23	废品废料	303.27	0.235	0.17718
24	金属制品机械和设备修理服务	25.40	0.020	0.75542
25	电力热力的生产和供应	3490.64	2.703	0.75897
26	燃气生产和供应	249.31	0.193	0.77025
27	水的生产和供应	57.92	0.045	0.50754
28	建筑	9339.10	7.230	0.74361
29	批发和零售	1555.62	1.204	0.21426
30	交通运输仓储和邮政	3060.04	2.369	0.56976
31	住宿和餐饮	1444.59	1.118	0.58020
32	信息传输软件和信息技术服务	1005.23	0.778	0.45507
33	金融	2579.39	1.997	0.45127
34	房地产	1125.76	0.872	0.27334
35	租赁和商务服务	2841.41	2.200	0.64803
36	科学研究和技术服务	815.62	0.631	0.57639
37	水利环境和公共设施管理	301.79	0.234	0.51055
38	居民服务修理和其他服务	675.77	0.523	0.51206
39	教育	328.83	0.255	0.18276
40	卫生和社会服务	769.99	0.596	0.51602
41	文化体育和娱乐	320.67	0.248	0.53671
42	公共管理社会保障和社会组织	804.21	0.623	0.31944
TII	中间投入合计	129163.46	100.000	0.68292

注：表中数据根据2012年"江苏投入产出表"整理计算，投入占比是指某产业中间投入占全社会中间投入总额的比重，中间投入率是指中间投入占总投入的比重。

从表9可见，2012年，按江苏中间投入总量排序的前十大产业部门从高到低依次是化学产品（中间投入16619.83亿元，占中间投入总额的比重为12.867%）、通信设备计算机和其他电子设备（13364.57亿元，10.347%）、金属冶炼和压延加工品（12702.75亿元，9.835%）、电气机械和器材（10675.24亿元,8.265%)、建筑(9339.10 亿元,7.230%)、交通运输设备(7294.32 亿元,5.647%)、纺织品(5313.97 亿元,4.114%)、通用设备(4954.93 亿元,3.836%)、金属制品(3850.89 亿元,2.981%)、食品和烟草(3772.49 亿元,2.921%)。

42 个产业部门中,中间投入率高于产业平均水平(0.68292)的有 23 个,从高到低依次是金属矿采选产品(0.84251)、交通运输设备(0.83517)、其他制造产品(0.82239)、金属冶炼和压延加工品(0.82090)、纺织品(0.79732)、木材加工品和家具(0.79574)、石油炼焦产品和核燃料加工品(0.79272)、电气机械和器材(0.79239)、通信设备计算机和其他电子设备(0.78701)、金属制品(0.77964)、纺织服装鞋帽皮革羽绒及其制品(0.77451)、通用设备(0.77195)、燃气生产和供应(0.77025)、非金属矿物制品(0.76731)、电力热力的生产和供应(0.75897)、化学产品(0.75643)、造纸印刷和文教体育用品(0.75565)、金属制品机械和设备修理服务(0.75542)、仪器仪表(0.74729)、建筑(0.74361)、专用设备(0.73798)、非金属矿和其他矿采选产品(0.70808)、食品和烟草(0.69190)。

中间投入率低于产业平均水平的有 19 个,从高到低依次是租赁和商务服务(0.64803)、住宿和餐饮(0.58020)、科学研究和技术服务(0.57639)、交通运输仓储和邮政(0.56976)、文化体育和娱乐(0.53671)、煤炭采选产品(0.53266)、卫生和社会服务(0.51602)、居民服务修理和其他服务(0.51206)、水利环境和公共设施管理(0.51055)、水的生产和供应(0.50754)、信息传输软件和信息技术服务(0.45507)、金融(0.45127)、农林牧渔产品和服务(0.40668)、公共管理社会保障和社会组织(0.31944)、房地产(0.27334)、批发和零售(0.21426)、教育(0.18276)、废品废料(0.17718)、石油和天然气开采产品(0.15699)。

二、2007 年中间投入总量结构分析

2007 年江苏投入产出表中间投入情况见表 10。

表 10　2007 年江苏投入产出表中间投入情况

序号	产业名称	中间投入/亿元	投入占比/%	中间投入率
01	农林牧渔业	1248.48	2.189	0.40737
02	煤炭开采和洗选业	95.91	0.168	0.53757
03	石油和天然气开采业	38.36	0.067	0.53640

序号	产业名称	中间投入/亿元	投入占比/%	中间投入率
04	金属矿采选业	38.47	0.067	0.65331
05	非金属矿及其他矿采选业	79.66	0.140	0.71938
06	食品制造及烟草加工业	1676.93	2.940	0.72753
07	纺织业	3950.66	6.926	0.78652
08	纺织服装鞋帽皮革羽绒及其制品业	1856.99	3.256	0.77470
09	木材加工及家具制造业	659.90	1.157	0.81758
10	造纸印刷及文教体育用品制造业	1022.71	1.793	0.72736
11	石油加工炼焦及核燃料加工业	840.57	1.474	0.84081
12	化学工业	7357.12	12.898	0.76643
13	非金属矿物制品业	1153.23	2.022	0.74810
14	金属冶炼及压延加工业	6210.24	10.887	0.80885
15	金属制品业	1917.40	3.361	0.81722
16	通用专用设备制造业	4249.44	7.450	0.77967
17	交通运输设备制造业	1998.27	3.503	0.73936
18	电气机械及器材制造业	3475.44	6.093	0.77142
19	通信设备计算机及其他电子设备制造业	6610.04	11.588	0.78162
20	仪器仪表及文化办公用机械制造业	677.30	1.187	0.76877
21	工艺品及其他制造业	214.66	0.376	0.74982
22	废品废料	50.54	0.089	0.08928
23	电力热力的生产和供应业	1629.67	2.857	0.74314
24	燃气生产和供应业	78.17	0.137	0.76581
25	水的生产和供应业	33.43	0.059	0.53991
26	建筑业	3517.36	6.166	0.72528
27	交通运输及仓储业	1102.73	1.933	0.52333
28	邮政业	30.39	0.053	0.50535
29	信息传输计算机服务和软件业	388.49	0.681	0.46017
30	批发和零售业	670.70	1.176	0.22909

序号	产业名称	中间投入/亿元	投入占比/%	中间投入率
31	住宿和餐饮业	640.84	1.123	0.60947
32	金融业	437.69	0.767	0.26692
33	房地产业	267.13	0.468	0.18778
34	租赁和商务服务业	765.29	1.342	0.67723
35	研究与试验发展业	76.14	0.133	0.46258
36	综合技术服务业	242.59	0.425	0.61292
37	水利环境和公共设施管理业	104.83	0.184	0.46364
38	居民服务和其他服务业	416.66	0.730	0.49855
39	教育	287.71	0.504	0.30218
40	卫生社会保障和社会福利业	362.75	0.636	0.54849
41	文化体育和娱乐业	153.07	0.268	0.46564
42	公共管理和社会组织	413.33	0.725	0.35633
TII	中间投入合计	57041.33	100.000	0.68272

注：表中数据根据2007年"江苏投入产出表"整理计算，投入占比是指某产业中间投入占全社会中间投入总额的比重，中间投入率是指中间投入占总投入的比重。

从表10可见，2007年，按江苏中间投入总量排序的前十大产业部门从高到低依次是化学工业(7357.12亿元，12.898%)、通信设备计算机及其他电子设备制造业(6610.04亿元，11.588%)、金属冶炼及压延加工业(6210.24亿元，10.887%)、通用专用设备制造业(4249.44亿元，7.450%)、纺织业(3950.66亿元，6.926%)、建筑业(3517.36亿元，6.166%)、电气机械及器材制造业(3475.44亿元，6.093%)、交通运输设备制造业(1998.27亿元，3.503%)、金属制品业(1917.40亿元，3.361%)、纺织服装鞋帽皮革羽绒及其制品业(1856.99亿元，3.256%)。

42个产业部门中，中间投入率高于产业平均水平(0.68272)的有20个，从高到低依次是石油加工炼焦及核燃料加工业(0.84081)、木材加工及家具制造业(0.81758)、金属制品业(0.81722)、金属冶炼及压延加工业(0.80885)、纺织业(0.78652)、通信设备计算机及其他电子设备制造业(0.78162)、通用专用设备制造业(0.77967)、纺织服装鞋帽皮革羽绒及其制品业(0.77470)、电气机械及器材制造业(0.77142)、仪器仪表及文化办公用机械制造业(0.76877)、化学工业(0.76643)、燃气生产和供应业(0.76581)、工艺品及其他制造业(0.74982)、非金属矿物制品业(0.74810)、电力热力的生产和供应业(0.74314)、交通运输设备制造业(0.73936)、食品制造及烟草加工业(0.72753)、造纸印刷及文教体育用品制造业(0.72736)、建筑业(0.72528)、非金属矿及其他矿采选业(0.71938)。

中间投入率低于产业平均水平的有 22 个,从高到低依次是租赁和商务服务业(0.67723)、金属矿采选业(0.65331)、综合技术服务业(0.61292)、住宿和餐饮业(0.60947)、卫生社会保障和社会福利业(0.54849)、水的生产和供应业(0.53991)、煤炭开采和洗选业(0.53757)、石油和天然气开采业(0.53640)、交通运输及仓储业(0.52333)、邮政业(0.50535)、居民服务和其他服务业(0.49855)、文化体育和娱乐业(0.46564)、水利环境和公共设施管理业(0.46364)、研究与试验发展业(0.46258)、信息传输计算机服务和软件业(0.46017)、农林牧渔业(0.40737)、公共管理和社会组织(0.35633)、教育(0.30218)、金融业(0.26692)、批发和零售业(0.22909)、房地产业(0.18778)、废品废料(0.08928)。

三、2002 年中间投入总量结构分析

2002 年江苏投入产出表中间投入情况见表 11。

表 11 2002 年江苏投入产出表中间投入情况

序号	产业名称	中间投入/亿元	投入占比/%	中间投入率
01	农林牧渔业	1151.26	5.203	0.48949
02	煤炭开采和洗选业	40.74	0.184	0.40470
03	石油和天然气开采业	3.44	0.016	0.14663
04	金属矿采选业	10.42	0.047	0.75737
05	非金属矿采选业	36.48	0.165	0.67450
06	食品制造及烟草加工业	1121.62	5.069	0.79806
07	纺织业	1719.85	7.772	0.80687
08	服装皮革羽绒及其制品业	852.50	3.852	0.69009
09	木材加工及家具制造业	254.64	1.151	0.80162
10	造纸印刷及文教用品制造业	467.08	2.111	0.77549
11	石油加工炼焦及核燃料加工业	263.58	1.191	0.84114

序号	产业名称	中间投入/亿元	投入占比/%	中间投入率
12	化学工业	2770.49	12.520	0.76176
13	非金属矿物制品业	698.67	3.157	0.76118
14	金属冶炼及压延加工业	1441.76	6.515	0.83339
15	金属制品业	696.72	3.148	0.80553
16	通用专用设备制造业	1324.85	5.987	0.78476
17	交通运输设备制造业	718.34	3.246	0.79220
18	电气机械及器材制造业	849.29	3.838	0.80630
19	通信设备计算机及其他电子设备制造业	1675.86	7.573	0.78910
20	仪器仪表及文化办公用机械制造业	167.23	0.756	0.82803
21	其他制造业	235.76	1.065	0.82335
22	废品废料	0.00	0.000	0.00000
23	电力热力的生产和供应业	559.79	2.530	0.62263
24	燃气生产和供应业	30.21	0.137	0.86399
25	水的生产和供应业	80.94	0.366	0.61513
26	建筑业	1773.53	8.015	0.71000
27	交通运输及仓储业	373.33	1.687	0.54274
28	邮政业	17.78	0.080	0.46339
29	信息传输计算机服务和软件业	165.38	0.747	0.43911
30	批发和零售贸易业	858.86	3.881	0.49641
31	住宿和餐饮业	249.64	1.128	0.43914
32	金融保险业	230.95	1.044	0.40326
33	房地产业	152.56	0.689	0.24118
34	租赁和商务服务业	61.86	0.280	0.43506
35	旅游业	37.38	0.169	0.60644
36	科学研究事业	43.46	0.196	0.51311
37	综合技术服务业	48.66	0.220	0.46835
38	其他社会服务业	148.44	0.671	0.51680

序号	产业名称	中间投入/亿元	投入占比/%	中间投入率
39	教育事业	201.49	0.911	0.35759
40	卫生社会保障和社会福利业	210.13	0.950	0.61520
41	文化体育和娱乐业	83.52	0.377	0.45540
42	公共管理和社会组织	300.37	1.357	0.58161
TII	中间投入合计	22128.86	100.000	0.68053

注：表中数据根据2002年"江苏投入产出表"整理计算,投入占比是指某产业中间投入占全社会中间投入总额的比重,中间投入率是指中间投入占总投入的比重。

从表11可见,2002年,按江苏中间投入总量排序的前十大产业部门从高到低依次是化学工业(2770.49亿元,12.520%)、建筑业(1773.53亿元,8.015%)、纺织业(1719.85亿元,7.772%)、通信设备计算机及其他电子设备制造业(1675.86亿元,7.573%)、金属冶炼及压延加工业(1441.76亿元,6.515%)、通用专用设备制造业(1324.85亿元,5.987%)、农林牧渔业(1151.26亿元,5.203%)、食品制造及烟草加工业(1121.62亿元,5.069%)、批发和零售贸易业(858.86亿元,3.881%)、服装皮革羽绒及其制品业(852.50亿元,3.852%)。

42个产业部门中,中间投入率高于产业平均水平(0.68053)的有19个,从高到低依次是燃气生产和供应业(0.86399)、石油加工炼焦及核燃料加工业(0.84114)、金属冶炼及压延加工业(0.83339)、仪器仪表及文化办公用机械制造业(0.82803)、其他制造业(0.82335)、纺织业(0.80687)、电气机械及器材制造业(0.80630)、金属制品业(0.80553)、木材加工及家具制造业(0.80162)、食品制造及烟草加工业(0.79806)、交通运输设备制造业(0.79220)、通信设备计算机及其他电子设备制造业(0.78910)、通用专用设备制造业(0.78476)、造纸印刷及文教用品制造业(0.77549)、化学工业(0.76176)、非金属矿物制品业(0.76118)、金属矿采选业(0.75737)、建筑业(0.71000)、服装皮革羽绒及其制品业(0.69009)。

中间投入率低于产业平均水平的有23个,从高到低依次是非金属矿采选业(0.67450)、电力热力的生产和供应业(0.62263)、卫生社会保障和社会福利业(0.61520)、水的生产和供应业(0.61513)、旅游业(0.60644)、公共管理和社会组织(0.58161)、交通运输及仓储业(0.54274)、其他社会服务业(0.51680)、科学研究事业(0.51311)、批发和零售贸易业(0.49641)、农林牧渔业

(0.48949)、综合技术服务业(0.46835)、邮政业(0.46339)、文化体育和娱乐业(0.45540)、住宿和餐饮业(0.43914)、信息传输计算机服务和软件业(0.43911)、租赁和商务服务业(0.43506)、煤炭开采和洗选业(0.40470)、金融保险业(0.40326)、教育事业(0.35759)、房地产业(0.24118)、石油和天然气开采业(0.14663)、废品废料(0.00000)。

在2002年、2007年、2012年三张投入产出表中,有些产业部门的名称发生了改变,如2002年和2007年的产业名称"化学工业"到2012年变为"化学产品",但这类改变只是名称调整,产业边界并未改变。对于这类情况,尽量保留各投入产出表原貌,在单独分析每张表时采用表内原有名称,而进行不同表之间的跨度分析时,即在某一产业部门新旧名称同时出现条件下一律使用2012年的名称。例如,2002年(或2007年)中间投入最大的产业部门,经对2002年(或2007年)投入产出表分析后发现,其表中名称是"化学工业",则采用表中名称"化学工业";2002年、2007年、2012年中间投入最大的产业部门,对三张表分析后发现依次是"化学工业""化学工业""化学产品",则统一采用2012年的名称"化学产品"。还有一类改变不只是名称调整,产业边界也发生了改变。如2002年(或2007年)的"通用专用设备制造业"到2012年变为"通用设备"和"专用设备"两个产业部门,其名称具有两个方面的变化:一是名称调整,即从产品角度重新对产业命名;二是把原来的产业一分为二。对于这类改变,名称调整与前类似,产业边界调整主要是在编制42部门投入产出表时对产业部门进行了新的归并,导致有些产业部门边界发生改变。

利用江苏2002年、2007年、2012年投入产出表,对中间投入总量进入前10位的产业部门进行纵向比较分析可见,化学产品、通信设备计算机和其他电子设备、金属冶炼和压延加工品、建筑、纺织品、通用专用设备6个产业部门在不同历史时期均位居前10位,其中,通用专用设备在2012年一分为二以后仅通用设备跻身前10位。同时,在前10位名单中,有一些产业部门发生了变动。2002年,农林牧渔产品和服务、食品和烟草、批发和零售、纺织服装鞋帽皮革羽绒及其制品4个产业部门位居前10位;2007年,农林牧渔产品和服务、食品和烟草、批发和零售从前10位名单中跌出,取而代之的是电气机械和器材、交通运输设备、金属制品;2012年,前10位名单再次发生变动,食品和烟草取代纺织服装鞋帽皮革羽绒及其制品再次进入前10位。从前10位名单中产业部门次序的变化来看,化学产品始终位居第一位,通信设备计算机和其他电子设备、金属冶炼和压延加工品自2007年起稳居第二、三位。位次显著上升的产业部门是电气机械和器材,2002年未进入前10位,2007年直接跃升至第 7 位,2012 年进一步跃升至第 4 位。位次显著下降的产业部门是建筑和纺织品,2002 年分别位居第 2 位和第 3 位,而 2007 年以后跌出前 3 位。通用专用设备在第 4 位和第 6 位之间徘徊。自 2007 年进入前 10 位以后,交通运输设备处于第 7 位、第 8 位的水平,金属制品一直处于第 9 位。在前 10 位名单中处于边缘的产业是纺织服装鞋帽皮革羽绒及其制品、食品和烟草:前者 2002 年、2007 年处于第 10 位,2012 年跌出前 10 位;后者 2002 年处于第 8 位,2007 年跌出前 10 位名单,2012 年再次进入前 10 位名单,但仅位居第 10 位。农林牧渔产品和服务、批发和零售自 2007 年跌出前 10 位名单后再未进入。从三次产业角度看,2002 年中间投入排前 10 位的产业中农林牧渔产品和服务、批发和零售分属第一产业和第三产业,其他属于第二产业;2007 年和 2012 年的前 10 位产业部门均属于第二产业。

第二节　中间需求总量结构分析

一、2012 年中间需求总量结构分析

中间需求也称中间使用,是指某产业部门产品被用于中间消耗的部分。2012 年江苏投入产出表中间需求情况见表 12。2012 年,按江苏中间需求总量排序的前十大产业部门从高到低依次是金属冶炼和压延加工品(中间需求 24284.57 亿元,占中间需求总额的比重为 18.801%)、化学产品(18683.53 亿元,14.465%)、通信设备计算机和其他电子设备(9099.43 亿元,7.045%)、非金属矿物制品(4863.49 亿元,3.765%)、交通运输仓储和邮政(4838.09 亿元,3.746%)、农林牧渔产品和服务(4672.89 亿元,3.618%)、电气机械和器材(4639.02 亿元,3.592%)、租赁和商务服务(4423.67 亿元,3.425%)、纺织品(4303.72 亿元,3.332%)、电力热力的生产和供应(4262.91 亿元,3.300%)。

42 个产业部门中,中间需求率高于产业平均水平(0.54412)的有 22 个,从高到低依次是煤炭采选产品(0.98984)、非金属矿和其他矿采选产品(0.98763)、金属矿采选产品(0.98713)、石油和天然气开采产品(0.98446)、金属冶炼和压延加工品(0.95499)、金属制品机械和设备修理服务(0.93261)、其他制造产品(0.88193)、租赁和商务服务(0.84103)、非金属矿物制品(0.81273)、电力热力的生产和供应(0.81262)、金属制品(0.76514)、造纸印刷和文教体育用品(0.76039)、水的生产和供应(0.75533)、交通运输仓储和邮政(0.74412)、废品废料(0.74404)、石油炼焦产品和核燃料加工品(0.72509)、农林牧渔产品和服务(0.70021)、化学产品(0.69409)、金融(0.62949)、燃气生产和供应

（0.60786）、纺织品（0.60177）、住宿和餐饮（0.59416）。

表 12　2012 年江苏投入产出表中间需求情况

序号	产业名称	中间需求/亿元	需求占比/%	中间需求率
01	农林牧渔产品和服务	4672.89	3.618	0.70021
02	煤炭采选产品	2954.86	2.288	0.98984
03	石油和天然气开采产品	1892.17	1.465	0.98446
04	金属矿采选产品	1640.75	1.270	0.98713
05	非金属矿和其他矿采选产品	2100.06	1.626	0.98763
06	食品和烟草	3041.97	2.355	0.46549
07	纺织品	4303.72	3.332	0.60177
08	纺织服装鞋帽皮革羽绒及其制品	637.86	0.494	0.14467
09	木材加工品和家具	1072.83	0.831	0.47994
10	造纸印刷和文教体育用品	2701.92	2.092	0.76039
11	石油炼焦产品和核燃料加工品	2286.61	1.770	0.72509
12	化学产品	18683.53	14.465	0.69409
13	非金属矿物制品	4863.49	3.765	0.81273
14	金属冶炼和压延加工品	24284.57	18.801	0.95499
15	金属制品	3907.65	3.025	0.76514
16	通用设备	3765.25	2.915	0.45275
17	专用设备	1055.42	0.817	0.20489
18	交通运输设备	1861.11	1.441	0.20860
19	电气机械和器材	4639.02	3.592	0.32382
20	通信设备计算机和其他电子设备	9099.43	7.045	0.41015
21	仪器仪表	821.63	0.636	0.24965
22	其他制造产品	415.73	0.322	0.88193
23	废品废料	1463.77	1.133	0.74404
24	金属制品机械和设备修理服务	364.65	0.282	0.93261
25	电力热力的生产和供应	4262.91	3.300	0.81262
26	燃气生产和供应	326.08	0.252	0.60786

序号	产业名称	中间需求/亿元	需求占比/%	中间需求率
27	水的生产和供应	98.27	0.076	0.75533
28	建筑	455.03	0.352	0.02775
29	批发和零售	3640.83	2.819	0.50147
30	交通运输仓储和邮政	4838.09	3.746	0.74412
31	住宿和餐饮	1483.67	1.149	0.59416
32	信息传输软件和信息技术服务	903.33	0.699	0.35788
33	金融	3662.71	2.836	0.62949
34	房地产	925.62	0.717	0.22177
35	租赁和商务服务	4423.67	3.425	0.84103
36	科学研究和技术服务	367.30	0.284	0.23504
37	水利环境和公共设施管理	51.39	0.040	0.08169
38	居民服务修理和其他服务	729.45	0.565	0.50830
39	教育	197.84	0.153	0.10723
40	卫生和社会服务	63.69	0.049	0.04188
41	文化体育和娱乐	148.80	0.115	0.23339
42	公共管理社会保障和社会组织	53.88	0.042	0.02124
TIU	中间需求合计	129163.46	100.000	0.54412

注：表中数据根据 2012 年"江苏投入产出表"整理计算，需求占比是指某产业中间需求占全社会中间需求总额的比重，中间需求率是指中间需求占总需求的比重。

中间需求率低于产业平均水平的有 20 个，从高到低依次是居民服务修理和其他服务（0.50830）、批发和零售（0.50147）、木材加工品和家具（0.47994）、食品和烟草（0.46549）、通用设备（0.45275）、通信设备计算机和其他电子设备（0.41015）、信息传输软件和信息技术服务（0.35788）、电气机械和器材（0.32382）、仪器仪表（0.24965）、科学研究和技术服务（0.23504）、文化体育和娱乐（0.23339）、房地产（0.22177）、交通运输设备（0.20860）、专用设备（0.20489）、纺织服装鞋帽皮革羽绒及其制品（0.14467）、教育（0.10723）、水利环境和公共设施管理（0.08169）、卫生和社会服务（0.04188）、建筑（0.02775）、公共管理社会保障和社会组织（0.02124）。

二、2007 年中间需求总量结构分析

2007 年江苏投入产出表中间需求情况见表 13。从表 13 可见，2007 年，按江苏中间需求总量排序的前十大产业部门从高到低依次是金属冶炼及压延加工业（8404.28 亿元，14.734％）、化学工业（7313.19 亿元，12.821％）、通信设备计算机及其他电子设备制造业（5078.84 亿元，8.904％）、纺织业（3057.35 亿元，5.360％）、农林牧渔业（2693.79 亿元，4.723％）、通用专用设备制造业（2658.01 亿元，4.660％）、电力热力的生产和供应业（2230.02 亿元，3.909％）、交通运输及仓储业（2061.73 亿元，3.614％）、石油加工炼焦及核燃料加工业（2058.80 亿元，3.609％）、电气机械及器材制造业（1867.35 亿元，3.274％）。

42 个产业部门中，中间需求率高于产业平均水平（0.53930）的部门有 25 个，从高到低依次是石油和天然气开采业（0.99730）、金属矿采选业（0.98687）、煤炭开采和洗选业（0.97387）、石油加工炼焦及核燃料加工业（0.97344）、废品废料（0.95367）、非金属矿及其他矿采选业（0.91255）、电力热力的生产和供应业（0.91196）、邮政业（0.88730）、非金属矿物制品业（0.86529）、金属冶炼及压延加工业（0.79126）、交通运输及仓储业（0.78861）、金融业（0.78611）、工艺品及其他制造业（0.72697）、综合技术服务业（0.68454）、化学工业（0.68249）、燃气生产和供应业（0.67113）、租赁和商务服务业（0.67060）、农林牧渔业（0.65183）、住宿和餐饮业（0.65007）、水的生产和供应业（0.64280）、造纸印刷及文教体育用品制造业（0.63142）、研究与试验发展业（0.62909）、纺织业（0.55854）、信息传输计算机服务和软件业（0.55270）、金属制品业（0.54243）。

表 13　2007 年江苏投入产出表中间需求情况

序号	产业名称	中间需求/亿元	需求占比/％	中间需求率
01	农林牧渔业	2693.79	4.723	0.65183
02	煤炭开采和洗选业	751.33	1.317	0.97387
03	石油和天然气开采业	1068.99	1.874	0.99730
04	金属矿采选业	952.08	1.669	0.98687
05	非金属矿及其他矿采选业	364.68	0.639	0.91255
06	食品制造及烟草加工业	1515.92	2.658	0.48677
07	纺织业	3057.35	5.360	0.55854

序号	产业名称	中间需求/亿元	需求占比/%	中间需求率
08	纺织服装鞋帽皮革羽绒及其制品业	587.08	1.029	0.23628
09	木材加工及家具制造业	589.00	1.033	0.53880
10	造纸印刷及文教体育用品制造业	1135.96	1.991	0.63142
11	石油加工炼焦及核燃料加工业	2058.80	3.609	0.97344
12	化学工业	7313.19	12.821	0.68249
13	非金属矿物制品业	1819.28	3.189	0.86529
14	金属冶炼及压延加工业	8404.28	14.734	0.79126
15	金属制品业	1540.98	2.702	0.54243
16	通用专用设备制造业	2658.01	4.660	0.42409
17	交通运输设备制造业	1361.19	2.386	0.47407
18	电气机械及器材制造业	1867.35	3.274	0.37171
19	通信设备计算机及其他电子设备制造业	5078.84	8.904	0.33865
20	仪器仪表及文化办公用机械制造业	459.61	0.806	0.43042
21	工艺品及其他制造业	247.26	0.433	0.72697
22	废品废料	566.03	0.992	0.95367
23	电力热力的生产和供应业	2230.02	3.909	0.91196
24	燃气生产和供应业	76.18	0.134	0.67113
25	水的生产和供应业	44.73	0.078	0.64280
26	建筑业	145.56	0.255	0.02992
27	交通运输及仓储业	2061.73	3.614	0.78861
28	邮政业	55.87	0.098	0.88730
29	信息传输计算机服务和软件业	486.42	0.853	0.55270
30	批发和零售业	1493.18	2.618	0.50960
31	住宿和餐饮业	688.04	1.206	0.65007
32	金融业	1382.30	2.423	0.78611
33	房地产业	326.45	0.572	0.18627
34	租赁和商务服务业	786.53	1.379	0.67060

续表

序号	产业名称	中间需求/亿元	需求占比/%	中间需求率
35	研究与试验发展业	137.87	0.242	0.62909
36	综合技术服务业	293.52	0.515	0.68454
37	水利环境和公共设施管理业	59.26	0.104	0.21561
38	居民服务和其他服务业	339.96	0.596	0.40418
39	教育	84.33	0.148	0.08022
40	卫生社会保障和社会福利业	99.57	0.175	0.12187
41	文化体育和娱乐业	147.14	0.258	0.37601
42	公共管理和社会组织	11.67	0.020	0.01006
TIU	中间需求合计	57041.33	100.000	0.53930

注：表中数据根据2007年"江苏投入产出表"整理计算，需求占比是指某产业中间需求占全社会中间需求总额的比重，中间需求率是指中间需求占总需求的比重。

中间需求率低于产业平均水平的有17个，从高到低依次是木材加工及家具制造业（0.53880）、批发和零售业（0.50960）、食品制造及烟草加工业（0.48677）、交通运输设备制造业（0.47407）、仪器仪表及文化办公用机械制造业（0.43042）、通用专用设备制造业（0.42409）、居民服务和其他服务业（0.40418）、文化体育和娱乐业（0.37601）、电气机械及器材制造业（0.37171）、通信设备计算机及其他电子设备制造业（0.33865）、纺织服装鞋帽皮革羽绒及其制品业（0.23628）、水利环境和公共设施管理业（0.21561）、房地产业（0.18627）、卫生社会保障和社会福利业（0.12187）、教育（0.08022）、建筑业（0.02992）、公共管理和社会组织（0.01006）。

三、2002年中间需求总量结构分析

2002年江苏投入产出表中间需求情况见表14。从表14可见，2002年，按江苏中间需求总量排序的前十大产业部门从高到低依次是化学工业（3754.95亿元，16.969%）、金属冶炼及压延加工业（1986.10亿元，8.975%）、农林牧渔业（1943.83亿元，8.784%）、批发和零售贸易业（1619.72亿元，7.319%）、纺织业（1496.12亿元，6.761%）、通信设备计算机及其他电子设备制造业（1490.49亿元，6.736%）、通用专用设备制造业（1065.61亿元，4.815%）、电力热力的生产和供应业（846.36亿元，3.825%）、非金属矿物制品业（788.60亿元，3.564%）、电气机械及器材制造业（735.48亿元，3.324%）。

　　42 个产业部门中,中间需求率高于产业平均水平(0.57959)的有 26 个,从高到低依次是石油和天然气开采业(0.98461)、煤炭开采和洗选业(0.94246)、金融保险业(0.94034)、批发和零售贸易业(0.93564)、电力热力的生产和供应业(0.92548)、非金属矿采选业(0.92031)、金属冶炼及压延加工业(0.88623)、邮政业(0.88111)、水的生产和供应业(0.87454)、交通运输及仓储业(0.85292)、金属矿采选业(0.83814)、化学工业(0.82649)、非金属矿物制品业(0.81472)、租赁和商务服务业(0.79880)、废品废料(0.78576)、科学研究事业(0.76040)、农林牧渔业(0.75325)、旅游业(0.74461)、其他制造业(0.73582)、石油加工炼焦及核燃料加工业(0.71887)、造纸印刷及文教用品制造业(0.70069)、纺织业(0.64786)、信息传输计算机服务和软件业(0.64002)、燃气生产和供应业(0.63376)、住宿和餐饮业(0.61519)、仪器仪表及文化办公用机械制造业(0.61397)。

表 14　2002 年江苏投入产出表中间需求情况

序号	产业名称	中间需求/亿元	需求占比/%	中间需求率
01	农林牧渔业	1943.83	8.784	0.75325
02	煤炭开采和洗选业	157.86	0.713	0.94246
03	石油和天然气开采业	216.56	0.979	0.98461
04	金属矿采选业	41.91	0.189	0.83814
05	非金属矿采选业	56.52	0.255	0.92031
06	食品制造及烟草加工业	594.95	2.689	0.39580
07	纺织业	1496.12	6.761	0.64786
08	服装皮革羽绒及其制品业	225.44	1.019	0.16994
09	木材加工及家具制造业	187.43	0.847	0.55209
10	造纸印刷及文教用品制造业	566.69	2.561	0.70069
11	石油加工炼焦及核燃料加工业	315.15	1.424	0.71887
12	化学工业	3754.95	16.969	0.82649
13	非金属矿物制品业	788.60	3.564	0.81472
14	金属冶炼及压延加工业	1986.10	8.975	0.88623
15	金属制品业	518.37	2.343	0.57590
16	通用专用设备制造业	1065.61	4.815	0.47097
17	交通运输设备制造业	455.49	2.058	0.45865

序号	产业名称	中间需求/亿元	需求占比/%	中间需求率
18	电气机械及器材制造业	735.48	3.324	0.53769
19	通信设备计算机及其他电子设备制造业	1490.49	6.736	0.41869
20	仪器仪表及文化办公用机械制造业	138.51	0.626	0.61397
21	其他制造业	228.39	1.032	0.73582
22	废品废料	137.91	0.623	0.78576
23	电力热力的生产和供应业	846.36	3.825	0.92548
24	燃气生产和供应业	56.66	0.256	0.63376
25	水的生产和供应业	115.31	0.521	0.87454
26	建筑业	13.07	0.059	0.00507
27	交通运输及仓储业	626.95	2.833	0.85292
28	邮政业	34.11	0.154	0.88111
29	信息传输计算机服务和软件业	246.76	1.115	0.64002
30	批发和零售贸易业	1619.72	7.319	0.93564
31	住宿和餐饮业	366.83	1.658	0.61519
32	金融保险业	563.31	2.546	0.94034
33	房地产业	65.60	0.296	0.09396
34	租赁和商务服务业	116.59	0.527	0.79880
35	旅游业	48.82	0.221	0.74461
36	科学研究事业	64.58	0.292	0.76040
37	综合技术服务业	58.93	0.266	0.53871
38	其他社会服务业	81.18	0.367	0.27145
39	教育事业	8.06	0.036	0.01431
40	卫生社会保障和社会福利业	2.00	0.009	0.00586
41	文化体育和娱乐业	90.46	0.409	0.43097
42	公共管理和社会组织	1.17	0.005	0.00226
TIU	中间需求合计	22128.86	100.000	0.57959

注：表中数据根据 2002 年"江苏投入产出表"整理计算，需求占比是指某产业中间需求占全社会中间需求总额的比重，中间需求率是指中间需求占总需求的比重。

中间需求率低于产业平均水平的有 16 个,从高到低依次是金属制品业(0.57590)、木材加工及家具制造业(0.55209)、综合技术服务业(0.53871)、电气机械及器材制造业(0.53769)、通用专用设备制造业(0.47097)、交通运输设备制造业(0.45865)、文化体育和娱乐业(0.43097)、通信设备计算机及其他电子设备制造业(0.41869)、食品制造及烟草加工业(0.39580)、其他社会服务业(0.27145)、服装皮革羽绒及其制品业(0.16994)、房地产业(0.09396)、教育事业(0.01431)、卫生社会保障和社会福利业(0.00586)、建筑业(0.00507)、公共管理和社会组织(0.00226)。

利用 2002 年、2007 年、2012 年江苏投入产出表,对中间需求总量进入前 10 位的产业部门进行纵向比较分析可见,金属冶炼和压延加工品、化学产品、通信设备计算机和其他电子设备、农林牧渔产品和服务、电气机械和器材、纺织品、电力热力的生产和供应 7 个产业部门在不同历史时期均位居前 10 位。在以上 7 个产业部门中,金属冶炼和压延加工品 2002 年居第 2 位,2007 年以后稳居第 1 位;化学产品 2002 年居第 1 位,之后下降但稳居第 2 位;通信设备计算机和其他电子设备从 2002 年的第 6 位开始跃升,之后稳居第 3 位;农林牧渔产品和服务位次不断下降,2002 年居第 3 位,2007 年降至第 5 位,2007 年进一步降至第 6 位;电气机械和器材 2002 年和 2007 年均居第 10 位,2012 年升至第 7 位;纺织品位次总体下降,2012 年位居第 9 位;电力热力的生产和供应在前 10 位名单中始终处于后 4 位,2012 年居第 10 位。在前 10 位名单中,除以上 7 个产业部门相对稳定以外,还有一些发生变动的产业部门。从前 10 位名单逐渐跌出的产业部门,其中批发和零售 2002 年居第 4 位,之后跌出前 10 位名单;通用专用设备 2002 年居第 7 位,2007 年居第 6 位,2012 年跌出。在前 10 位名单中,既然有产业部门跌出,就会有新的产业部门进入。在新增产业部门中,交通运输仓储和邮政自 2007 年进入前 10 位中的第 8 位,2012 年进一步升至第 5 位;租赁和商务服务 2012 年进入前 10 位中的第 8 位;石油炼焦产品和核燃料加工品 2007 年进入前 10 位中的第 9 位,但 2012 年跌出。另外,非金属矿物制品 2002 年居第 9 位,2007 年跌出,但 2012 年再次进入前 10 位并直接跃升至第 4 位。从前 10 位产业部门的三次产业属性来看,虽然大多属于第二产业,但第一、三产业的产业部门始终存在,如交通运输仓储和邮政、租赁和商务服务属于第三产业。

第三节　中间投入率需求率分析

通过中间投入和中间需求的总量与结构分析，可以了解江苏中间投入和中间需求的基本情况，在此基础上，结合中间投入率和中间需求率两个指标进行分析，可以深入了解中间投入和中间需求发展情况。中间需求率是指某一产业部门的中间需求占该产业部门总需求（中间需求与最终需求总和）的比重。中间需求率可以反映某一个产业部门的产品用作生产资料部门和用作消费资料部门的比例关系。某一产业部门的中间需求率越高，表明该产业部门提供的生产资料越多。中间投入率是指某一产业部门的中间投入占该产业部门总投入的比重。某一产业部门的中间投入率越高，表明该产业部门的附加价值率越低。

利用钱纳里和渡边的分类方法（见表 15），根据各个产业部门中间投入率和中间需求率的差别，可以把产业部门分为四类：

表 15　钱纳里和渡边的产业分类方法

指标	中间需求率小	中间需求率大
中间投入率大	Ⅲ 最终需求型产业	Ⅱ 中间投入型产业
中间投入率小	Ⅳ 最终需求型基础产业	Ⅰ 中间投入型基础产业

注：中间投入率或中间需求率大和小的判断标准，一般以 0.5 为界限，高于 0.5 即可判断为大，低于 0.5 即可判断为小。但具体研究中也可将各个产业的平均水平作为界限。

Ⅰ 中间投入型基础产业，此类产业的中间需求率大、中间投入率小，即产业的前向关联大，后向关联小；

Ⅱ 中间投入型产业，此类产业的中间需求率和中间投入率均大，即产业的前向关联和后向关联均大；

Ⅲ 最终需求型产业，此类产业的中间需求率小、中间投入率大，即产业的前向关联小，后向关联大；

Ⅳ 最终需求型基础产业，此类产业的中间需求率和中间投入率均小，即产业的前向关联和后向关联均小。

一、2012 年江苏中间投入率需求率分析

按照中间投入率和中间需求率的大小，2012 年江苏 42 产业部门的分类情况见表 16。可见，江苏 42 个产业部门中，中间投入型产业的数量最多，其他类型产业的数量相当。

表 16　2012 年江苏 42 产业部门中间投入率和中间需求率情况

指标	中间需求率小	中间需求率大
中间投入率大	Ⅲ最终需求型产业（共 10 个） 木材加工品和家具（0.79574,0.47994）、食品和烟草（0.69190,0.46549）、通用设备（0.77195,0.45275）、通信设备计算机和其他电子设备（0.78701,0.41015）、电气机械和器材（0.79239,0.32382）、仪器仪表（0.74729,0.24965）、交通运输设备（0.83517,0.20860）、专用设备（0.73798,0.20489）、纺织服装鞋帽皮革羽绒及其制品（0.77451,0.14467）、建筑（0.74361,0.02775）	Ⅱ中间投入型产业（共 13 个） 金属矿采选产品（0.84251,0.98713）、非金属矿和其他矿采选产品（0.70808,0.98763）、金属冶炼和压延加工品（0.82090,0.95499）、金属制品机械和设备修理服务（0.75542,0.93261）、其他制造产品（0.82239,0.88193）、非金属矿物制品（0.76731,0.81273）、电力热力的生产和供应（0.75897,0.81262）、金属制品（0.77964,0.76514）、造纸印刷和文教体育用品（0.75565,0.76039）、石油炼焦产品和核燃料加工品（0.79272,0.72509）、化学产品（0.75643,0.69409）、燃气生产和供应（0.77025,0.60786）、纺织品（0.79732,0.60177）
中间投入率小	Ⅳ最终需求型基础产业（共 10 个） 居民服务修理和其他服务（0.51206,0.50830）、批发和零售（0.21426,0.50147）、信息传输软件和信息技术服务（0.45507,0.35788）、科学研究和技术服务（0.57639,0.23504）、文化体育和娱乐（0.53671,0.23339）、房地产（0.27334,0.22177）、教育（0.18276,0.10723）、水利环境和公共设施管理（0.51055,0.08169）、卫生和社会服务（0.51602,0.04188）、公共管理社会保障和社会组织（0.31944,0.02124）	Ⅰ中间投入型基础产业（共 9 个） 租赁和商务服务（0.64803,0.84103）、煤炭采选产品（0.53266,0.98984）、石油和天然气开采产品（0.15699,0.98446）、水的生产和供应（0.50754,0.75533）、交通运输仓储和邮政（0.56976,0.74412）、废品废料（0.17718,0.74404）、农林牧渔产品和服务（0.40668,0.70021）、金融（0.45127,0.62949）、住宿和餐饮（0.58020,0.59416）

　　注：表中数据根据 2012 年"江苏投入产出表"整理计算，其中，(a,b) 中的 a 代表中间投入率，b 代表中间需求率；中间投入率或中间需求率大和小的判断标准以 42 个产业部门的平均水平为界限。

　　表 16 中，中间投入型基础产业共 9 个，是租赁和商务服务、煤炭采选产品、石油和天然气开采产品、水的生产和供应、交通运输仓储和邮政、废品废料、农林牧渔产品和服务、金融、住宿和餐饮，这些产业的前向关联大、后向关联小；中间投入型产业共 13 个，是金属矿采选产品、非金属矿和其他矿采选产品、金属冶炼和压延加工品、金属制品机械和设备修理服务、其他制造产品、

非金属矿物制品、电力热力的生产和供应、金属制品、造纸印刷和文教体育用品、石油炼焦产品和核燃料加工品、化学产品、燃气生产和供应、纺织品,这些产业的前向关联和后向关联均较大;最终需求型产业共10个,是木材加工品和家具、食品和烟草、通用设备、通信设备计算机和其他电子设备、电气机械和器材、仪器仪表、交通运输设备、专用设备、纺织服装鞋帽皮革羽绒及其制品、建筑,这些产业的后向关联大、前向关联小;最终需求型基础产业共10个,是居民服务修理和其他服务、批发和零售、信息传输软件和信息技术服务、科学研究和技术服务、文化体育和娱乐、房地产、教育、水利环境和公共设施管理、卫生和社会服务、公共管理社会保障和社会组织,这些产业的前向关联和后向关联均较小。

二、2007年江苏中间投入率需求率分析

按照中间投入率和中间需求率的大小,江苏2007年42产业部门的分类情况见表17。可见,江苏42个产业部门中,中间投入型基础产业的数量最多。其中,中间投入型基础产业共14个,是石油和天然气开采业、金属矿采选业、煤炭开采和洗选业、废品废料、邮政业、交通运输及仓储业、金融业、综合技术服务业、租赁和商务服务业、农林牧渔业、住宿和餐饮业、水的生产和供应业、研究与试验发展业、信息传输计算机服务和软件业,这些产业的前向关联大、后向关联小;中间投入型产业共11个,是石油加工炼焦及核燃料加工业、非金属矿及其他矿采选业、电力热力的生产和供应业、非金属矿物制品业、金属冶炼及压延加工业、工艺品及其他制造业、化学工业、燃气生产和供应业、造纸印刷及文教体育用品制造业、纺织业、金属制品业,这些产业的前向关联和后向关联均较大;最终需求型产业共9个,是木材加工及家具制造业、食品制造及烟草加工业、交通运输设备制造业、仪器仪表及文化办公用机械制造业、通用专用设备制造业、电气机械及器材制造业、通信设备计算机及其他电子设备制造业、纺织服装鞋帽皮革羽绒及其制品业、建筑业,这些产业的后向关联大、前向关联小;最终需求型基础产业共8个,是批发和零售业、居民服务和其他服务业、文化体育和娱乐业、水利环境和公共设施管理业、房地产业、卫生社会保障和社会福利业、教育、公共管理和社会组织,这些产业的前向关联和后向关联均较小。

表 17　2007 年江苏 42 产业部门中间投入率和中间需求率情况

指标	中间需求率小	中间需求率大
中间投入率大	Ⅲ 最终需求型产业(共 9 个) 木材加工及家具制造业(0.81758,0.53880)、食品制造及烟草加工业(0.72753,0.48677)、交通运输设备制造业(0.73936,0.47407)、仪器仪表及文化办公用机械制造业(0.76877,0.43042)、通用专用设备制造业(0.77967,0.42409)、电气机械及器材制造业(0.77142,0.37171)、通信设备计算机及其他电子设备制造业(0.78162,0.33865)、纺织服装鞋帽皮革羽绒及其制品业(0.77470,0.23628)、建筑业(0.72528,0.02992)	Ⅱ 中间投入型产业(共 11 个) 石油加工炼焦及核燃料加工业(0.84081,0.97344)、非金属矿及其他矿采选业(0.71938,0.91255)、电力热力的生产和供应业(0.74314,0.91196)、非金属矿物制品业(0.74810,0.86529)、金属冶炼及压延加工业(0.80885,0.79126)、工艺品及其他制造业(0.74982,0.72697)、化学工业(0.76643,0.68249)、燃气生产和供应业(0.76581,0.67113)、造纸印刷及文教体育用品制造业(0.72736,0.63142)、纺织业(0.78652,0.55854)、金属制品业(0.81722,0.54243)
中间投入率小	Ⅳ 最终需求型基础产业(共 8 个) 批发和零售业(0.22909,0.50960)、居民服务和其他服务业(0.49855,0.40418)、文化体育和娱乐业(0.46564,0.37601)、水利环境和公共设施管理业(0.46364,0.21561)、房地产业(0.18778,0.18627)、卫生社会保障和社会福利业(0.54849,0.12187)、教育(0.30218,0.08022)、公共管理和社会组织(0.35633,0.01006)	Ⅰ 中间投入型基础产业(共 14 个) 石油和天然气开采业(0.53640,0.99730)、金属矿采选业(0.65331,0.98687)、煤炭开采和洗选业(0.53757,0.97387)、废品废料(0.08928,0.95367)、邮政业(0.50535,0.88730)、交通运输及仓储业(0.52333,0.78861)、金融业(0.26692,0.78611)、综合技术服务业(0.61292,0.68454)、租赁和商务服务业(0.67723,0.67060)、农林牧渔业(0.40737,0.65183)、住宿和餐饮业(0.60947,0.65007)、水的生产和供应业(0.53991,0.64280)、研究与试验发展业(0.46258,0.62909)、信息传输计算机服务和软件业(0.46017,0.55270)

注：表中数据根据 2007 年"江苏投入产出表"整理计算,其中,(a,b)中的 a 代表中间投入率,b 代表中间需求率;中间投入率或中间需求率大和小的判断标准以 42 个产业部门的平均水平为界限。

三、2002 年江苏中间投入率需求率分析

按照中间投入率和中间需求率的大小,江苏 2002 年 42 产业部门的分类情况见表 18。中间投入型基础产业共 16 个,是石油和天然气开采业、煤炭开采和洗选业、金融保险业、批发和零售贸易业、电力热力的生产和供应业、非金属矿采选业、邮政业、水的生产和供应业、交通运输及仓储业、租赁和商务服务业、废品废料、科学研究事业、农林牧渔业、旅游业、信息传输计算机服务和软件业、住宿和餐饮业,这些产业的前向关联大、后向关联小;中间投入型

产业共 10 个,是金属冶炼及压延加工业、金属矿采选业、化学工业、非金属矿物制品业、其他制造业、石油加工炼焦及核燃料加工业、造纸印刷及文教用品制造业、纺织业、燃气生产和供应业、仪器仪表及文化办公用机械制造业,这些产业的前向关联和后向关联均较大;最终需求型产业共 9 个,是金属制品业、木材加工及家具制造业、电气机械及器材制造业、通用专用设备制造业、交通运输设备制造业、通信设备计算机及其他电子设备制造业、食品制造及烟草加工业、服装皮革羽绒及其制品业、建筑业,这些产业的后向关联大、前向关联小;最终需求型基础产业共 7 个,是综合技术服务业、文化体育和娱乐业、其他社会服务业、房地产业、教育事业、卫生社会保障和社会福利业、公共管理和社会组织,这些产业的前向关联和后向关联均较小。

通过对 2002 年、2007 年、2012 年产业分类情况的纵向比较来看,中间投入型基础产业数量逐渐减少,从 2002 年的 16 个,减少到 2007 年的 14 个,进一步减少到 2012 年的 9 个;中间投入型产业数量不断增加,从 2002 年的 10 个,增加到 2007 年的 11 个,进一步增加到 2012 年的 13 个;最终需求型产业数量基本保持不变,2002 年、2007 年均是 9 个,到 2012 年虽然数量升至 11 个,但由于通用设备和专用设备在 2002 年、2007 年是一个产业,因此按照原来口径看,2012 年仍相当于 10 个产业部门;最终需求型基础产业数量不断增加,从 2002 年的 7 个,增加到 2007 年的 8 个,进一步增加到 2012 年的 10 个。从四大类产业的具体构成来看,绝大多数产业在 2002 年、2007 年、2012 年均处于同一类别,没有发生跨类别的变动。其中,废品废料、交通运输仓储和邮政、金融、煤炭采选产品、农林牧渔产品和服务、石油和天然气开采产品、水的生产和供应、住宿和餐饮、租赁和商务服务在 2002 年、2007 年、2012 年均属于中间投入型基础产业,纺织品、非金属矿物制品、化学产品、金属冶炼和压延加工品、其他制造产品、燃气生产和供应、石油炼焦产品和核燃料加工品、造纸印刷和文教体育用品均属于中间投入型产业,电气机械和器材、纺织服装鞋帽皮革羽绒及其制品、建筑、交通运输设备、木材加工品和家具、食品和烟草、通信设备计算机和其他电子设备、通用设备、专用设备均属于最终需求型产业,房地产、公共管理社会保障和社会组织、教育、居民服务修理和其他服务、卫生和社会服务、文化体育和娱乐均属于最终需求型基础产业。从产业发展来看,首先应大力推动中间投入型产业发展,因为这类产业的前向关联和后向关联均大,能够带动更多的上、下游产业部门发展。其次应大力发展最终需求型产业和中间投入型基础产业,因为最终需求型产业的后向关联较大,对上游产业发展具有拉动作用,而中间投入型基础产业的前向关联较大,对下游产业发展具有拉动作用。

表 18 2002 年江苏 42 产业部门中间投入率和中间需求率情况

指标	中间需求率小	中间需求率大
中间投入率大	Ⅲ 最终需求型产业(共 9 个) 金属制品业(0.80553,0.57590)、木材加工及家具制造业(0.80162,0.55209)、电气机械及器材制造业(0.80630,0.53769)、通用专用设备制造业(0.78476,0.47097)、交通运输设备制造业(0.79220,0.45865)、通信设备计算机及其他电子设备制造业(0.78910,0.41869)、食品制造及烟草加工业(0.79806,0.39580)、服装皮革羽绒及其制品业(0.69009,0.16994)、建筑业(0.71000,0.00507)	Ⅱ 中间投入型产业(共 10 个) 金属冶炼及压延加工业(0.83339,0.88623)、金属矿采选业(0.75737,0.83814)、化学工业(0.76176,0.82649)、非金属矿物制品业(0.76118,0.81472)、其他制造业(0.82335,0.73582)、石油加工炼焦及核燃料加工业(0.84114,0.71887)、造纸印刷及文教用品制造业(0.77549,0.70069)、纺织业(0.80687,0.64786)、燃气生产和供应业(0.86399,0.63376)、仪器仪表及文化办公用机械制造业(0.82803,0.61397)
中间投入率小	Ⅳ 最终需求型基础产业(共 7 个) 综合技术服务业(0.46835,0.53871)、文化体育和娱乐业(0.45540,0.43097)、其他社会服务业(0.51680,0.27145)、房地产业(0.24118,0.09396)、教育事业(0.35759,0.01431)、卫生社会保障和社会福利业(0.61520,0.00586)、公共管理和社会组织(0.58161,0.00226)	Ⅰ 中间投入型基础产业(共 16 个) 石油和天然气开采业(0.14663,0.98461)、煤炭开采和洗选业(0.40470,0.94246)、金融保险业(0.40326,0.94034)、批发和零售贸易业(0.49641,0.93564)、电力热力的生产和供应业(0.62263,0.92548)、非金属矿采选业(0.67450,0.92031)、邮政业(0.46339,0.88111)、水的生产和供应业(0.61513,0.87454)、交通运输及仓储业(0.54274,0.85292)、租赁和商务服务业(0.43506,0.79880)、废品废料(0.00000,0.78576)、科学研究事业(0.51311,0.76040)、农林牧渔业(0.48949,0.75325)、旅游业(0.60644,0.74461)、信息传输计算机服务和软件业(0.43911,0.64002)、住宿和餐饮业(0.43914,0.61519)

注：表中数据根据 2002 年"江苏投入产出表"整理计算,其中,(a,b)中的 a 代表中间投入率,b 代表中间需求率;中间投入率或中间需求率大和小的判断标准以 42 个产业部门的平均水平为界限。

第四章

江苏最终需求结构分析

FOUR

第一节　最终需求总量结构分析

一、2012 年江苏最终需求总量结构分析

最终需求也称最终使用,是指总产出中被用于最终消费支出、资本形成总额和省外流出的部分。2012 年江苏 42 个产业部门的最终需求情况见表19。根据 2012 年"江苏投入产出表",表中序号指代的产业部门分别为:01 农林牧渔产品和服务,02 煤炭采选产品,03 石油和天然气开采产品,04 金属矿采选产品,05 非金属矿和其他矿采选产品,06 食品和烟草,07 纺织品,08 纺织服装鞋帽皮革羽绒及其制品,09 木材加工品和家具,10 造纸印刷和文教体育用品,11 石油炼焦产品和核燃料加工品,12 化学产品,13 非金属矿物制品,14 金属冶炼和压延加工品,15 金属制品,16 通用设备,17 专用设备,18 交通运输设备,19 电气机械和器材,20 通信设备计算机和其他电子设备,21 仪器仪表,22 其他制造产品,23 废品废料,24 金属制品机械和设备修理服务,25 电力热力的生产和供应,26 燃气生产和供应,27 水的生产和供应,28 建筑,29 批发和零售,30 交通运输仓储和邮政,31 住宿和餐饮,32 信息传输软件和信息技术服务,33 金融,34 房地产,35 租赁和商务服务,36 科学研究和技术服务,37 水利环境和公共设施管理,38 居民服务修理和其他服务,39 教育,40 卫生和社会服务,41 文化体育和娱乐,42 公共管理社会保障和社会组织;TIU(合计)。

从表19 可见,最终需求合计为 108218.34 亿元,其中,最终消费支出合计为 23586.09 亿元,资本形成总额合计为 27700.08 亿元,省外流出合计为 56932.16 亿元。

按最终需求总量排序的前十大产业部门从高到低依次是建筑(15944.41 亿元)、通信设备计算机和其他电子设备(13085.92 亿元)、电气机械和器材(9686.92 亿元)、化学产品(8234.63 亿元)、交通运输设备(7060.62 亿元)、通用设备(4551.19 亿元)、专用设备(4095.76 亿元)、纺织服装鞋帽皮革羽绒及其制品(3771.36 亿元)、批发和零售(3619.45 亿元)、食品和烟草(3493.08 亿元)。

按最终消费支出排序的前十大产业部门从高到低依次是公共管理社会保障和社会组织(2479.79 亿元)、批发和零售(2151.25 亿元)、食品和烟草(1932.17 亿元)、金融(1680.51 亿元)、教育(1611.95 亿元)、卫生和社会服务(1440.36 亿元)、交通运输设备(1215.85 亿元)、房地产(1214.38 亿元)、科学

研究和技术服务(1041.27亿元)、农林牧渔产品和服务(1018.95亿元)。

表 19 2012 年江苏 42 产业部门最终需求总量和结构情况

序号	总量/亿元				结构/%			
	最终需求	最终消费支出	资本形成总额	省外流出	最终需求	最终消费支出	资本形成总额	省外流出
01	2000.70	1018.95	68.18	913.58	100	50.93	3.41	45.66
02	30.34	68.71	−39.19	0.82	100	226.49	−129.19	2.70
03	29.86	0.00	29.83	0.03	100	0.00	99.90	0.10
04	21.40	0.00	19.63	1.76	100	0.00	91.76	8.24
05	26.30	0.00	23.45	2.85	100	0.00	89.17	10.83
06	3493.08	1932.17	251.09	1309.82	100	55.31	7.19	37.50
07	2847.99	205.78	684.40	1957.82	100	7.23	24.03	68.74
08	3771.36	854.67	96.49	2820.19	100	22.66	2.56	74.78
09	1162.51	146.02	142.64	873.84	100	12.56	12.27	75.17
10	851.43	269.35	90.35	491.73	100	31.64	10.61	57.75
11	866.93	663.21	134.74	68.97	100	76.50	15.54	7.96
12	8234.63	255.21	2773.29	5206.13	100	3.10	33.68	63.22
13	1120.67	1.90	838.34	280.43	100	0.17	74.81	25.02
14	1144.46	0.00	411.51	732.95	100	0.00	35.96	64.04
15	1199.44	0.00	417.42	782.02	100	0.00	34.80	65.20
16	4551.19	0.00	1196.28	3354.90	100	0.00	26.29	73.71
17	4095.76	0.00	1303.92	2791.84	100	0.00	31.84	68.16
18	7060.62	1215.85	1625.03	4219.74	100	17.22	23.02	59.76
19	9686.92	206.89	2595.30	6884.73	100	2.14	26.79	71.07
20	13085.92	191.75	1428.69	11465.48	100	1.47	10.92	87.62
21	2469.57	114.36	118.78	2236.43	100	4.63	4.81	90.56
22	55.66	0.00	−15.32	70.98	100	0.00	−27.53	127.53
23	503.57	13.07	9.32	481.17	100	2.60	1.85	95.55
24	26.35	6.67	19.68	0.00	100	25.30	74.70	0.00
25	982.97	268.77	714.20	0.00	100	27.34	72.66	0.00

序号	总量/亿元				结构/%			
	最终需求	最终消费支出	资本形成总额	省外流出	最终需求	最终消费支出	资本形成总额	省外流出
26	210.36	158.03	52.32	0.00	100	75.13	24.87	0.00
27	31.83	31.83	0.00	0.00	100	100.00	0.00	0.00
28	15944.41	248.15	8732.69	6963.58	100	1.56	54.77	43.67
29	3619.45	2151.25	483.04	985.16	100	59.44	13.35	27.22
30	1663.66	803.44	9.75	850.47	100	48.29	0.59	51.12
31	1013.44	653.78	38.48	321.18	100	64.51	3.80	31.69
32	1620.76	461.92	912.32	246.52	100	28.50	56.29	15.21
33	2155.80	1680.51	0.00	475.29	100	77.95	0.00	22.05
34	3248.09	1214.38	2033.71	0.00	100	37.39	62.61	0.00
35	836.16	458.00	272.33	105.82	100	54.77	32.57	12.66
36	1195.40	1041.27	153.66	0.47	100	87.11	12.85	0.04
37	577.72	529.25	48.46	0.00	100	91.61	8.39	0.00
38	705.64	705.64	0.00	0.00	100	100.00	0.00	0.00
39	1647.24	1611.95	3.63	31.66	100	97.86	0.22	1.92
40	1456.99	1440.36	16.62	0.00	100	98.86	1.14	0.00
41	488.76	483.19	1.76	3.80	100	98.86	0.36	0.78
42	2483.02	2479.79	3.23	0.00	100	99.87	0.13	0.00
TIU	108218.34	23586.09	27700.08	56932.16	100	21.79	25.60	52.61

按资本形成总额排序的前十大产业部门从高到低依次是建筑(8732.69亿元)、化学产品(2773.29亿元)、电气机械和器材(2595.30亿元)、房地产(2033.71亿元)、交通运输设备(1625.03亿元)、通信设备计算机和其他电子设备(1428.69亿元)、专用设备(1303.92亿元)、通用设备(1196.28亿元)、信息传输软件和信息技术服务(912.32亿元)、非金属矿物制品(838.34亿元)。

按省外流出排序的前十大产业部门从高到低依次是通信设备计算机和其他电子设备(11465.48亿元)、建筑(6963.58亿元)、电气机械和器材(6884.73亿元)、化学产品(5206.13亿元)、交通运输设备(4219.74亿元)、通用设备(3354.90亿元)、纺织服装鞋帽皮革羽绒及其制品(2820.19亿元)、专用设备

（2791.84亿元）、仪器仪表（2236.43亿元）、纺织品（1957.82亿元）。

从最终需求构成情况来看，2012年，江苏42个产业部门最终消费支出合计在最终需求合计中的占比为21.79％，资本形成总额合计的占比为25.60％，省外流出合计的占比为52.61％。

按最终消费支出在最终需求中的占比排序，高于21.79％的产业部门有24个，从高到低依次是煤炭采选产品（226.49％）、居民服务修理和其他服务（100.00％）、水的生产和供应（100.00％）、公共管理社会保障和社会组织（99.87％）、文化体育和娱乐（98.86％）、卫生和社会服务（98.86％）、教育（97.86％）、水利环境和公共设施管理（91.61％）、科学研究和技术服务（87.11％）、金融（77.95％）、石油炼焦产品和核燃料加工品（76.50％）、燃气生产和供应（75.13％）、住宿和餐饮（64.51％）、批发和零售（59.44％）、食品和烟草（55.31％）、租赁和商务服务（54.77％）、农林牧渔产品和服务（50.93％）、交通运输仓储和邮政（48.29％）、房地产（37.39％）、造纸印刷和文教体育用品（31.64％）、信息传输软件和信息技术服务（28.50％）、电力热力的生产和供应（27.34％）、金属制品机械和设备修理服务（25.30％）、纺织服装鞋帽皮革羽绒及其制品（22.66％），其中，第一产业1个、第二产业9个、第三产业14个。

按资本形成总额在最终需求中的占比排序，高于25.60％的产业部门有16个，从高到低依次是石油和天然气开采产品（99.90％）、金属矿采选产品（91.76％）、非金属矿和其他矿采选产品（89.17％）、非金属矿物制品（74.81％）、金属制品机械和设备修理服务（74.70％）、电力热力的生产和供应（72.66％）、房地产（62.61％）、信息传输软件和信息技术服务（56.29％）、建筑（54.77％）、金属冶炼和压延加工品（35.96％）、金属制品（34.80％）、化学产品（33.68％）、租赁和商务服务（32.57％）、专用设备（31.84％）、电气机械和器材（26.79％）、通用设备（26.29％），其中，第二产业13个、第三产业3个。

按省外流出在最终需求中的占比排序，高于52.61％的产业部门有15个，从高到低依次是其他制造产品（127.53％）、废品废料（95.55％）、仪器仪表（90.56％）、通信设备计算机和其他电子设备（87.62％）、木材加工品和家具（75.17％）、纺织服装鞋帽皮革羽绒及其制品（74.78％）、通用设备（73.71％）、电气机械和器材（71.07％）、纺织品（68.74％）、专用设备（68.16％）、金属制品（65.20％）、金属冶炼和压延加工品（64.04％）、化学产品（63.22％）、交通运输设备（59.76％）、造纸印刷和文教体育用品（57.75％），均属第二产业。

二、2007年江苏最终需求总量结构分析

2007年江苏42个产业部门的最终需求情况见表20。根据2007年"江苏投入产出表",表中序号指代的产业部门分别为：01农林牧渔业,02煤炭开采和洗选业,03石油和天然气开采业,04金属矿采选业,05非金属矿及其他矿采选业,06食品制造及烟草加工业,07纺织业,08纺织服装鞋帽皮革羽绒及其制品业,09木材加工及家具制造业,10造纸印刷及文教体育用品制造业,11石油加工炼焦及核燃料加工业,12化学工业,13非金属矿物制品业,14金属冶炼及压延加工业,15金属制品业,16通用专用设备制造业,17交通运输设备制造业,18电气机械及器材制造业,19通信设备计算机及其他电子设备制造业,20仪器仪表及文化办公用机械制造业,21工艺品及其他制造业,22废品废料,23电力热力的生产和供应业,24燃气生产和供应业,25水的生产和供应业,26建筑业,27交通运输及仓储业,28邮政业,29信息传输计算机服务和软件业,30批发和零售业,31住宿和餐饮业,32金融业,33房地产业,34租赁和商务服务业,35研究与试验发展业,36综合技术服务业,37水利环境和公共设施管理业,38居民服务和其他服务业,39教育,40卫生社会保障和社会福利业,41文化体育和娱乐业,42公共管理和社会组织;TIU（合计）。

表20 2007年江苏42产业部门最终需求总量和结构情况

序号	总量/亿元				结构/%			
	最终需求	最终消费支出	资本形成总额	省外流出	最终需求	最终消费支出	资本形成总额	省外流出
01	1438.88	1016.12	72.52	350.23	100	70.62	5.04	24.34
02	20.16	11.90	5.37	2.89	100	59.03	26.65	14.32
03	2.90	0.00	0.84	2.06	100	0.00	29.04	70.96
04	12.67	0.00	2.23	10.44	100	0.00	17.61	82.39
05	34.95	0.00	0.81	34.14	100	0.00	2.31	97.69
06	1598.34	1152.70	39.47	406.17	100	72.12	2.47	25.41
07	2416.45	35.05	51.24	2330.16	100	1.45	2.12	96.43
08	1897.64	438.44	18.07	1441.13	100	23.10	0.95	75.94
09	504.16	40.06	27.08	437.02	100	7.95	5.37	86.68
10	663.09	32.51	14.52	616.06	100	4.90	2.19	92.91
11	56.18	57.33	−22.91	21.76	100	102.05	−40.77	38.72
12	3402.29	183.26	239.51	2979.52	100	5.39	7.04	87.57

序号	总量/亿元				结构/%			
	最终需求	最终消费支出	资本形成总额	省外流出	最终需求	最终消费支出	资本形成总额	省外流出
13	283.23	21.62	9.03	252.58	100	7.63	3.19	89.18
14	2217.12	0.00	106.96	2110.16	100	0.00	4.82	95.18
15	1299.92	31.74	919.81	348.38	100	2.44	70.76	26.80
16	3609.51	4.96	2224.81	1379.74	100	0.14	61.64	38.23
17	1510.10	169.55	792.59	547.97	100	11.23	52.49	36.29
18	3156.38	149.31	670.39	2336.68	100	4.73	21.24	74.03
19	9918.63	150.52	772.28	8995.83	100	1.52	7.79	90.70
20	608.19	14.12	219.39	374.68	100	2.32	36.07	61.61
21	92.86	75.09	3.39	14.38	100	80.86	3.65	15.49
22	27.50	0.00	0.00	27.50	100	0.00	0.00	100.00
23	215.28	139.64	0.00	75.64	100	64.86	0.00	35.14
24	37.33	26.90	0.88	9.55	100	72.05	2.36	25.59
25	24.85	24.85	0.00	0.00	100	100.00	0.00	0.00
26	4720.09	70.77	4264.67	384.65	100	1.50	90.35	8.15
27	552.66	335.88	31.52	185.26	100	60.78	5.70	33.52
28	7.10	3.96	0.00	3.14	100	55.82	0.00	44.18
29	393.66	196.45	128.64	68.57	100	49.90	32.68	17.42
30	1436.90	761.93	578.55	96.43	100	53.03	40.26	6.71
31	370.38	366.78	0.00	3.59	100	99.03	0.00	0.97
32	376.11	355.43	0.00	20.67	100	94.50	0.00	5.50
33	1426.16	584.21	840.47	1.47	100	40.96	58.93	0.10
34	386.34	316.62	0.00	69.73	100	81.95	0.00	18.05
35	81.28	79.03	0.00	2.25	100	97.23	0.00	2.77
36	135.27	95.67	39.02	0.58	100	70.72	28.85	0.43
37	215.58	162.87	0.00	52.70	100	75.55	0.00	24.45
38	501.16	478.44	0.00	22.72	100	95.47	0.00	4.53

序号	总量/亿元				结构/%			
	最终需求	最终消费支出	资本形成总额	省外流出	最终需求	最终消费支出	资本形成总额	省外流出
39	966.92	966.82	0.00	0.10	100	99.99	0.00	0.01
40	717.47	716.22	0.00	1.25	100	99.83	0.00	0.17
41	244.17	183.74	0.00	60.43	100	75.25	0.00	24.75
42	1148.31	1148.31	0.00	0.00	100	100.00	0.00	0.00
TIU	48728.17	10598.83	12051.15	26078.18	100	21.75	24.73	53.52

2007年,江苏42个产业部门的最终需求合计为48728.17亿元,其中,最终消费支出合计为10598.83亿元,资本形成总额合计为12051.15亿元,省外流出合计为26078.18亿元。

按最终需求总量排序的前十大产业部门从高到低依次是通信设备计算机及其他电子设备制造业(9918.63亿元)、建筑业(4720.09亿元)、通用专用设备制造业(3609.51亿元)、化学工业(3402.29亿元)、电气机械及器材制造业(3156.38亿元)、纺织业(2416.45亿元)、金属冶炼及压延加工业(2217.12亿元)、纺织服装鞋帽皮革羽绒及其制品业(1897.64亿元)、食品制造及烟草加工业(1598.34亿元)、交通运输设备制造业(1510.10亿元)。

按最终消费支出排序的前十大产业部门从高到低依次是食品制造及烟草加工业(1152.70亿元)、公共管理和社会组织(1148.31亿元)、农林牧渔业(1016.12亿元)、教育(966.82亿元)、批发和零售业(761.93亿元)、卫生社会保障和社会福利业(716.22亿元)、房地产业(584.21亿元)、居民服务和其他服务业(478.44亿元)、纺织服装鞋帽皮革羽绒及其制品业(438.44亿元)、住宿和餐饮业(366.78亿元)。

按资本形成总额排序的前十大产业部门从高到低依次是建筑业(4264.67亿元)、通用专用设备制造业(2224.81亿元)、金属制品业(919.81亿元)、房地产业(840.47亿元)、交通运输设备制造业(792.59亿元)、通信设备计算机及其他电子设备制造业(772.28亿元)、电气机械及器材制造业(670.39亿元)、批发和零售业(578.55亿元)、化学工业(239.51亿元)、仪器仪表及文化办公用机械制造业(219.39亿元)。

按省外流出排序的前十大产业部门从高到低依次是通信设备计算机及其他电子设备制造业(8995.83亿元)、化学工业(2979.52亿元)、电气机械及器材制造业(2336.68 亿元)、纺织业(2330.16 亿元)、金属冶炼及压延加工业(2110.16 亿元)、纺织服装鞋帽皮革羽绒及其制品业(1441.13 亿元)、通用专用设备制造业(1379.74 亿元)、造纸印刷及文教体育用品制造业(616.06 亿元)、交通运输设备制造业(547.97 亿元)、木材加工及家具制造业(437.02 亿元)。

从最终需求构成情况来看,2007 年,江苏 42 个产业部门最终消费支出合计在最终需求合计中的占比为 21.75%,资本形成总额合计的占比为 24.73%,省外流出合计的占比为 53.52%。

按最终消费支出在最终需求中的占比排序,高于 21.75% 的产业部门有 25 个,从高到低依次是石油加工炼焦及核燃料加工业(102.05%)、水的生产和供应业(100%)、公共管理和社会组织(100%)、教育(99.99%)、卫生社会保障和社会福利业(99.83%)、住宿和餐饮业(99.03%)、研究与试验发展业(97.23%)、居民服务和其他服务业(95.47%)、金融业(94.50%)、租赁和商务服务业(81.95%)、工艺品及其他制造业(80.86%)、水利环境和公共设施管理业(75.55%)、文化体育和娱乐业(75.25%)、食品制造及烟草加工业(72.12%)、燃气生产和供应业(72.05%)、综合技术服务业(70.72%)、农林牧渔业(70.62%)、电力热力的生产和供应业(64.86%)、交通运输及仓储业(60.78%)、煤炭开采和洗选业(59.03%)、邮政业(55.82%)、批发和零售业(53.03%)、信息传输计算机服务和软件业(49.90%)、房地产业(40.96%)、纺织服装鞋帽皮革羽绒及其制品业(23.10%),其中,第一产业 1 个、第二产业 8 个、第三产业 16 个。

按资本形成总额在最终需求中占比排序,高于 24.73% 的 11 个,从高到低依次是建筑业(90.35%)、金属制品业(70.76%)、通用专用设备制造业(61.64%)、房地产业(58.93%)、交通运输设备制造业(52.49%)、批发和零售业(40.26%)、仪器仪表及文化办公用机械制造业(36.07%)、信息传输计算机服务和软件业(32.68%)、石油和天然气开采业(29.04%)、综合技术服务业(28.85%)、煤炭开采和洗选业(26.65%),其中,第二产业 7 个、第三产业 4 个。

按省外流出在最终需求中的占比排序,高于 53.52% 的产业部门有 14 个,从高到低依次是废品废料(100%)、非金属矿及其他矿采选业(97.69%)、纺织业(96.43%)、金属冶炼及压延加工业(95.18%)、造纸印刷及文教体育用品制造业(92.91%)、通信设备计算机及其他电子设备制造业(90.70%)、非金属矿物制品业(89.18%)、化学工业(87.57%)、木材加工及家具制造业(86.68%)、金属矿采选业(82.39%)、纺织服装鞋帽皮革羽绒及其制品业(75.94%)、电气机械及器材制造业(74.03%)、石油和天然气开采业(70.96%)、仪器仪表及文化办公用机械制造业(61.61%),均属第二产业。

三、2002 年江苏最终需求总量结构分析

2002 年江苏 42 个产业部门的最终需求情况见表 21。根据"江苏 2002 年投入产出表",表中序号指代的产业部门分别为:01 农林牧渔业,02 煤炭开采和洗选业,03 石油和天然气开采业,04 金属矿采选业,05 非金属矿采选业,06 食品制造及烟草加工业,07 纺织业,08 服装皮革羽绒及其制品业,09 木材加工及家具制造业,10 造纸印刷及文教用品制造业,11 石油加工炼焦及核燃料加工业,12 化学工业,13 非金属矿物制品业,14 金属冶炼及压延加工业,15 金属制品业,16 通用专用设备制造业,17 交通运输设备制造业,18 电气机械及器材制造业,19 通信设备计算机及其他电子设备制造业,20 仪器仪表及文化办公用机械制造业,21 其他制造业,22 废品废料,23 电力热力的生产和供应业,24 燃气生产和供应业,25 水的生产和供应业,26 建筑业,27 交通运输及仓储业,28 邮政业,29 信息传输计算机服务和软件业,30 批发和零售贸易业,31 住宿和餐饮业,32 金融保险业,33 房地产业,34 租赁和商务服务业,35 旅游业,36 科学研究事业,37 综合技术服务业,38 其他社会服务业,39 教育事业,40 卫生社会保障和社会福利业,41 文化体育和娱乐业,42 公共管理和社会组织;TIU(合计)。

表 21   2002 年江苏 42 产业部门最终需求总量和结构情况

序号	总量/亿元				结构/%			
	最终需求	最终消费支出	资本形成总额	省外流出	最终需求	最终消费支出	资本形成总额	省外流出
01	636.75	467.17	121.24	48.33	100	73.37	19.04	7.59
02	9.64	6.72	0.23	2.69	100	69.69	2.36	27.95
03	3.39	0.00	0.18	3.21	100	0.00	5.27	94.73
04	8.09	0.00	6.06	2.03	100	0.00	74.88	25.12
05	4.89	0.00	0.95	3.94	100	0.00	19.45	80.55
06	908.20	598.58	127.31	182.31	100	65.91	14.02	20.07
07	813.20	26.18	204.70	582.32	100	3.22	25.17	71.61
08	1101.20	173.39	−32.68	960.49	100	15.75	−2.97	87.22
09	152.06	47.03	25.90	79.12	100	30.93	17.04	52.03

序号	总量/亿元				结构/%			
	最终需求	最终消费支出	资本形成总额	省外流出	最终需求	最终消费支出	资本形成总额	省外流出
10	242.07	42.88	26.35	172.84	100	17.71	10.89	71.40
11	123.25	8.03	3.27	111.95	100	6.51	2.66	90.83
12	788.32	107.96	57.84	622.51	100	13.70	7.34	78.97
13	179.34	119.87	5.40	54.07	100	66.84	3.01	30.15
14	254.97	0.00	10.15	244.82	100	0.00	3.98	96.02
15	381.74	15.22	215.29	151.23	100	3.99	56.40	39.62
16	1196.98	41.54	886.98	268.45	100	3.47	74.10	22.43
17	537.62	41.64	110.78	385.20	100	7.75	20.60	71.65
18	632.36	61.28	173.29	397.79	100	9.69	27.40	62.91
19	2069.38	85.80	238.03	1745.55	100	4.15	11.50	84.35
20	87.09	3.21	42.67	41.21	100	3.69	49.00	47.32
21	82.00	39.47	10.26	32.27	100	48.13	12.51	39.36
22	37.60	0.00	−1.64	39.24	100	0.00	−4.35	104.35
23	68.15	67.69	0.02	0.44	100	99.32	0.03	0.65
24	32.74	35.64	−2.91	0.01	100	108.87	−8.90	0.03
25	16.54	16.52	−0.01	0.03	100	99.87	−0.03	0.17
26	2567.50	115.14	2287.53	164.83	100	4.48	89.10	6.42
27	108.12	44.78	−0.03	63.37	100	41.42	−0.02	58.61
28	4.60	4.39	−0.05	0.27	100	95.41	−1.17	5.76
29	138.79	86.66	−0.51	52.64	100	62.44	−0.37	37.93
30	111.41	108.13	0.55	2.73	100	97.05	0.50	2.45
31	229.46	180.51	12.19	36.76	100	78.67	5.31	16.02
32	35.74	11.85	0.00	23.89	100	33.15	0.00	66.85
33	632.57	465.64	165.83	1.10	100	73.61	26.22	0.17
34	29.37	11.57	0.00	17.80	100	39.40	0.00	60.60
35	16.75	13.79	0.00	2.96	100	82.33	0.00	17.67
36	20.35	11.31	3.64	5.40	100	55.60	17.88	26.52
37	50.46	36.41	1.50	12.56	100	72.15	2.96	24.88

序号	总量/亿元				结构/%			
	最终需求	最终消费支出	资本形成总额	省外流出	最终需求	最终消费支出	资本形成总额	省外流出
38	217.89	208.97	0.00	8.92	100	95.91	0.00	4.09
39	555.42	554.88	0.00	0.54	100	99.90	0.00	0.10
40	339.55	339.55	0.00	0.00	100	100.00	0.00	0.00
41	119.43	96.83	0.00	22.60	100	81.08	0.00	18.92
42	515.36	515.33	0.00	0.04	100	99.99	0.00	0.01
TIU	16051.30	4811.55	4700.32	6539.43	100	29.98	29.28	40.74

2002 年,江苏 42 个产业部门的最终需求合计为 16051.30 亿元,其中,最终消费支出合计为 4811.55 亿元,资本形成总额合计为 4700.32 亿元,省外流出合计为 6539.43 亿元。

按最终需求总量排序的前十大产业部门从高到低依次是建筑业(2567.50 亿元)、通信设备计算机及其他电子设备制造业(2069.38 亿元)、通用专用设备制造业(1196.98 亿元)、服装皮革羽绒及其制品业(1101.20 亿元)、食品制造及烟草加工业(908.20 亿元)、纺织业(813.20 亿元)、化学工业(788.32 亿元)、农林牧渔业(636.75 亿元)、房地产业(632.57 亿元)、电气机械及器材制造业(632.36 亿元)。

按最终消费支出排序的前十大产业部门从高到低依次是食品制造及烟草加工业(598.58 亿元)、教育事业(554.88 亿元)、公共管理和社会组织(515.33 亿元)、农林牧渔业(467.17 亿元)、房地产业(465.64 亿元)、卫生社会保障和社会福利业(339.55 亿元)、其他社会服务业(208.97 亿元)、住宿和餐饮业(180.51 亿元)、服装皮革羽绒及其制品业(173.39 亿元)、非金属矿物制品业(119.87 亿元)。

按资本形成总额排序的前十大产业部门从高到低依次是建筑业(2287.53 亿元)、通用专用设备制造业(886.98 亿元)、通信设备计算机及其他电子设备制造业(238.03 亿元)、金属制品业(215.29 亿元)、纺织业(204.70 亿元)、电气机械及器材制造业(173.29 亿元)、房地产业(165.83 亿元)、食品制造及烟草加工业(127.31 亿元)、农林牧渔业(121.24 亿元)、交通运输设备制造业(110.78 亿元)。

按省外流出排序的前十大产业部门从高到低依次是通信设备计算机及其他电子设备制造业(1745.55 亿元)、服装皮革羽绒及其制品业(960.49 亿元)、化学工业(622.51 亿元)、纺织业(582.32 亿元)、电气机械及器材制造业(397.79 亿元)、交通运输设备制造业(385.20 亿元)、通用专用设备制造业(268.45 亿元)、金属冶炼及压延加工业(244.82 亿元)、食品制造及烟草加工业(182.31 亿元)、造纸印刷及文教用品制造业(172.84 亿元)。

从最终需求构成情况来看,2002 年,江苏 42 个产业部门最终消费支出合计在最终需求合计中的占比为 29.98%,资本形成总额合计的占比为 29.28%,省外流出合计的占比为 40.74%。

按最终消费支出在最终需求中的占比排序,高于 29.98% 的产业部门有 25 个,从高到低依次是燃气生产和供应业(108.87%)、卫生社会保障和社会福利业(100%)、公共管理和社会组织(99.99%)、教育事业(99.90%)、水的生产和供应业(99.87%)、电力热力的生产和供应业(99.32%)、批发和零售贸易业(97.05%)、其他社会服务业(95.91%)、邮政业(95.41%)、旅游业(82.33%)、文化体育和娱乐业(81.08%)、住宿和餐饮业(78.67%)、房地产业(73.61%)、农林牧渔业(73.37%)、综合技术服务业(72.15%)、煤炭开采和洗选业(69.69%)、非金属矿物制品业(66.84%)、食品制造及烟草加工业(65.91%)、信息传输计算机服务和软件业(62.44%)、科学研究事业(55.60%)、其他制造业(48.13%)、交通运输及仓储业(41.42%)、租赁和商务服务业(39.40%)、金融保险业(33.15%)、木材加工及家具制造业(30.93%),其中,第一产业 1 个、第二产业 8 个、第三产业 16 个。

按资本形成总额在最终需求中的占比排序,高于 29.28% 的产业部门有 5 个,从高到低依次是建筑业(89.10%)、金属矿采选业(74.88%)、通用专用设备制造业(74.10%)、金属制品业(56.40%)、仪器仪表及文化办公用机械制造业(49%),均属第二产业。

按省外流出在最终需求中的占比排序,高于 40.74% 的产业部门有 17 个,从高到低依次是废品废料(104.35%)、金属冶炼及压延加工业(96.02%)、石油和天然气开采业(94.73%)、石油加工炼焦及核燃料加工业(90.83%)、服装皮革羽绒及其制品业(87.22%)、通信设备计算机及其他电子设备制造业(84.35%)、非金属矿采选业(80.55%)、化学工业(78.97%)、交通运输设备制造业(71.65%)、纺织业(71.61%)、造纸印刷及文教用品制造业(71.40%)、金融保险业(66.85%)、电气机械及器材制造业(62.91%)、租赁和商务服务业(60.60%)、交通运输及仓储业(58.61%)、木材加工及家具制造业(52.03%)、仪器仪表及文化办公用机械制造业(47.32%),其中,第二产业 14 个、第三产业 3 个。

综合来看,2002—2012 年,江苏 42 个产业部门的最终需求合计增长了 6.74 倍,年均增长 21.03%;最终消费支出合计增长了 4.9 倍,年均增长 17.23%;资本形成总额合计增长了 5.89 倍,年均增长 19.41%;省外流出合计增长了 8.71 倍,年均增长 24.16%。分阶段来看,2007—2012 年,江苏 42 个产业部门的最终需求合计增长了 2.22 倍,年均增长 17.30%;最终消费支出合计增长了 2.23 倍,年均增长 17.34%;资本形成总额合计增长了 2.3 倍,年均增长 18.11%;省外流出合计增长了 2.18 倍,年均增长 16.90%。2002—2007 年,江苏 42 个产业部门的最终需求合计增长了 3.04 倍,年均增长 24.87%;最终消费支出合计增长了 2.2 倍,年均增长 17.11%;资本形成总额合计增长了 2.56 倍,年均增长 20.72%;省外流出合计增长了 3.99 倍,年均增长 31.87%。从产业部门来看,2002 年、2007 年、2012 年中最终需求均较大的产业部门是建筑、通信设备计算机和其他电子设备、电气机械和器材、化学产品、通用设备、专用设备、纺织服装鞋帽皮革羽绒及其制品、食品和烟草、纺织品、交通运输设备;最终消费支出均较大的产业部门是公共管理社会保障和社会组织、食品和烟草、教育、卫生和社会服务、房地产、农林牧渔产品和服务;资本形成总额均较大的产业部门是建筑、电气机械和器材、房地产、交通运输设备、通信设备计算机和其他电子设备、专用设备、通用设备;省外流出均较大的产业部门是通信设备计算机和其他电子设备、电气机械和器材、化学产品、交通运输设备、通用设备、纺织服装鞋帽皮革羽绒及其制品、专用设备、纺织品。

从最终需求构成的变动情况来看,2002—2012 年,江苏 42 个产业部门最终消费支出合计在最终需求合计中的占比下降了 8.19 个百分点,平均每年下降 0.819 个百分点;资本形成总额合计的占比下降了 3.68 个百分点,平均每年下降 0.368 个百分点;省外流出合计的占比上升了 11.87 个百分点,平均每年上升 1.187 个百分点。分阶段来看,2007—2012 年,最终消费支出合计在最终需求合计中的占比上升了 0.04 个百分点,平均每年上升 0.008 个百分点;资本形成总额合计的占比上升了 0.87 个百分点,平均每年上升 0.174 个百分点;省外流出合计的占比下降了 0.91 个百分点,平均每年下降 0.182 个百分点。2002—2007 年,最终消费支出合计在最终需求合计中的占比下降了 8.23 个百分点,平均每年下降 1.646 个百分点;资本形成总额合计的占比下降了 4.55 个百分点,平均每年下降 0.91 个百分点;省外流出合计的占比上升了 12.78 个百分点,平均每年上升 2.556 个百分点。2002 年、2007 年、2012 年最终消费支出合计在最终需求合计中占比均较大的产业部门是煤炭采选产品、水的生产和供应、居民服务修理和其他服务、公共管理社会保障和社会组织、卫生和社会服务、文化体育和娱乐、教育、科学研究和技术服务、金融、燃气生产和供应、住宿和餐饮、批发和零售、食品和烟草、租赁和商务服务、农林牧渔产品和服务、交通运输仓储和邮政、房地产、信息传输软件和信息技术服务、电力热力的生产和供应;资本形成总额在最终需求中占比均较大的产业部门是建筑、金属制品、专用设备、通用设备;省外流出在最终需求中占比均较大的产业部门是废品废料、仪器仪表、通信设备计算机和其他电子设备、木材加工品和家具、纺织服装鞋帽皮革羽绒及其制品、电气机械和器材、纺织品、金属冶炼和压延加工品、化学产品、造纸印刷和文教体育用品。

第二节　最终消费支出总量结构分析

一、2012 年江苏最终消费支出总量结构分析

2012 年江苏 42 产业部门最终消费总量和结构情况见表 22。根据 2012 年"江苏投入产出表",表中序号指代的产业部门分别为:01 农林牧渔产品和服务,02 煤炭采选产品,03 石油和天然气开采产品,04 金属矿采选产品,05 非金属矿和其他矿采选产品,06 食品和烟草,07 纺织品,08 纺织服装鞋帽皮革羽绒及其制品,09 木材加工品和家具,10 造纸印刷和文教体育用品,11 石油炼焦产品和核燃料加工品,12 化学产品,13 非金属矿物制品,14 金属冶炼和压延加工品,15 金属制品,16 通用设备,17 专用设备,18 交通运输设备,19 电气机械和器材,20 通信设备计算机和其他电子设备,21 仪器仪表,22 其他制造产品,23 废品废料,24 金属制品机械和设备修理服务,25 电力热力的生产和供应,26 燃气生产和供应,27 水的生产和供应,28 建筑,29 批发和零售,30 交通运输仓储和邮政,31 住宿和餐饮,32 信息传输软件和信息技术服务,33 金融,34 房地产,35 租赁和商务服务,36 科学研究和技术服务,37 水利环境和公共设施管理,38 居民服务修理和其他服务,39 教育,40 卫生和社会服务,41 文化体育和娱乐,42 公共管理社会保障和社会组织;TIU(合计)。

2012 年,江苏 42 部门居民消费支出合计为 16273.65 亿元,占最终需求的比重为 15.04%;政府消费支出合计为 7312.44 亿元,占最终需求的比重为 6.76%。居民消费支出中,农村居民消费支出 4398.75 亿元,占最终需求的比重为 4.06%;城镇居民消费支出 11874.90 亿元,占最终需求的比重为 10.97%;农村居民消费支出和城镇居民消费支出的比例关系为 1:2.7。

按居民消费支出排序的前十大产业部门从高到低依次是批发和零售(2151.25 亿元)、食品和烟草(1932.17 亿元)、金融(1679.28 亿元)、交通运输

设备(1215.85亿元)、房地产(1214.38亿元)、纺织服装鞋帽皮革羽绒及其制品(854.67亿元)、农林牧渔产品和服务(823.12亿元)、居民服务修理和其他服务(705.64亿元)、石油炼焦产品和核燃料加工品(663.21亿元)、住宿和餐饮(653.78亿元)。居民消费支出占最终需求的比重超过42个产业部门平均水平(15.04%)的产业有22个,从高到低依次是煤炭采选产品(226.49%)、居民服务修理和其他服务(100.00%)、水的生产和供应(100.00%)、金融(77.90%)、石油炼焦产品和核燃料加工品(76.50%)、燃气生产和供应(75.13%)、住宿和餐饮(64.51%)、批发和零售(59.44%)、食品和烟草(55.31%)、农林牧渔产品和服务(41.14%)、文化体育和娱乐(39.07%)、房地产(37.39%)、造纸印刷和文教体育用品(31.64%)、租赁和商务服务(30.90%)、信息传输软件和信息技术服务(28.50%)、电力热力的生产和供应(27.34%)、卫生和社会服务(25.58%)、金属制品机械和设备修理服务(25.30%)、教育(23.28%)、纺织服装鞋帽皮革羽绒及其制品(22.66%)、交通运输仓储和邮政(19.71%)、交通运输设备(17.22%),其中,第一产业1个、第二产业10个、第三产业11个。

表22 2012年江苏42产业部门最终消费总量和结构情况

| 序号 | 消费支出总量/亿元 | | | | 占最终需求的比重/% | | | |
| | 居民消费 | | | 政府消费 | 居民消费 | | | 政府消费 |
	农村	城镇	小计		农村	城镇	小计	
01	277.05	546.07	823.12	195.83	13.85	27.29	41.14	9.79
02	12.70	56.01	68.71	0.00	41.85	184.64	226.49	0.00
03	0.00	0.00	0.00	0.00	0.00	0.00	0.00	0.00
04	0.00	0.00	0.00	0.00	0.00	0.00	0.00	0.00
05	0.00	0.00	0.00	0.00	0.00	0.00	0.00	0.00
06	606.93	1325.24	1932.17	0.00	17.38	37.94	55.31	0.00
07	62.58	143.20	205.78	0.00	2.20	5.03	7.23	0.00
08	226.93	627.74	854.67	0.00	6.02	16.65	22.66	0.00
09	44.74	101.27	146.02	0.00	3.85	8.71	12.56	0.00
10	71.39	197.96	269.35	0.00	8.38	23.25	31.64	0.00
11	251.10	412.11	663.21	0.00	28.96	47.54	76.50	0.00
12	57.33	197.88	255.21	0.00	0.70	2.40	3.10	0.00
13	0.00	1.90	1.90	0.00	0.00	0.17	0.17	0.00
14	0.00	0.00	0.00	0.00	0.00	0.00	0.00	0.00

序号	消费支出总量/亿元				占最终需求的比重/%			
	居民消费			政府消费	居民消费			政府消费
	农村	城镇	小计		农村	城镇	小计	
15	0.00	0.00	0.00	0.00	0.00	0.00	0.00	0.00
16	0.00	0.00	0.00	0.00	0.00	0.00	0.00	0.00
17	0.00	0.00	0.00	0.00	0.00	0.00	0.00	0.00
18	214.54	1001.31	1215.85	0.00	3.04	14.18	17.22	0.00
19	57.06	149.84	206.89	0.00	0.59	1.55	2.14	0.00
20	67.73	124.02	191.75	0.00	0.52	0.95	1.47	0.00
21	9.10	105.26	114.36	0.00	0.37	4.26	4.63	0.00
22	0.00	0.00	0.00	0.00	0.00	0.00	0.00	0.00
23	0.00	13.07	13.07	0.00	0.00	2.60	2.60	0.00
24	1.95	4.72	6.67	0.00	7.38	17.92	25.30	0.00
25	119.93	148.83	268.77	0.00	12.20	15.14	27.34	0.00
26	22.22	135.82	158.03	0.00	10.56	64.56	75.13	0.00
27	8.05	23.78	31.83	0.00	25.29	74.71	100.00	0.00
28	141.70	106.45	248.15	0.00	0.89	0.67	1.56	0.00
29	315.64	1835.61	2151.25	0.00	8.72	50.72	59.44	0.00
30	41.96	285.94	327.90	475.54	2.52	17.19	19.71	28.58
31	190.23	463.54	653.78	0.00	18.77	45.74	64.51	0.00
32	162.99	298.93	461.92	0.00	10.06	18.44	28.50	0.00
33	582.65	1096.63	1679.28	1.24	27.03	50.87	77.90	0.06
34	421.28	793.09	1214.38	0.00	12.97	24.42	37.39	0.00
35	48.90	209.49	258.39	199.61	5.85	25.05	30.90	23.87
36	0.00	0.00	0.00	1041.27	0.00	0.00	0.00	87.11
37	1.23	65.86	67.09	462.16	0.21	11.40	11.61	80.00
38	39.48	666.16	705.64	0.00	5.60	94.40	100.00	0.00
39	179.28	204.18	383.46	1228.49	10.88	12.40	23.28	74.58
40	104.19	268.48	372.67	1067.70	7.15	18.43	25.58	73.28
41	45.69	145.26	190.95	292.24	9.35	29.72	39.07	59.79
42	12.20	119.23	131.43	2348.36	0.49	4.80	5.29	94.58
TIU	4398.75	11874.90	16273.65	7312.44	4.06	10.97	15.04	6.76

政府消费支出主要集中在 10 个产业部门,从高到低依次是公共管理社会保障和社会组织(2348.36 亿元)、教育(1228.49 亿元)、卫生和社会服务(1067.70 亿元)、科学研究和技术服务(1041.27 亿元)、交通运输仓储和邮政(475.54 亿元)、水利环境和公共设施管理(462.16 亿元)、文化体育和娱乐(292.24 亿元)、租赁和商务服务(199.61 亿元)、农林牧渔产品和服务(195.83亿元)、金融(1.24 亿元)。政府消费支出占最终需求的比重超过 42 个产业平均水平(6.76%)的产业有 9 个,从高到低依次是公共管理社会保障和社会组织(94.58%)、科学研究和技术服务(87.11%)、水利环境和公共设施管理(80.00%)、教育(74.58%)、卫生和社会服务(73.28%)、文化体育和娱乐(59.79%)、交通运输仓储和邮政(28.58%)、租赁和商务服务(23.87%)、农林牧渔产品和服务(9.79%),其中,第一产业 1 个、第三产业 8 个。

农村居民消费支出和城镇居民消费支出的比例关系高于 42 个产业部门平均水平(1:2.7)的产业部门有 16 个,分别是建筑、教育、电力热力的生产和供应、石油炼焦产品和核燃料加工品、通信设备计算机和其他电子设备、信息传输软件和信息技术服务、金融、房地产、农林牧渔产品和服务、食品和烟草、木材加工品和家具、纺织品、金属制品机械和设备修理服务、住宿和餐饮、卫生和社会服务、电气机械和器材,居民消费的城乡差距较小。

二、2007 年江苏最终消费支出总量结构分析

2007 年江苏 42 产业部门最终消费总量和结构情况见表 23。根据 2007年"江苏投入产出表",表中序号指代的产业部门分别为:01 农林牧渔业,02 煤炭开采和洗选业,03 石油和天然气开采业,04 金属矿采选业,05 非金属矿及其他矿采选业,06 食品制造及烟草加工业,07 纺织业,08 纺织服装鞋帽皮革羽绒及其制品业,09 木材加工及家具制造业,10 造纸印刷及文教体育用品制造业,11 石油加工炼焦及核燃料加工业,12 化学工业,13 非金属矿物制品业,14 金属冶炼及压延加工业,15 金属制品业,16 通用专用设备制造业,17 交通运输设备制造业,18 电气机械及器材制造业,19 通信设备计算机及其他电子设备制造业,20 仪器仪表及文化办公用机械制造业,21 工艺品及其他制造业,22 废品废料,23 电力热力的生产和供应业,24 燃气生产和供应业,25 水的生产和供应业,26 建筑业,27 交通运输及仓储业,28 邮政业,29 信息传输计算机服务和软件业,30 批发和零售业,31 住宿和餐饮业,32 金融业,33 房地产业,34 租赁和商务服务业,35 研究与试验发展业,36 综合技术服务业,37 水利环境和公共设施管理业,38 居民服务和其他服务业,39 教育,40 卫生社会保障和社会福利业,41 文化体育和娱乐业,42 公共管理和社会组织;TIU(合计)。

2007 年,江苏居民消费支出合计为 7320.02 亿元,占最终需求的比重为 15.02%;政府消费支出合计为 3278.81 亿元,占最终需求的比重为 6.73%。居民消费支出中,农村居民消费支出 2078.86 亿元,占最终需求的比重为 4.27%;城镇居民消费支出 5241.16 亿元,占最终需求的比重为 10.76%;农村居民消费支出和城镇居民消费支出的比例关系为 1:2.5。

按居民消费支出排序的前十大产业部门从高到低依次是食品制造及烟草加工业(1152.70 亿元)、农林牧渔业(977.48 亿元)、批发和零售业(761.93 亿元)、房地产业(584.21 亿元)、居民服务和其他服务业(478.44 亿元)、纺织服装鞋帽皮革羽绒及其制品业(438.44 亿元)、住宿和餐饮业(366.78 亿元)、教育(337.14 亿元)、金融业(287.85 亿元)、信息传输计算机服务和软件业(196.45 亿元)。居民消费支出占最终需求的比重超过 42 个产业部门平均水平(15.02%)的产业有 21 个,从高到低依次是石油加工炼焦及核燃料加工业(102.05%)、水的生产和供应业(100.00%)、住宿和餐饮业(99.03%)、居民服务和其他服务业(95.47%)、工艺品及其他制造业(80.86%)、金融业(76.53%)、食品制造及烟草加工业(72.12%)、燃气生产和供应业(72.05%)、农林牧渔业(67.93%)、电力热力的生产和供应业(64.86%)、煤炭开采和洗选业(59.03%)、邮政业(55.82%)、批发和零售业(53.03%)、信息传输计算机服务和软件业(49.90%)、房地产业(40.96%)、教育(34.87%)、文化体育和娱乐业(28.61%)、交通运输及仓储业(26.09%)、租赁和商务服务业(24.22%)、卫生社会保障和社会福利业(23.69%)、纺织服装鞋帽皮革羽绒及其制品业(23.10%),在这 21 个产业部门中,第一产业 1 个、第二产业 10 个、第三产业 10 个。

表 23　2007 年江苏 42 产业部门最终消费总量和结构情况

| 序号 | 消费支出总量/亿元 | | | | 占最终需求的比重/% | | | |
| | 居民消费 | | | 政府消费 | 居民消费 | | | 政府消费 |
	农村	城镇	小计		农村	城镇	小计	
01	454.46	523.02	977.48	38.64	31.58	36.35	67.93	2.69
02	7.31	4.59	11.90	0.00	36.28	22.76	59.03	0.00
03	0.00	0.00	0.00	0.00	0.00	0.00	0.00	0.00
04	0.00	0.00	0.00	0.00	0.00	0.00	0.00	0.00
05	0.00	0.00	0.00	0.00	0.00	0.00	0.00	0.00

序号	消费支出总量/亿元				占最终需求的比重/%			
	居民消费			政府消费	居民消费			政府消费
	农村	城镇	小计		农村	城镇	小计	
06	368.58	784.12	1152.70	0.00	23.06	49.06	72.12	0.00
07	15.56	19.48	35.05	0.00	0.64	0.81	1.45	0.00
08	85.05	353.39	438.44	0.00	4.48	18.62	23.10	0.00
09	8.60	31.46	40.06	0.00	1.71	6.24	7.95	0.00
10	5.73	26.78	32.51	0.00	0.86	4.04	4.90	0.00
11	7.57	49.77	57.33	0.00	13.47	88.58	102.05	0.00
12	51.37	131.89	183.26	0.00	1.51	3.88	5.39	0.00
13	4.21	17.42	21.62	0.00	1.49	6.15	7.63	0.00
14	0.00	0.00	0.00	0.00	0.00	0.00	0.00	0.00
15	5.90	25.84	31.74	0.00	0.45	1.99	2.44	0.00
16	0.41	4.55	4.96	0.00	0.01	0.13	0.14	0.00
17	42.52	127.03	169.55	0.00	2.82	8.41	11.23	0.00
18	35.61	113.69	149.31	0.00	1.13	3.60	4.73	0.00
19	36.56	113.96	150.52	0.00	0.37	1.15	1.52	0.00
20	5.12	9.00	14.12	0.00	0.84	1.48	2.32	0.00
21	15.67	59.42	75.09	0.00	16.87	63.99	80.86	0.00
22	0.00	0.00	0.00	0.00	0.00	0.00	0.00	0.00
23	62.77	76.86	139.64	0.00	29.16	35.70	64.86	0.00
24	3.91	22.99	26.90	0.00	10.48	61.57	72.05	0.00
25	4.32	20.53	24.85	0.00	17.39	82.61	100.00	0.00
26	0.00	70.77	70.77	0.00	0.00	1.50	1.50	0.00
27	46.83	97.34	144.17	191.71	8.47	17.61	26.09	34.69
28	0.68	3.28	3.96	0.00	9.54	46.28	55.82	0.00
29	49.72	146.73	196.45	0.00	12.63	37.27	49.90	0.00
30	172.52	589.41	761.93	0.00	12.01	41.02	53.03	0.00
31	108.54	258.24	366.78	0.00	29.31	69.72	99.03	0.00

| 序号 | 消费支出总量/亿元 | | | | 占最终需求的比重/% | | | |
| | 居民消费 | | | 政府消费 | 居民消费 | | | 政府消费 |
	农村	城镇	小计		农村	城镇	小计	
32	59.21	228.64	287.85	67.58	15.74	60.79	76.53	17.97
33	189.82	394.39	584.21	0.00	13.31	27.65	40.96	0.00
34	7.80	85.78	93.58	223.04	2.02	22.20	24.22	57.73
35	0.00	0.00	0.00	79.03	0.00	0.00	0.00	97.23
36	0.00	0.00	0.00	95.67	0.00	0.00	0.00	70.72
37	2.21	15.63	17.84	145.03	1.03	7.25	8.28	67.28
38	54.84	423.61	478.44	0.00	10.94	84.52	95.47	0.00
39	123.49	213.64	337.14	629.68	12.77	22.10	34.87	65.12
40	30.84	139.16	170.00	546.22	4.30	19.40	23.69	76.13
41	11.12	58.73	69.85	113.89	4.56	24.05	28.61	46.64
42	0.00	0.00	0.00	1148.31	0.00	0.00	0.00	100.00
TIU	2078.86	5241.16	7320.02	3278.81	4.27	10.76	15.02	6.73

政府消费支出主要集中在 11 个产业部门,从高到低依次是公共管理和社会组织(1148.31 亿元)、教育(629.68 亿元)、卫生社会保障和社会福利业(546.22 亿元)、租赁和商务服务业(223.04 亿元)、交通运输及仓储业(191.71 亿元)、水利环境和公共设施管理业(145.03 亿元)、文化体育和娱乐业(113.89 亿元)、综合技术服务业(95.67 亿元)、研究与试验发展业(79.03 亿元)、金融业(67.58 亿元)、农林牧渔业(38.64 亿元)。政府消费支出占最终需求的比重超过 42 个产业部门平均水平(6.73%)的产业有 10 个,从高到低依次是公共管理和社会组织(100.00%)、研究与试验发展业(97.23%)、卫生社会保障和社会福利业(76.13%)、综合技术服务业(70.72%)、水利环境和公共设施管理业(67.28%)、教育(65.12%)、租赁和商务服务业(57.73%)、文化体育和娱乐业(46.64%)、交通运输及仓储业(34.69%)、金融业(17.97%),其中,第二产业 1 个、第三产业 9 个。

农村居民消费支出和城镇居民消费支出的比例关系高于 42 个产业部门平均水平(1:2.5)的产业部门有 10 个,分别是煤炭开采和洗选业、农林牧渔业、电力热力的生产和供应业、纺织业、教育、仪器仪表及文化办公用机械制造业、房地产业、交通运输及仓储业、食品制造及烟草加工业、住宿和餐饮业，居民消费城乡差距较小。

三、2002 年江苏最终消费支出总量结构分析

2002 年江苏 42 产业部门最终消费总量和结构情况见表 24。根据 2002 年"江苏投入产出表"，表中序号指代的产业分别为：01 农林牧渔业，02 煤炭开采和洗选业，03 石油和天然气开采业，04 金属矿采选业，05 非金属矿采选业，06 食品制造及烟草加工业，07 纺织业，08 服装皮革羽绒及其制品业，09 木材加工及家具制造业，10 造纸印刷及文教用品制造业，11 石油加工炼焦及核燃料加工业，12 化学工业，13 非金属矿物制品业，14 金属冶炼及压延加工业，15 金属制品业，16 通用专用设备制造业，17 交通运输设备制造业，18 电气机械及器材制造业，19 通信设备计算机及其他电子设备制造业，20 仪器仪表及文化办公用机械制造业，21 其他制造业，22 废品废料，23 电力热力的生产和供应业，24 燃气生产和供应业，25 水的生产和供应业，26 建筑业，27 交通运输及仓储业，28 邮政业，29 信息传输计算机服务和软件业，30 批发和零售贸易业，31 住宿和餐饮业，32 金融保险业，33 房地产业，34 租赁和商务服务业，35 旅游业，36 科学研究事业，37 综合技术服务业，38 其他社会服务业，39 教育事业，40 卫生社会保障和社会福利业，41 文化体育和娱乐业，42 公共管理和社会组织；TIU（合计）。

2002 年，江苏居民消费支出合计为 3484.25 亿元，占最终需求的比重为 21.71％；政府消费支出合计为 1327.29 亿元，占最终需求的比重为 8.27％。居民消费支出中，农村居民消费支出 1505.96 亿元，占最终需求的比重为 9.38％；城镇居民消费支出 1978.29 亿元，占最终需求的比重为 12.32％；农村居民消费支出和城镇居民消费支出的比例关系为 1：1.3。

按居民消费支出排序的前十大产业部门从高到低依次是食品制造及烟草加工业（598.58 亿元）、房地产业（465.64 亿元）、农林牧渔业（430.92 亿元）、教育事业（238.62 亿元）、住宿和餐饮业（180.51 亿元）、服装皮革羽绒及其制品业（173.39 亿元）、非金属矿物制品业（119.87 亿元）、建筑业（115.14 亿元）、批发和零售贸易业（108.13 亿元）、化学工业（107.96 亿元）。

居民消费支出占最终需求的比重超过 42 个产业部门平均水平（21.71％）的产业有 22 个，从高到低依次是燃气生产和供应业（108.87％）、水的生产和供应业（99.87％）、电力热力的生产和供应业（99.32％）、批发和零售贸易业（97.05％）、邮政业（95.41％）、旅游业（82.33％）、住宿和餐饮业（78.67％）、房地产业（73.61％）、煤炭开采和洗选业（69.69％）、农林牧渔业（67.67％）、非金

属矿物制品业(66.84%)、食品制造及烟草加工业(65.91%)、信息传输计算机服务和软件业(62.44%)、其他制造业(48.13%)、文化体育和娱乐业(43.25%)、教育事业(42.96%)、交通运输及仓储业(41.42%)、租赁和商务服务业(39.40%)、其他社会服务业(36.59%)、金融保险业(33.15%)、木材加工及家具制造业(30.93%)、卫生社会保障和社会福利业(28.21%),其中,第一产业1个、第二产业10个、第三产业11个。

2002年,政府消费支出主要集中在8个产业部门,从高到低依次是公共管理和社会组织(513.85亿元)、教育事业(316.26亿元)、卫生社会保障和社会福利业(243.77亿元)、其他社会服务业(129.25亿元)、文化体育和娱乐业(45.18亿元)、农林牧渔业(36.25亿元)、综合技术服务业(31.42亿元)、科学研究事业(11.31亿元)。

政府消费支出占最终需求的比重超过42个产业部门平均水平(8.27%)的产业有7个,从高到低依次是公共管理和社会组织(99.71%)、卫生社会保障和社会福利业(71.79%)、综合技术服务业(62.26%)、其他社会服务业(59.32%)、教育事业(56.94%)、科学研究事业(55.60%)、文化体育和娱乐业(37.83%),均属第三产业。

表24　2002年江苏42产业部门最终消费总量和结构情况

| 序号 | 消费支出总量/亿元 | | | | 占最终需求的比重/% | | | |
| | 居民消费 | | | 政府消费 | 居民消费 | | | 政府消费 |
	农村	城镇	小计		农村	城镇	小计	
01	220.10	210.82	430.92	36.25	34.57	33.11	67.67	5.69
02	2.95	3.76	6.72	0.00	30.65	39.04	69.69	0.00
03	0.00	0.00	0.00	0.00	0.00	0.00	0.00	0.00
04	0.00	0.00	0.00	0.00	0.00	0.00	0.00	0.00
05	0.00	0.00	0.00	0.00	0.00	0.00	0.00	0.00
06	226.14	372.44	598.58	0.00	24.90	41.01	65.91	0.00
07	5.30	20.88	26.18	0.00	0.65	2.57	3.22	0.00
08	58.04	115.36	173.39	0.00	5.27	10.48	15.75	0.00
09	19.33	27.70	47.03	0.00	12.72	18.22	30.93	0.00
10	9.91	32.97	42.88	0.00	4.09	13.62	17.71	0.00
11	4.63	3.39	8.03	0.00	3.76	2.75	6.51	0.00

江苏产业结构的投入产出分析

序号	消费支出总量/亿元				占最终需求的比重/%			
	居民消费			政府消费	居民消费			政府消费
	农村	城镇	小计		农村	城镇	小计	
12	10.66	97.30	107.96	0.00	1.35	12.34	13.70	0.00
13	72.79	47.08	119.87	0.00	40.59	26.25	66.84	0.00
14	0.00	0.00	0.00	0.00	0.00	0.00	0.00	0.00
15	15.22	0.00	15.22	0.00	3.99	0.00	3.99	0.00
16	37.42	4.13	41.54	0.00	3.13	0.34	3.47	0.00
17	25.39	16.25	41.64	0.00	4.72	3.02	7.75	0.00
18	18.21	43.06	61.28	0.00	2.88	6.81	9.69	0.00
19	30.55	55.25	85.80	0.00	1.48	2.67	4.15	0.00
20	1.52	1.69	3.21	0.00	1.74	1.94	3.69	0.00
21	18.83	20.63	39.47	0.00	22.97	25.16	48.13	0.00
22	0.00	0.00	0.00	0.00	0.00	0.00	0.00	0.00
23	20.25	47.44	67.69	0.00	29.71	69.61	99.32	0.00
24	9.32	26.32	35.64	0.00	28.47	80.40	108.87	0.00
25	5.20	11.33	16.52	0.00	31.41	68.46	99.87	0.00
26	103.21	11.93	115.14	0.00	4.02	0.46	4.48	0.00
27	17.56	27.21	44.78	0.00	16.24	25.17	41.42	0.00
28	3.68	0.71	4.39	0.00	80.05	15.36	95.41	0.00
29	29.81	56.85	86.66	0.00	21.48	40.96	62.44	0.00
30	48.48	59.64	108.13	0.00	43.52	53.53	97.05	0.00
31	68.26	112.25	180.51	0.00	29.75	48.92	78.67	0.00
32	6.46	5.39	11.85	0.00	18.08	15.07	33.15	0.00
33	199.52	266.12	465.64	0.00	31.54	42.07	73.61	0.00
34	4.49	7.08	11.57	0.00	15.29	24.10	39.40	0.00
35	0.00	13.79	13.79	0.00	0.00	82.33	82.33	0.00
36	0.00	0.00	0.00	11.31	0.00	0.00	0.00	55.60
37	4.99	0.00	4.99	31.42	9.90	0.00	9.90	62.26

序号	消费支出总量/亿元				占最终需求的比重/%			
	居民消费			政府消费	居民消费			政府消费
	农村	城镇	小计		农村	城镇	小计	
38	40.34	39.38	79.72	129.25	18.51	18.08	36.59	59.32
39	127.06	111.56	238.62	316.26	22.88	20.09	42.96	56.94
40	39.31	56.47	95.78	243.77	11.58	16.63	28.21	71.79
41	1.02	50.64	51.65	45.18	0.85	42.40	43.25	37.83
42	0.00	1.48	1.48	513.85	0.00	0.29	0.29	99.71
TIU	1505.96	1978.29	3484.25	1327.29	9.38	12.32	21.71	8.27

农村居民消费支出和城镇居民消费支出的比例关系高于 42 个产业部门平均水平(1∶1.3)的产业部门有 16 个,分别是金属制品业、综合技术服务业、通用专用设备制造业、建筑业、邮政业、交通运输设备制造业、非金属矿物制品业、石油加工炼焦及核燃料加工业、金融保险业、教育事业、农林牧渔业、其他社会服务业、其他制造业、仪器仪表及文化办公用机械制造业、批发和零售贸易业、煤炭开采和洗选业,居民消费城乡差距较小。

综合来看,2002—2012 年,江苏 42 个产业部门的居民消费支出合计增长了 4.67 倍,年均增长 16.66%;政府消费支出合计增长了 5.51 倍,年均增长 18.61%。分阶段来看,2007—2012 年,江苏 42 个产业部门的居民消费支出合计增长了 2.22 倍,年均增长 17.32%;政府消费支出合计增长了 2.23 倍,年均增长 17.40%。2002—2007 年,江苏 42 个产业部门的居民消费支出合计增长了 2.1 倍,年均增长 16%;政府消费支出合计增长了 2.47 倍,年均增长 19.83%。

2002 年、2007 年、2012 年居民消费支出均较大的产业部门是批发和零售、食品和烟草、房地产、纺织服装鞋帽皮革羽绒及其制品、农林牧渔产品和服务、石油炼焦产品和核燃料加工品、住宿和餐饮;政府消费支出均较大的产业部门是公共管理社会保障和社会组织、教育、卫生和社会服务、科学研究和技术服务、文化体育和娱乐、农林牧渔产品和服务。2002—2012 年,江苏 42 个产业部门居民消费支出合计占最终需求合计的比重下降了 6.67 个百分点,平均每年下降 0.667 个百分点;政府消费支出合计占最终需求合计的比重下降了 1.51 个百分点,平均每年下降 0.151 个百分点。分阶段来看,2007—2012 年,江苏 42 个产业部门居民消费支出合计占最终需求合计的比重上升了 0.02 个百分点,平均每年上升 0.004 个百分点;政府消费支出合计占最终需求合计的比重上升了 0.03 个百分点,平均每年上升 0.006 个百分点。2002—2007 年,江苏 42 个产业部门居民消费支出合计占最终需求合计的比重下降了 6.69 个百分点,平均每年下降 1.338 个百分点;政府消费支出合计占最终需求合计的比重下降了 1.54 个百分点,平均每年下降 0.308 个百分点。

2002 年、2007 年、2012 年居民消费支出占最终需求比重均较大的产业部门是煤炭采选产品、水的生产和供应、居民服务修理和其他服务、金融、燃气生产和供应、住宿和餐饮、批发和零售、食品和烟草、农林牧渔产品和服务、文化体育和娱乐、房地产、租赁和商务服务、信息传输软件和信息技术服务、电力热力的生产和供应、卫生和社会服务、教育、交通运输仓储和邮政;政府消费支出占最终需求比重均较大的产业部门是公共管理社会保障和社会组织、科学研究和技术服务、教育、卫生和社会服务、文化体育和娱乐。2002—2012 年,居民消费支出的城乡差距不断拉大,2002 年农村居民消费支出和城镇居民消费支出的比例关系为 1∶1.3,到 2007 年变为 1∶2.5,到 2012 年变为 1∶2.7。

第三节 资本形成总额总量结构分析

一、2012 年江苏资本形成总额总量结构分析

2012 年江苏 42 产业部门资本形成总额总量和结构情况见表 25。根据 2012 年"江苏投入产出表",表中序号指代的产业部门分别为:01 农林牧渔产品和服务,02 煤炭采选产品,03 石油和天然气开采产品,04 金属矿采选产品,05 非金属矿和其他矿采选产品,06 食品和烟草,07 纺织品,08 纺织服装鞋帽皮革羽绒及其制品,09 木材加工品和家具,10 造纸印刷和文教体育用品,11 石油炼焦产品和核燃料加工品,12 化学产品,13 非金属矿物制品,14 金属冶炼和压延加工品,15 金属制品,16.通用设备,17 专用设备,18 交通运输设备,19 电气机械和器材,20 通信设备计算机和其他电子设备,21 仪器仪表,22 其他制造产品,23 废品废料,24 金属制品机械和设备修理服务,25 电力热力的生产和供应,26 燃气生产和供应,27 水的生产和供应,28 建筑,29 批发和零售,30 交通运输仓储和邮政,31 住宿和餐饮,32 信息传输软件和信息技术服务,33 金融,34 房地产,35 租赁和商务服务,36 科学研究和技术服务,37 水利环境和公共设施管理,38 居民服务修理和其他服务,39 教育,40 卫生和社会

服务,41 文化体育和娱乐,42 公共管理社会保障和社会组织;TIU(合计)。

2012 年,江苏资本形成总额中固定资本形成为 26808.34 亿元,占最终需求的比重为 24.77%;存货增加为 891.74 亿元,占最终需求的比重为 0.82%。按固定资本形成排序的前十大产业部门从高到低依次是建筑(8726.27 亿元)、化学产品(2553.51 亿元)、电气机械和器材(2500.52 亿元)、房地产(2033.71 亿元)、交通运输设备(1626.07 亿元)、通信设备计算机和其他电子设备(1397.29 亿元)、专用设备(1246.02 亿元)、通用设备(1175.44 亿元)、信息传输软件和信息技术服务(902.79 亿元)、非金属矿物制品(865.77 亿元)。

表 25 2012 年江苏 42 产业部门资本形成总额总量和结构情况

序号	资本形成总额/亿元		占最终需求的比重/%	
	固定资本形成	存货增加	固定资本形成	存货增加
01	67.22	0.96	3.36	0.05
02	0.00	−39.19	0.00	−129.19
03	28.20	1.63	94.44	5.47
04	18.42	1.22	86.06	5.69
05	22.94	0.51	87.25	1.92
06	154.86	96.23	4.43	2.75
07	601.44	82.96	21.12	2.91
08	57.11	39.38	1.51	1.04
09	136.16	6.49	11.71	0.56
10	74.26	16.09	8.72	1.89
11	117.99	16.76	13.61	1.93
12	2553.51	219.78	31.01	2.67
13	865.77	−27.42	77.25	−2.45
14	593.19	−181.68	51.83	−15.87
15	361.99	55.43	30.18	4.62
16	1175.44	20.85	25.83	0.46
17	1246.02	57.90	30.42	1.41
18	1626.07	−1.04	23.03	−0.01
19	2500.52	94.78	25.81	0.98

序号	资本形成总额/亿元		占最终需求的比重/%	
	固定资本形成	存货增加	固定资本形成	存货增加
20	1397.29	31.40	10.68	0.24
21	95.91	22.87	3.88	0.93
22	3.72	−19.04	6.68	−34.21
23	6.71	2.62	1.33	0.52
24	19.68	0.00	74.70	0.00
25	714.20	0.00	72.66	0.00
26	52.32	0.00	24.87	0.00
27	0.00	0.00	0.00	0.00
28	8726.27	6.42	54.73	0.04
29	427.03	56.01	11.80	1.55
30	9.75	0.00	0.59	0.00
31	29.67	8.81	2.93	0.87
32	902.79	9.53	55.70	0.59
33	0.00	0.00	0.00	0.00
34	2033.71	0.00	62.61	0.00
35	10.66	261.67	1.28	31.29
36	158.21	−4.55	13.24	−0.38
37	0.00	48.46	0.00	8.39
38	0.00	0.00	0.00	0.00
39	3.27	0.36	0.20	0.02
40	16.04	0.58	1.10	0.04
41	0.00	1.76	0.00	0.36
42	0.00	3.23	0.00	0.13
TIU	26808.34	891.74	24.77	0.82

固定资本形成占最终需求的比重超过 42 个产业部门平均水平(24.77%)的产业有 16 个,从高到低依次是石油和天然气开采产品(94.44%)、非金属矿和其他矿采选产品(87.25%)、金属矿采选产品(86.06%)、非金属矿物制品

（77.25％）、金属制品机械和设备修理服务（74.70％）、电力热力的生产和供应（72.66％）、房地产（62.61％）、信息传输软件和信息技术服务（55.70％）、建筑（54.73％）、金属冶炼和压延加工品（51.83％）、化学产品（31.01％）、专用设备（30.42％）、金属制品（30.18％）、通用设备（25.83％）、电气机械和器材（25.81％）、燃气生产和供应（24.87％），其中，第二产业 14 个、第三产业 2 个。

按存货增加排序的前十大产业部门从高到低依次是租赁和商务服务（261.67 亿元）、化学产品（219.78 亿元）、食品和烟草（96.23 亿元）、电气机械和器材（94.78 亿元）、纺织品（82.96 亿元）、专用设备（57.90 亿元）、批发和零售（56.01 亿元）、金属制品（55.43 亿元）、水利环境和公共设施管理（48.46 亿元）、纺织服装鞋帽皮革羽绒及其制品（39.38 亿元）。

存货增加占最终需求的比重超过 42 个产业部门平均水平（0.82％）的产业有 17 个，从高到低依次是租赁和商务服务（31.29％）、水利环境和公共设施管理（8.39％）、金属矿采选产品（5.69％）、石油和天然气开采产品（5.47％）、金属制品（4.62％）、纺织品（2.91％）、食品和烟草（2.75％）、化学产品（2.67％）、石油炼焦产品和核燃料加工品（1.93％）、非金属矿和其他矿采选产品（1.92％）、造纸印刷和文教体育用品（1.89％）、批发和零售（1.55％）、专用设备（1.41％）、纺织服装鞋帽皮革羽绒及其制品（1.04％）、电气机械和器材（0.98％）、仪器仪表（0.93％）、住宿和餐饮（0.87％），其中，第二产业 13 个、第三产业 4 个。42 个产业部门的固定资本形成普遍高于存货增加，仅租赁和商务服务、水利环境和公共设施管理、公共管理社会保障和社会组织、文化体育和娱乐 4 个相反。

二、2007 年江苏资本形成总额总量结构分析

2007 年江苏 42 产业部门资本形成总额总量和结构情况见表 26。根据 2007 年"江苏投入产出表"，表中序号指代的产业部门分别为：01 农林牧渔业，02 煤炭开采和洗选业，03 石油和天然气开采业，04 金属矿采选业，05 非金属矿及其他矿采选业，06 食品制造及烟草加工业，07 纺织业，08 纺织服装鞋帽皮革羽绒及其制品业，09 木材加工及家具制造业，10 造纸印刷及文教体育用品制造业，11 石油加工炼焦及核燃料加工业，12 化学工业，13 非金属矿物制品业，14 金属冶炼及压延加工业，15 金属制品业，16 通用专用设备制造业，17 交通运输设备制造业，18 电气机械及器材制造业，19 通信设备计算机及其他电子设备制造业，20 仪器仪表及文化办公用机械制造业，21 工艺品及其他制造业，22 废品废料，23 电力热力的生产和供应业，24 燃气生产和供应业，25 水的生产和供应业，26 建筑业，27 交通运输及仓储业，28 邮政业，29 信息传输计算机服务和软件业,30 批发和零售业,31 住宿和餐饮业,32 金融业,33 房地产业,34 租赁和商务服务业,35 研究与试验发展业,36 综合技术服务业,37 水利环境和公共设施管理业,38 居民服务和其他服务业,39 教育,40 卫生社会保障和社会福利业,41 文化体育和娱乐业,42 公共管理和社会组织;TIU(合计)。

2007 年,江苏资本形成总额中固定资本形成为 11296.54 亿元,占最终需求的比重为 23.18%;存货增加为 754.61 亿元,占最终需求的比重为 1.55%。按固定资本形成排序的前十大产业部门从高到低依次是建筑业(4264.67 亿元)、通用专用设备制造业(2178.59 亿元)、金属制品业(896.57 亿元)、房地产业(840.47 亿元)、通信设备计算机及其他电子设备制造业(733.90 亿元)、交通运输设备制造业(710.45 亿元)、电气机械及器材制造业(626.76 亿元)、批发和零售业(549.92 亿元)、仪器仪表及文化办公用机械制造业(211.48 亿元)、信息传输计算机服务和软件业(128.64 亿元)。

固定资本形成占最终需求的比重超过 42 个产业部门平均水平(23.18%)的产业有 9 个,从高到低依次是建筑业(90.35%)、金属制品业(68.97%)、通用专用设备制造业(60.36%)、房地产业(58.93%)、交通运输设备制造业(47.05%)、批发和零售业(38.27%)、仪器仪表及文化办公用机械制造业(34.77%)、信息传输计算机服务和软件业(32.68%)、综合技术服务业(28.85%),其中,第二产业 5 个、第三产业 4 个。

按存货增加排序的前十大产业从高到低依次是化学工业(239.51 亿元)、金属冶炼及压延加工业(106.96 亿元)、交通运输设备制造业(82.13 亿元)、纺织业(51.24 亿元)、通用专用设备制造业(46.22 亿元)、电气机械及器材制造业(43.63 亿元)、食品制造及烟草加工业(39.47 亿元)、通信设备计算机及其他电子设备制造业(38.38 亿元)、批发和零售业(28.62 亿元)、金属制品业(23.24 亿元)。

表 26　2007 年江苏 42 产业部门资本形成总额总量和结构情况

序号	资本形成总额/亿元		占最终需求的比重/%	
	固定资本形成	存货增加	固定资本形成	存货增加
01	70.41	2.11	4.89	0.15
02	0.00	5.37	0.00	26.65
03	0.00	0.84	0.00	29.04

序号	资本形成总额/亿元		占最终需求的比重/%	
	固定资本形成	存货增加	固定资本形成	存货增加
04	0.00	2.23	0.00	17.61
05	0.00	0.81	0.00	2.31
06	0.00	39.47	0.00	2.47
07	0.00	51.24	0.00	2.12
08	0.00	18.07	0.00	0.95
09	17.69	9.39	3.51	1.86
10	0.00	14.52	0.00	2.19
11	0.00	−22.91	0.00	−40.77
12	0.00	239.51	0.00	7.04
13	0.00	9.03	0.00	3.19
14	0.00	106.96	0.00	4.82
15	896.57	23.24	68.97	1.79
16	2178.59	46.22	60.36	1.28
17	710.45	82.13	47.05	5.44
18	626.76	43.63	19.86	1.38
19	733.90	38.38	7.40	0.39
20	211.48	7.91	34.77	1.30
21	1.70	1.69	1.83	1.82
22	0.00	0.00	0.00	0.00
23	0.00	0.00	0.00	0.00
24	0.00	0.88	0.00	2.36
25	0.00	0.00	0.00	0.00
26	4264.67	0.00	90.35	0.00
27	26.28	5.24	4.75	0.95
28	0.00	0.00	0.00	0.00
29	128.64	0.00	32.68	0.00
30	549.92	28.62	38.27	1.99

序号	资本形成总额/亿元		占最终需求的比重/%	
	固定资本形成	存货增加	固定资本形成	存货增加
31	0.00	0.00	0.00	0.00
32	0.00	0.00	0.00	0.00
33	840.47	0.00	58.93	0.00
34	0.00	0.00	0.00	0.00
35	0.00	0.00	0.00	0.00
36	39.02	0.00	28.85	0.00
37	0.00	0.00	0.00	0.00
38	0.00	0.00		0.00
39	0.00	0.00	0.00	0.00
40	0.00	0.00	0.00	0.00
41	0.00	0.00	0.00	0.00
42	0.00	0.00	0.00	0.00
TIU	11296.54	754.61	23.18	1.55

存货增加占最终需求的比重超过 42 个产业部门平均水平(1.55%)的产业有 16 个,从高到低依次是石油和天然气开采业(29.04%)、煤炭开采和洗选业(26.65%)、金属矿采选业(17.61%)、化学工业(7.04%)、交通运输设备制造业(5.44%)、金属冶炼及压延加工业(4.82%)、非金属矿物制品业(3.19%)、食品制造及烟草加工业(2.47%)、燃气生产和供应业(2.36%)、非金属矿及其他矿采选业(2.31%)、造纸印刷及文教体育用品制造业(2.19%)、纺织业(2.12%)、批发和零售业(1.99%)、木材加工及家具制造业(1.86%)、工艺品及其他制造业(1.82%)、金属制品业(1.79%),其中,第二产业 15 个、第三产业 1 个。

42 个产业部门中,固定资本形成高于存货增加的产业部门有 16 个,两者差额从高到低依次是建筑业、通用专用设备制造业、金属制品业、房地产业、通信设备计算机及其他电子设备制造业、交通运输设备制造业、电气机械及器材制造业、批发和零售业、仪器仪表及文化办公用机械制造业、信息传输计算机服务和软件业、农林牧渔业、综合技术服务业、石油加工炼焦及核燃料加工业、交通运输及仓储业、木材加工及家具制造业、工艺品及其他制造业。

存货增加高于固定资本形成的产业部门有 12 个,两者差额从高到低依次是化学工业、金属冶炼及压延加工业、纺织业、食品制造及烟草加工业、纺织服装鞋帽皮革羽绒及其制品业、造纸印刷及文教体育用品制造业、非金属矿物制品业、煤炭开采和洗选业、金属矿采选业、燃气生产和供应业、石油和天然气开采业、非金属矿及其他矿采选业;其他产业部门的数据未知。

三、2002 年江苏资本形成总额总量结构分析

2002 年江苏 42 产业部门资本形成总额总量和结构情况见表 27。根据 2002 年"江苏投入产出表",序号分别为:01 农林牧渔业,02 煤炭开采和洗选业,03 石油和天然气开采业,04 金属矿采选业,05 非金属矿采选业,06 食品制造及烟草加工业,07 纺织业,08 服装皮革羽绒及其制品业,09 木材加工及家具制造业,10 造纸印刷及文教用品制造业,11 石油加工炼焦及核燃料加工业,12 化学工业,13 非金属矿物制品业,14 金属冶炼及压延加工业,15 金属制品业,16 通用专用设备制造业,17 交通运输设备制造业,18 电气机械及器材制造业,19 通信设备计算机及其他电子设备制造业,20 仪器仪表及文化办公用机械制造业,21 其他制造业,22 废品废料,23 电力热力的生产和供应业,24 燃气生产和供应业,25 水的生产和供应业,26 建筑业,27 交通运输及仓储业,28 邮政业,29 信息传输计算机服务和软件业,30 批发和零售贸易业,31 住宿和餐饮业,32 金融保险业,33 房地产业,34 租赁和商务服务业,35 旅游业,36 科学研究事业,37 综合技术服务业,38 其他社会服务业,39 教育事业,40 卫生社会保障和社会福利业,41 文化体育和娱乐业,42 公共管理和社会组织;TIU(合计)。

2002 年,江苏资本形成总额中固定资本形成为 3994.31 亿元,占最终需求的比重为 24.88%;存货增加为 706.01 亿元,占最终需求的比重为 4.40%。按固定资本形成排序的前十大产业部门从高到低依次是建筑业(2287.03 亿元)、通用专用设备制造业(878.69 亿元)、房地产业(226.83 亿元)、通信设备计算机及其他电子设备制造业(225.97 亿元)、金属制品业(97.50 亿元)、电气机械及器材制造业(89.98 亿元)、农林牧渔业(86.29 亿元)、仪器仪表及文化办公用机械制造业(40.28 亿元)、交通运输设备制造业(39.72 亿元)、木材加工及家具制造业(16.89 亿元)。固定资本形成占最终需求的比重超过 42 个产业部门平均水平(24.88%)的产业有 5 个,从高到低依次是建筑业(89.08%)、通用专用设备制造业(73.41%)、仪器仪表及文化办公用机械制造业(46.25%)、房地产业(35.86%)、金属制品业(25.54%),其中,第二产业 4 个、第三产业 1 个。

按存货增加排序的前十大产业部门从高到低依次是纺织业（204.70亿元）、食品制造及烟草加工业（127.31亿元）、金属制品业（117.79亿元）、电气机械及器材制造业（83.31亿元）、交通运输设备制造业（71.06亿元）、化学工业（57.84亿元）、农林牧渔业（34.96亿元）、造纸印刷及文教用品制造业（26.35亿元）、住宿和餐饮业（12.19亿元）、通信设备计算机及其他电子设备制造业（12.05亿元）。存货增加占最终需求的比重超过42个产业部门平均水平（4.40%）的产业有14个，从高到低依次是金属矿采选业（74.88%）、金属制品业（30.86%）、纺织业（25.17%）、非金属矿采选业（19.45%）、食品制造及烟草加工业（14.02%）、交通运输设备制造业（13.22%）、电气机械及器材制造业（13.18%）、其他制造业（12.51%）、造纸印刷及文教用品制造业（10.89%）、化学工业（7.34%）、木材加工及家具制造业（5.93%）、农林牧渔业（5.49%）、住宿和餐饮业（5.31%）、石油和天然气开采业（5.27%），其中，第一产业1个、第二产业12个、第三产业1个。

表27 2002年江苏42产业部门资本形成总额总量和结构情况

序号	资本形成总额/亿元		占最终需求的比重/%	
	固定资本形成	存货增加	固定资本形成	存货增加
01	86.29	34.96	13.55	5.49
02	0.00	0.23	0.00	2.36
03	0.00	0.18	0.00	5.27
04	0.00	6.06	0.00	74.88
05	0.00	0.95	0.00	19.45
06	0.00	127.31	0.00	14.02
07	0.00	204.70	0.00	25.17
08	0.00	−32.68	0.00	−2.97
09	16.89	9.01	11.11	5.93
10	0.00	26.35	0.00	10.89
11	0.00	3.27	0.00	2.66
12	0.00	57.84	0.00	7.34
13	0.00	5.40	0.00	3.01
14	0.00	10.15	0.00	3.98
15	97.50	117.79	25.54	30.86
16	878.69	8.29	73.41	0.69

序号	资本形成总额/亿元		占最终需求的比重/%	
	固定资本形成	存货增加	固定资本形成	存货增加
17	39.72	71.06	7.39	13.22
18	89.98	83.31	14.23	13.18
19	225.97	12.05	10.92	0.58
20	40.28	2.39	46.25	2.75
21	0.00	10.26	0.00	12.51
22	0.00	−1.64	0.00	−4.35
23	0.00	0.02	0.00	0.03
24	0.00	−2.91	0.00	−8.90
25	0.00	−0.01	0.00	−0.03
26	2287.03	0.50	89.08	0.02
27	0.00	−0.03	0.00	−0.02
28	0.00	−0.05	0.00	−1.17
29	0.00	−0.51	0.00	−0.37
30	0.00	0.55	0.00	0.50
31	0.00	12.19	0.00	5.31
32	0.00	0.00	0.00	0.00
33	226.83	−61.00	35.86	−9.64
34	0.00	0.00	0.00	0.00
35	0.00	0.00	0.00	0.00
36	3.64	0.00	17.88	0.00
37	1.50	0.00	2.96	0.00
38	0.00	0.00	0.00	0.00
39	0.00	0.00	0.00	0.00
40	0.00	0.00	0.00	0.00
41	0.00	0.00	0.00	0.00
42	0.00	0.00	0.00	0.00
TIU	3994.31	706.01	24.88	4.40

42 个产业部门中,固定资本形成高于存货增加的产业部门有 17 个,两者差额从高到低依次是建筑业、通用专用设备制造业、房地产业、通信设备计算机及其他电子设备制造业、农林牧渔业、仪器仪表及文化办公用机械制造业、服装皮革羽绒及其制品业、木材加工及家具制造业、电气机械及器材制造业、科学研究事业、燃气生产和供应业、废品废料、综合技术服务业、信息传输计算机服务和软件业、邮政业、交通运输及仓储业、水的生产和供应业;存货增加高于固定资本形成的产业部门有 17 个,两者差额从高到低依次是纺织业、食品制造及烟草加工业、化学工业、交通运输设备制造业、造纸印刷及文教用品制造业、金属制品业、住宿和餐饮业、其他制造业、金属冶炼及压延加工业、金属矿采选业、非金属矿物制品业、石油加工炼焦及核燃料加工业、非金属矿采选业、批发和零售贸易业、煤炭开采和洗选业、石油和天然气开采业、电力热力的生产和供应业;其他产业部门的数据未知。

综合来看,2002—2012 年,江苏 42 个产业部门的固定资本形成合计增长了 6.71 倍,年均增长 20.97%;存货增加合计增长了 1.26 倍,年均增长2.36%。分阶段来看,2007—2012 年,江苏 42 个产业部门的固定资本形成合计增长了 2.37 倍,年均增长 18.87%;存货增加合计增长了 1.81 倍,年均增长 3.4%。2002—2007 年,江苏 42 个产业部门的固定资本形成合计增长了2.83 倍,年均增长 23.11%;存货增加合计增长了 1.07 倍,年均增长 1.34%。

2002 年、2007 年、2012 年固定资本形成均较大的产业部门是建筑、化学产品、电气机械和器材、房地产、交通运输设备、通信设备计算机和其他电子设备、专用设备、通用设备;存货增加均较大的产业部门是化学产品、食品和烟草、电气机械和器材、纺织品、金属制品。2002—2012 年,江苏 42 个产业部门固定资本形成合计占最终需求合计的比重下降了 0.11 个百分点;存货增加合计占最终需求合计的比重下降了 3.58 个百分点。分阶段来看,2007—2012年,江苏 42 个产业部门固定资本形成合计占最终需求合计的比重上升了 1.59个百分点;存货增加合计占最终需求合计的比重下降了 0.73 个百分点。2002—2007 年,江苏 42 个产业部门固定资本形成合计占最终需求合计的比重下降了 1.7 个百分点;存货增加合计占最终需求合计的比重下降了 2.85 个百分点。2002 年、2007 年、2012 年固定资本形成占最终需求的比重均较大的产业部门是房地产、建筑、专用设备、金属制品、通用设备;存货增加占最终需求的比重均较大的产业部门是金属矿采选产品、石油和天然气开采产品、金属制品、纺织品、食品和烟草、化学产品、非金属矿和其他矿采选产品、造纸印刷和文教体育用品。

第四节　省外流出总量结构分析

一、2012 年江苏省外流出总量结构分析

2012 年江苏 42 产业部门省外流出总量和结构情况见表 28。根据 2012 年"江苏投入产出表",表中序号指代的产业部门分别为：01 农林牧渔产品和服务,02 煤炭采选产品,03 石油和天然气开采产品,04 金属矿采选产品,05 非金属矿和其他矿采选产品,06 食品和烟草,07 纺织品,08 纺织服装鞋帽皮革羽绒及其制品,09 木材加工品和家具,10 造纸印刷和文教体育用品,11 石油炼焦产品和核燃料加工品,12 化学产品,13 非金属矿物制品,14 金属冶炼和压延加工品,15 金属制品,16 通用设备,17 专用设备,18 交通运输设备,19 电气机械和器材,20 通信设备计算机和其他电子设备,21 仪器仪表,22 其他制造产品,23 废品废料,24 金属制品机械和设备修理服务,25 电力热力的生产和供应,26 燃气生产和供应,27 水的生产和供应,28 建筑,29 批发和零售,30 交通运输仓储和邮政,31 住宿和餐饮,32 信息传输软件和信息技术服务,33 金融,34 房地产,35 租赁和商务服务,36 科学研究和技术服务,37 水利环境和公共设施管理,38 居民服务修理和其他服务,39 教育,40 卫生和社会服务,41 文化体育和娱乐,42 公共管理社会保障和社会组织；TIU（合计）。

2012 年,江苏省外流出中出口为 20829.33 亿元,占最终需求的比重为 19.25％；国内省外流出为 36102.83 亿元,占最终需求的比重为 33.36％。按出口排序的前十大产业部门从高到低依次是通信设备计算机和其他电子设备（7112.88 亿元）、电气机械和器材（2010.30 亿元）、化学产品（1965.41 亿元）、纺织服装鞋帽皮革羽绒及其制品（1764.76 亿元）、通用设备（1504.45 亿元）、纺织品（1156.22 亿元）、交通运输设备（1135.00 亿元）、金属制品（735.33 亿元）、金属冶炼和压延加工品（732.95 亿元）、专用设备（697.79 亿元）。出口占最终需求的比重超过 42 个产业部门平均水平（19.25％）的产业有 12 个,从高到低依次是其他制造产品（127.53％）、金属冶炼和压延加工品（64.04％）、金属制品（61.31％）、造纸印刷和文教体育用品（57.75％）、通信设备计算机和其他电子设备（54.36％）、纺织服装鞋帽皮革羽绒及其制品（46.79％）、木材加工品和家具（40.93％）、纺织品（40.60％）、通用设备（33.06％）、非金属矿物制品（24.36％）、化学产品（23.87％）、电气机械和器材（20.75％）,均属第二产业。

表28 2012年江苏42产业部门省外流出总量和结构情况

序号	省外流出/亿元		占最终需求的比重/%	
	出口	国内省外流出	出口	国内省外流出
01	38.70	874.88	1.93	43.73
02	0.82	0.00	2.70	0.00
03	0.03	0.00	0.10	0.00
04	1.76	0.00	8.24	0.00
05	2.85	0.00	10.83	0.00
06	145.74	1164.07	4.17	33.33
07	1156.22	801.60	40.60	28.15
08	1764.76	1055.43	46.79	27.99
09	475.80	398.04	40.93	34.24
10	491.73	0.00	57.75	0.00
11	68.97	0.00	7.96	0.00
12	1965.41	3240.72	23.87	39.35
13	273.02	7.41	24.36	0.66
14	732.95	0.00	64.04	0.00
15	735.33	46.69	61.31	3.89
16	1504.45	1850.45	33.06	40.66
17	697.79	2094.05	17.04	51.13
18	1135.00	3084.74	16.08	43.69
19	2010.30	4874.43	20.75	50.32
20	7112.88	4352.60	54.36	33.26
21	339.98	1896.45	13.77	76.79
22	70.98	0.00	127.53	0.00
23	8.45	472.72	1.68	93.87
24	0.00	0.00	0.00	0.00
25	0.00	0.00	0.00	0.00
26	0.00	0.00	0.00	0.00
27	0.00	0.00	0.00	0.00

序号	省外流出/亿元		占最终需求的比重/%	
	出口	国内省外流出	出口	国内省外流出
28	62.30	6901.27	0.39	43.28
29	0.00	985.16	0.00	27.22
30	0.00	850.47	0.00	51.12
31	0.00	321.18	0.00	31.69
32	0.00	246.52	0.00	15.21
33	0.00	475.29	0.00	22.05
34	0.00	0.00	0.00	0.00
35	18.14	87.68	2.17	10.49
36	0.47	0.00	0.04	0.00
37	0.00	0.00	0.00	0.00
38	0.00	0.00	0.00	0.00
39	10.68	20.98	0.65	1.27
40	0.00	0.00	0.00	0.00
41	3.80	0.00	0.78	0.00
42	0.00	0.00	0.00	0.00
TIU	20829.33	36102.83	19.25	33.36

　　按国内省外流出排序的前十大产业部门从高到低依次是建筑(6901.27亿元)、电气机械和器材(4874.43亿元)、通信设备计算机和其他电子设备(4352.60亿元)、化学产品(3240.72亿元)、交通运输设备(3084.74亿元)、专用设备(2094.05亿元)、仪器仪表(1896.45亿元)、通用设备(1850.45亿元)、食品和烟草(1164.07亿元)、纺织服装鞋帽皮革羽绒及其制品(1055.43亿元)。国内省外流出占最终需求的比重超过42个产业部门平均水平(33.36%)的产业有11个,从高到低依次是废品废料(93.87%)、仪器仪表(76.79%)、专用设备(51.13%)、交通运输仓储和邮政(51.12%)、电气机械和器材(50.32%)、农林牧渔产品和服务(43.73%)、交通运输设备(43.69%)、建筑(43.28%)、通用设备(40.66%)、化学产品(39.35%)、木材加工品和家具(34.24%),其中,第一产业1个、第二产业9个、第三产业1个。

　　42个产业部门中,出口高于国内省外流出的产业部门有16个,按照出口与国内省外流出的差额排序,从高到低依次是通信设备计算机和其他电子设备、金属冶炼和压延加工品、纺织服装鞋帽皮革羽绒及其制品、金属制品、造纸印刷和文教体育用品、纺织品、非金属矿物制品、木材加工品和家具、其他制造产品、石油炼焦产品和核燃料加工品、文化体育和娱乐、非金属矿和其他矿采选产品、金属矿采选产品、煤炭采选产品、科学研究和技术服务、石油和天然气开采产品;国内省外流出高于出口的产业部门有17个,按照国内省外流出与出口的差额排序,从高到低依次是建筑、电气机械和器材、交通运输设备、仪器仪表、专用设备、化学产品、食品和烟草、批发和零售、交通运输仓储和邮政、农林牧渔产品和服务、金融、废品废料、通用设备、住宿和餐饮、信息传输软件和信息技术服务、租赁和商务服务、教育;其他9个产业部门的数据未知。

二、2007年江苏省外流出总量结构分析

2007年江苏42产业部门省外流出总量和结构情况见表29。根据2007年"江苏投入产出表",表中序号指代的产业部门分别为:01农林牧渔业,02煤炭开采和洗选业,03石油和天然气开采业,04金属矿采选业,05非金属矿及其他矿采选业,06食品制造及烟草加工业,07纺织业,08纺织服装鞋帽皮革羽绒及其制品业,09木材加工及家具制造业,10造纸印刷及文教体育用品制造业,11石油加工炼焦及核燃料加工业,12化学工业,13非金属矿物制品业,14金属冶炼及压延加工业,15金属制品业,16通用专用设备制造业,17交通运输设备制造业,18电气机械及器材制造业,19通信设备计算机及其他电子设备制造业,20仪器仪表及文化办公用机械制造业,21工艺品及其他制造业,22废品废料,23电力热力的生产和供应业,24燃气生产和供应业,25水的生产和供应业,26建筑业,27交通运输及仓储业,28邮政业,29信息传输计算机服务和软件业,30批发和零售业,31住宿和餐饮业,32金融业,33房地产业,34租赁和商务服务业,35研究与试验发展业,36综合技术服务业,37水利环境和公共设施管理业,38居民服务和其他服务业,39教育,40卫生社会保障和社会福利业,41文化体育和娱乐业,42公共管理和社会组织;TIU(合计)。

2007年,江苏省外流出中出口为13508.48亿元,占最终需求的比重为27.72%;国内省外流出为12569.71亿元,占最终需求的比重为25.80%。按出口排序的前十大产业部门从高到低依次是通信设备计算机及其他电子设备制造业(6398.03亿元)、纺织服装鞋帽皮革羽绒及其制品业(1440.08亿元)、纺织业(1404.14亿元)、金属冶炼及压延加工业(876.67亿元)、电气机械及器材制造业(733.44 亿元)、化学工业(503.07 亿元)、木材加工及家具制造业(380.69 亿元)、交通运输设备制造业(378.76 亿元)、造纸印刷及文教体育用品制造业(306.64 亿元)、金属制品业(291.38 亿元)。

出口占最终需求的比重超过 42 个产业部门平均水平(27.72%)的产业有 9 个,从高到低依次是纺织服装鞋帽皮革羽绒及其制品业(75.89%)、木材加工及家具制造业(75.51%)、通信设备计算机及其他电子设备制造业(64.51%)、纺织业(58.11%)、造纸印刷及文教体育用品制造业(46.24%)、邮政业(43.51%)、金属冶炼及压延加工业(39.54%)、石油加工炼焦及核燃料加工业(38.72%)、仪器仪表及文化办公用机械制造业(37.05%),均属第二产业。

按国内省外流出排序的前十大产业部门从高到低依次是通信设备计算机及其他电子设备制造业(2597.81 亿元)、化学工业(2476.44 亿元)、电气机械及器材制造业(1603.24 亿元)、金属冶炼及压延加工业(1233.49 亿元)、通用专用设备制造业(1217.09 亿元)、纺织业(926.02 亿元)、食品制造及烟草加工业(355.57 亿元)、建筑业(335.26 亿元)、农林牧渔业(329.18 亿元)、造纸印刷及文教体育用品制造业(309.42 亿元)。

表 29　2007 年江苏 42 产业部门省外流出总量和结构情况

序号	省外流出/亿元		占最终需求的比重/%	
	出口	国内省外流出	出口	国内省外流出
01	21.06	329.18	1.46	22.88
02	0.00	2.89	0.00	14.32
03	0.00	2.06	0.00	70.96
04	0.00	10.44	0.00	82.39
05	0.00	34.13	0.01	97.67
06	50.60	355.57	3.17	22.25
07	1404.14	926.02	58.11	38.32
08	1440.08	1.05	75.89	0.06
09	380.69	56.33	75.51	11.17
10	306.64	309.42	46.24	46.66
11	21.76	0.00	38.72	0.00
12	503.07	2476.44	14.79	72.79

序号	省外流出/亿元		占最终需求的比重/%	
	出口	国内省外流出	出口	国内省外流出
13	50.70	201.88	17.90	71.28
14	876.67	1233.49	39.54	55.63
15	291.38	57.00	22.41	4.38
16	162.65	1217.09	4.51	33.72
17	378.76	169.21	25.08	11.20
18	733.44	1603.24	23.24	50.79
19	6398.03	2597.81	64.51	26.19
20	225.36	149.32	37.05	24.55
21	14.38	0.00	15.49	0.00
22	0.00	27.50	0.00	100.00
23	0.00	75.64	0.00	35.14
24	0.00	9.55	0.00	25.59
25	0.00	0.00	0.00	0.00
26	49.39	335.26	1.05	7.10
27	99.58	85.68	18.02	15.50
28	3.09	0.05	43.51	0.67
29	33.19	35.38	8.43	8.99
30	2.07	94.36	0.14	6.57
31	0.09	3.50	0.02	0.95
32	16.97	3.71	4.51	0.99
33	0.00	1.47	0.00	0.10
34	42.36	27.36	10.97	7.08
35	2.25	0.00	2.77	0.00
36	0.00	0.58	0.00	0.43
37	0.00	52.70	0.00	24.45
38	0.00	22.72	0.00	4.53
39	0.00	0.10	0.00	0.01

序号	省外流出/亿元		占最终需求的比重/%	
	出口	国内省外流出	出口	国内省外流出
40	0.00	1.25	0.00	0.17
41	0.09	60.34	0.04	24.71
42	0.00	0.00	0.00	0.00
TIU	13508.48	12569.71	27.72	25.80

国内省外流出占最终需求的比重超过 42 个产业部门平均水平(25.80%)的产业有 13 个,从高到低依次是废品废料(100%)、非金属矿及其他矿采选业(97.67%)、金属矿采选业(82.39%)、化学工业(72.79%)、非金属矿物制品业(71.28%)、石油和天然气开采业(70.96%)、金属冶炼及压延加工业(55.63%)、电气机械及器材制造业(50.79%)、造纸印刷及文教体育用品制造业(46.66%)、纺织业(38.32%)、电力热力的生产和供应业(35.14%)、通用专用设备制造业(33.72%)、通信设备计算机及其他电子设备制造业(26.19%),均属第二产业。

42 个产业部门中,出口高于国内省外流出的产业部门有 14 个,按照出口与国内省外流出的差额排序,从高到低依次是通信设备计算机及其他电子设备制造业、纺织服装鞋帽皮革羽绒及其制品业、纺织业、木材加工及家具制造业、金属制品业、交通运输设备制造业、仪器仪表及文化办公用机械制造业、石油加工炼焦及核燃料加工业、租赁和商务服务业、工艺品及其他制造业、交通运输及仓储业、金融业、邮政业、研究与试验发展业。

国内省外流出高于出口的产业部门有 26 个,按照国内省外流出与出口的差额排序,从高到低依次是化学工业、通用专用设备制造业、电气机械及器材制造业、金属冶炼及压延加工业、农林牧渔业、食品制造及烟草加工业、建筑业、非金属矿物制品业、批发和零售业、电力热力的生产和供应业、文化体育和娱乐业、水利环境和公共设施管理业、非金属矿及其他矿采选业、废品废料、居民服务和其他服务业、金属矿采选业、燃气生产和供应业、住宿和餐饮业、煤炭开采和洗选业、造纸印刷及文教体育用品制造业、信息传输计算机服务和软件业、石油和天然气开采业、房地产业、卫生社会保障和社会福利业、综合技术服务业、教育;其他 2 个产业部门的数据未知。

三、2002 年江苏省外流出总量结构分析

2002 年江苏 42 产业部门省外流出总量和结构情况见表 30。根据 2002

年"江苏投入产出表",序号指代的产业部门分别为:01 农林牧渔业,02 煤炭开采和洗选业,03 石油和天然气开采业,04 金属矿采选业,05 非金属矿采选业,06 食品制造及烟草加工业,07 纺织业,08 服装皮革羽绒及其制品业,09 木材加工及家具制造业,10 造纸印刷及文教用品制造业,11 石油加工炼焦及核燃料加工业,12 化学工业,13 非金属矿物制品业,14 金属冶炼及压延加工业,15 金属制品业,16 通用专用设备制造业,17 交通运输设备制造业,18 电气机械及器材制造业,19 通信设备计算机及其他电子设备制造业,20 仪器仪表及文化办公用机械制造业,21 其他制造业,22 废品废料,23 电力热力的生产和供应业,24 燃气生产和供应业,25 水的生产和供应业,26 建筑业,27 交通运输及仓储业,28 邮政业,29 信息传输计算机服务和软件业,30 批发和零售贸易业,31 住宿和餐饮业,32 金融保险业,33 房地产业,34 租赁和商务服务业,35 旅游业,36 科学研究事业,37 综合技术服务业,38 其他社会服务业,39 教育事业,40 卫生社会保障和社会福利业,41 文化体育和娱乐业,42 公共管理和社会组织;TIU(合计)。

2002 年,江苏省外流出中出口为 3257.64 亿元,占最终需求的比重为 20.30%;国内省外流出为 3281.80 亿元,占最终需求的比重为 20.45%。按出口排序的前十大产业部门从高到低依次是通信设备计算机及其他电子设备制造业(1220.54 亿元)、服装皮革羽绒及其制品业(753.77 亿元)、纺织业(404.57 亿元)、电气机械及器材制造业(156.30 亿元)、交通运输设备制造业(150.69 亿元)、化学工业(114.20 亿元)、造纸印刷及文教用品制造业(91.46 亿元)、金属制品业(75.22 亿元)、木材加工及家具制造业(69.07 亿元)、通用专用设备制造业(45.12 亿元)。

出口占最终需求的比重超过 42 个产业部门平均水平(20.30%)的产业有 9 个,从高到低依次是服装皮革羽绒及其制品业(68.45%)、通信设备计算机及其他电子设备制造业(58.98%)、纺织业(49.75%)、木材加工及家具制造业(45.43%)、造纸印刷及文教用品制造业(37.78%)、交通运输设备制造业(28.03%)、仪器仪表及文化办公用机械制造业(25.20%)、电气机械及器材制造业(24.72%)、非金属矿采选业(20.44%),均属第二产业。

按国内省外流出排序的前十大产业部门从高到低依次是通信设备计算机及其他电子设备制造业(525.01 亿元)、化学工业(508.32 亿元)、电气机械及器材制造业(241.49 亿元)、交通运输设备制造业(234.52 亿元)、通用专用设备制造业(223.33 亿元)、服装皮革羽绒及其制品业(206.72 亿元)、金属冶炼及压延加工业(206.19 亿元)、纺织业(177.75 亿元)、食品制造及烟草加工业(161.35亿元)、建筑业(158.67亿元)。

表30 2002年江苏42产业部门省外流出总量和结构情况

序号	省外流出/亿元		占最终需求的比重/%	
	出口	国内省外流出	出口	国内省外流出
01	24.26	24.07	3.81	3.78
02	1.54	1.15	15.99	11.95
03	0.00	3.21	0.00	94.73
04	0.15	1.88	1.89	23.24
05	1.00	2.94	20.44	60.11
06	20.96	161.35	2.31	17.77
07	404.57	177.75	49.75	21.86
08	753.77	206.72	68.45	18.77
09	69.07	10.05	45.43	6.61
10	91.46	81.38	37.78	33.62
11	5.93	106.01	4.82	86.02
12	114.20	508.32	14.49	64.48
13	23.90	30.17	13.33	16.82
14	38.63	206.19	15.15	80.87
15	75.22	76.01	19.70	19.91
16	45.12	223.33	3.77	18.66
17	150.69	234.52	28.03	43.62
18	156.30	241.49	24.72	38.19
19	1220.54	525.01	58.98	25.37
20	21.95	19.26	25.20	22.12
21	14.19	18.08	17.31	22.05
22	0.01	39.23	0.03	104.32
23	0.00	0.44	0.00	0.65
24	0.00	0.01	0.00	0.03
25	0.00	0.03	0.00	0.17
26	6.15	158.67	0.24	6.18

续表

序号	省外流出/亿元		占最终需求的比重/%	
	出口	国内省外流出	出口	国内省外流出
27	9.35	54.02	8.65	49.96
28	0.21	0.05	4.66	1.10
29	2.28	50.36	1.64	36.28
30	0.00	2.73	0.00	2.45
31	1.36	35.40	0.59	15.43
32	2.17	21.73	6.07	60.79
33	0.22	0.88	0.03	0.14
34	0.19	17.61	0.64	59.96
35	0.76	2.20	4.52	13.15
36	0.00	5.40	0.00	26.52
37	0.00	12.56	0.00	24.88
38	0.44	8.49	0.20	3.89
39	0.00	0.54	0.00	0.10
40	0.00	0.00	0.00	0.00
41	1.00	21.60	0.83	18.09
42	0.04	0.00	0.01	0.00
TIU	3257.64	3281.80	20.30	20.45

　　国内省外流出占最终需求的比重超过 42 个产业部门平均水平(20.45%)的产业有 20 个,从高到低依次是废品废料(104.32%)、石油和天然气开采业(94.73%)、石油加工炼焦及核燃料加工业(86.02%)、金属冶炼及压延加工业(80.87%)、化学工业(64.48%)、金融保险业(60.79%)、非金属矿采选业(60.11%)、租赁和商务服务业(59.96%)、交通运输及仓储业(49.96%)、交通运输设备制造业(43.62%)、电气机械及器材制造业(38.19%)、信息传输计算机服务和软件业(36.28%)、造纸印刷及文教用品制造业(33.62%)、科学研究事业(26.52%)、通信设备计算机及其他电子设备制造业(25.37%)、综合技术服务业(24.88%)、金属矿采选业(23.24%)、仪器仪表及文化办公用机械制造业(22.12%)、其他制造业(22.05%)、纺织业(21.86%),其中,第二产业 15 个、第三产业 5 个。

　　42 个产业部门中,出口高于国内省外流出的产业部门有 10 个,按照出口与国内省外流出的差额排序,从高到低依次是通信设备计算机及其他电子设备制造业、服装皮革羽绒及其制品业、纺织业、木材加工及家具制造业、造纸印刷及文教用品制造业、仪器仪表及文化办公用机械制造业、煤炭开采和洗选业、农林牧渔业、邮政业、公共管理和社会组织;国内省外流出高于出口的产业部门有 31 个,按照国内省外流出与出口的差额排序,从高到低依次是化学工业、通用专用设备制造业、金属冶炼及压延加工业、建筑业、食品制造及烟草加工业、石油加工炼焦及核燃料加工业、电气机械及器材制造业、交通运输设备制造业、信息传输计算机服务和软件业、交通运输及仓储业、废品废料、住宿和餐饮业、文化体育和娱乐业、金融保险业、租赁和商务服务业、综合技术服务业、其他社会服务业、非金属矿物制品业、科学研究事业、其他制造业、石油和天然气开采业、批发和零售贸易业、非金属矿采选业、金属矿采选业、旅游业、金属制品业、房地产业、教育事业、电力热力的生产和供应业、水的生产和供应业、燃气生产和供应业;其他 1 个产业部门的数据未知。

　　综合来看,2002—2012 年,江苏 42 个产业部门的出口合计增长了 6.39 倍,年均增长 20.39%;国内省外流出合计增长了 11 倍,年均增长 27.1%。分阶段来看,2007—2012 年,江苏 42 个产业部门的出口合计增长了 1.54 倍,年均增长 9.05%;国内省外流出合计增长了 2.87 倍,年均增长 23.49%。2002—2007 年,江苏 42 个产业部门的出口合计增长了 4.14 倍,年均增长 32.9%;国内省外流出合计增长了 3.83 倍,年均增长 30.81%。

　　2002 年、2007 年、2012 年出口均较大的产业部门是通信设备计算机和其他电子设备、电气机械和器材、化学产品、纺织服装鞋帽皮革羽绒及其制品、通用设备、纺织品、交通运输设备、金属制品、专用设备、造纸印刷和文教体育用品、木材加工品和家具;国内省外流出均较大的产业部门是建筑、电气机械和器材、通信设备计算机和其他电子设备、化学产品、专用设备、通用设备、食品和烟草。

　　2002—2012 年,江苏 42 个产业部门出口合计占最终需求合计的比重下降了 1.05 个百分点,平均每年下降 0.105 个百分点;国内省外流出合计占最终需求合计的比重上升了 12.91 个百分点,平均每年上升 1.291 个百分点。分阶段来看,2007—2012 年,江苏 42 个产业部门出口合计占最终需求合计的比重下降了 8.47 个百分点,平均每年下降 1.694 个百分点;国内省外流出合计占最终需求合计的比重上升了 7.56 个百分点,平均每年上升 1.512 个百分点。2002—2007 年,江苏 42 个产业部门出口合计占最终需求合计的比重上升了 7.42 个百分点,平均每年上升 1.484 个百分点;国内省外流出合计占最终需求合计的比重上升了 5.35 个百分点,平均每年上升 1.07 个百分点。

2002 年、2007 年、2012 年出口占最终需求的比重均较大的产业部门是造纸印刷和文教体育用品、通信设备计算机和其他电子设备、纺织服装鞋帽皮革羽绒及其制品、木材加工品和家具、纺织品;国内省外流出占最终需求的比重均较大的产业部门是废品废料、电气机械和器材、化学产品。

第五节　最终使用产品结构系数分析

一、2012 年江苏最终使用产品结构系数分析

最终使用产品结构系数能够反映某一个最终使用项目的构成情况,公式为:

$$S_i = y_i / \sum_{i=1}^{n} y_i \quad i = 1, 2, \cdots, n$$

式中,S_i 是指某一产业部门的最终使用产品结构系数;y_i 是指某一产业部门的最终使用产品(既可指某一产业部门的最终使用,也可指最终使用中的消费、资本形成、流出等项目);$\sum_{i=1}^{n} y_i$ 是指所有产业部门最终使用产品之和。

2012 年江苏 42 产业部门最终使用结构系数情况见表 31。根据 2012 年"江苏投入产出表",表中序号指代的产业部门分别为:01 农林牧渔产品和服务,02 煤炭采选产品,03 石油和天然气开采产品,04 金属矿采选产品,05 非金属矿和其他矿采选产品,06 食品和烟草,07 纺织品,08 纺织服装鞋帽皮革羽绒及其制品,09 木材加工品和家具,10 造纸印刷和文教体育用品,11 石油炼焦产品和核燃料加工品,12 化学产品,13 非金属矿物制品,14 金属冶炼和压延加工品,15 金属制品,16 通用设备,17 专用设备,18 交通运输设备,19 电气机械和器材,20 通信设备计算机和其他电子设备,21 仪器仪表,22 其他制造产品,23 废品废料,24 金属制品机械和设备修理服务,25 电力热力的生产和供应,26 燃气生产和供应,27 水的生产和供应,28 建筑,29 批发和零售,30 交通运输仓储和邮政,31 住宿和餐饮,32 信息传输软件和信息技术服务,33 金融,34 房地产,35 租赁和商务服务,36 科学研究和技术服务,37 水利环境和公共设施管理,38 居民服务修理和其他服务,39 教育,40 卫生和社会服务,41 文化体育和娱乐,42 公共管理社会保障和社会组织;TIU(合计)。

2012 年,江苏最终使用占 42 个部门最终使用合计的比重超过 5% 的产业部

门从高到低依次是建筑(14.73%)、通信设备计算机和其他电子设备(12.09%)、电气机械和器材(8.95%)、化学产品(7.61%)、交通运输设备(6.52%)。

从最终消费支出来看,最终消费支出占42个部门最终消费支出合计的比重超过5%的产业部门从高到低依次是公共管理社会保障和社会组织(10.51%)、批发和零售(9.12%)、食品和烟草(8.19%)、金融(7.13%)、教育(6.83%)、卫生和社会服务(6.11%)、交通运输设备(5.15%)、房地产(5.15%)。其中,居民消费支出占42个部门居民消费支出合计的比重超过5%的产业部门从高到低依次是批发和零售(13.22%)、食品和烟草(11.87%)、金融(10.32%)、交通运输设备(7.47%)、房地产(7.46%)、纺织服装鞋帽皮革羽绒及其制品(5.25%)、农林牧渔产品和服务(5.06%);政府消费支出占42个部门政府消费支出合计的比重超过5%的产业部门从高到低依次是公共管理社会保障和社会组织(32.11%)、教育(16.80%)、卫生和社会服务(14.60%)、科学研究和技术服务(14.24%)、交通运输仓储和邮政(6.50%)、水利环境和公共设施管理(6.32%)。居民消费支出中,农村居民消费支出占42个部门农村居民消费支出合计的比重超过5%的产业部门从高到低依次是食品和烟草(13.80%)、金融(13.25%)、房地产(9.58%)、批发和零售(7.18%)、农林牧渔产品和服务(6.30%)、石油炼焦产品和核燃料加工品(5.71%)、纺织服装鞋帽皮革羽绒及其制品(5.16%);城镇居民消费支出占42个部门城镇居民消费支出合计的比重超过5%的产业部门从高到低依次是批发和零售(15.46%)、食品和烟草(11.16%)、金融(9.23%)、交通运输设备(8.43%)、房地产(6.68%)、居民服务修理和其他服务(5.61%)、纺织服装鞋帽皮革羽绒及其制品(5.29%)。可见,2012年,江苏消费支出的主要领域是公共管理社会保障和社会组织、批发和零售、食品和烟草、金融、教育、卫生和社会服务,其中批发和零售、食品和烟草、金融是居民消费的主要领域,公共管理社会保障和社会组织、教育、卫生和社会服务是政府消费的主要领域。同时,交通运输设备、房地产、纺织服装鞋帽皮革羽绒及其制品、农林牧渔产品和服务也是居民消费的重要领域,科学研究和技术服务、交通运输仓储和邮政、水利环境和公共设施管理也是政府消费的重要领域。居民消费领域的城乡差别并不显著,食品和烟草、批发和零售、金融、房地产、纺织服装鞋帽皮革羽绒及其制品在城乡居民消费中均占有重要位置。城乡消费差别在于农村居民消费在以上领域外还包括农林牧渔产品和服务、石油炼焦产品和核燃料加工品,城镇居民消费在以上领域外还包括交通运输设备、居民服务修理和其他服务。

　　从资本形成总额来看,资本形成总额占 42 个部门资本形成总额合计的比重超过 5％的产业部门从高到低依次是建筑(31.53％)、化学产品(10.01％)、电气机械和器材(9.37％)、房地产(7.34％)、交通运输设备(5.87％)、通信设备计算机和其他电子设备(5.16％)。其中,固定资本形成占 42 个部门固定资本形成合计的比重超过 5％的产业部门从高到低依次是建筑(32.55％)、化学产品(9.53％)、电气机械和器材(9.33％)、房地产(7.59％)、交通运输设备(6.07％)、通信设备计算机和其他电子设备(5.21％);存货增加占 42 个部门存货增加合计的比重超过 5％的产业部门从高到低依次是租赁和商务服务(29.34％)、化学产品(24.65％)、食品和烟草(10.79％)、电气机械和器材(10.63％)、纺织品(9.30％)、专用设备(6.49％)、批发和零售(6.28％)、金属制品(6.22％)、水利环境和公共设施管理(5.43％)。

表 31　2012 年江苏 42 产业部门最终使用结构系数情况

%

序号	最终使用									
	最终消费支出					资本形成总额			省外流出		合计
	居民消费			政府消费	合计	固定资本形成	存货增加	合计	出口	国内省外流出	
	农村居民	城镇居民	小计								
01	6.30	4.60	5.06	2.68	4.32	0.25	0.11	0.25	0.19	2.42	1.85
02	0.29	0.47	0.42	0.00	0.29	0.00	−4.39	−0.14	0.00	0.00	0.03
03	0.00	0.00	0.00	0.00	0.00	0.11	0.18	0.11	0.00	0.00	0.03
04	0.00	0.00	0.00	0.00	0.00	0.07	0.14	0.07	0.01	0.00	0.02
05	0.00	0.00	0.00	0.00	0.00	0.09	0.06	0.08	0.01	0.00	0.02
06	13.80	11.16	11.87	0.00	8.19	0.58	10.79	0.91	0.70	3.22	3.23
07	1.42	1.21	1.26	0.00	0.87	2.24	9.30	2.47	5.55	2.22	2.63
08	5.16	5.29	5.25	0.00	3.62	0.21	4.42	0.35	8.47	2.92	3.48
09	1.02	0.85	0.90	0.00	0.62	0.51	0.73	0.51	2.28	1.10	1.07
10	1.62	1.67	1.66	0.00	1.14	0.28	1.80	0.33	2.36	0.00	0.79
11	5.71	3.47	4.08	0.00	2.81	0.44	1.88	0.49	0.33	0.00	0.80
12	1.30	1.67	1.57	0.00	1.08	9.53	24.65	10.01	9.44	8.98	7.61
13	0.00	0.02	0.01	0.00	0.01	3.23	−3.08	3.03	1.31	0.02	1.04

序号	最终使用										
	最终消费支出					资本形成总额			省外流出		合计
	居民消费			政府消费	合计	固定资本形成	存货增加	合计	出口	国内省外流出	
	农村居民	城镇居民	小计								
14	0.00	0.00	0.00	0.00	0.00	2.21	−20.37	1.49	3.52	0.00	1.06
15	0.00	0.00	0.00	0.00	0.00	1.35	6.22	1.51	3.53	0.13	1.11
16	0.00	0.00	0.00	0.00	0.00	4.38	2.34	4.32	7.22	5.13	4.21
17	0.00	0.00	0.00	0.00	0.00	4.65	6.49	4.71	3.35	5.80	3.78
18	4.88	8.43	7.47	0.00	5.15	6.07	−0.12	5.87	5.45	8.54	6.52
19	1.30	1.26	1.27	0.00	0.88	9.33	10.63	9.37	9.65	13.50	8.95
20	1.54	1.04	1.18	0.00	0.81	5.21	3.52	5.16	34.15	12.06	12.09
21	0.21	0.89	0.70	0.00	0.48	0.36	2.57	0.43	1.63	5.25	2.28
22	0.00	0.00	0.00	0.00	0.00	0.01	−2.14	−0.06	0.34	0.00	0.05
23	0.00	0.11	0.08	0.00	0.06	0.03	0.29	0.03	0.04	1.31	0.47
24	0.04	0.04	0.04	0.00	0.03	0.07	0.00	0.07	0.00	0.00	0.02
25	2.73	1.25	1.65	0.00	1.14	2.66	0.00	2.58	0.00	0.00	0.91
26	0.51	1.14	0.97	0.00	0.67	0.20	0.00	0.19	0.00	0.00	0.19
27	0.18	0.20	0.20	0.00	0.13	0.00	0.00	0.00	0.00	0.00	0.03
28	3.22	0.90	1.52	0.00	1.05	32.55	0.72	31.53	0.30	19.12	14.73
29	7.18	15.46	13.22	0.00	9.12	1.59	6.28	1.74	0.00	2.73	3.34
30	0.95	2.41	2.01	6.50	3.41	0.04	0.00	0.04	0.00	2.36	1.54
31	4.32	3.90	4.02	0.00	2.77	0.11	0.99	0.14	0.00	0.89	0.94
32	3.71	2.52	2.84	0.00	1.96	3.37	1.07	3.29	0.00	0.68	1.50
33	13.25	9.23	10.32	0.02	7.13	0.00	0.00	0.00	0.00	1.32	1.99
34	9.58	6.68	7.46	0.00	5.15	7.59	0.00	7.34	0.00	0.00	3.00
35	1.11	1.76	1.59	2.73	1.94	0.04	29.34	0.98	0.09	0.24	0.77
36	0.00	0.00	0.00	14.24	4.41	0.59	−0.51	0.55	0.00	0.00	1.10
37	0.03	0.55	0.41	6.32	2.24	0.00	5.43	0.17	0.00	0.00	0.53

序号	最终使用										
	最终消费支出					资本形成总额			省外流出		合计
	居民消费			政府消费	合计	固定资本形成	存货增加	合计	出口	国内省外流出	
	农村居民	城镇居民	小计								
38	0.90	5.61	4.34	0.00	2.99	0.00	0.00	0.00	0.00	0.00	0.65
39	4.08	1.72	2.36	16.80	6.83	0.01	0.04	0.01	0.05	0.06	1.52
40	2.37	2.26	2.29	14.60	6.11	0.06	0.07	0.06	0.00	0.00	1.35
41	1.04	1.22	1.17	4.00	2.05	0.00	0.20	0.01	0.02	0.00	0.45
42	0.28	1.00	0.81	32.11	10.51	0.00	0.36	0.01	0.00	0.00	2.29
TIU	100.00	100.00	100.00	100.00	100.00	100.00	100.00	100.00	100.00	100.00	100.00

从省外流出来看,出口占 42 个部门出口合计的比重超过 5% 的产业部门从高到低依次是通信设备计算机和其他电子设备(34.15%)、电气机械和器材(9.65%)、化学产品(9.44%)、纺织服装鞋帽皮革羽绒及其制品(8.47%)、通用设备(7.22%)、纺织品(5.55%)、交通运输设备(5.45%);国内省外流出占 42 个部门国内省外流出合计的比重超过 5% 的产业部门从高到低依次是建筑(19.12%)、电气机械和器材(13.50%)、通信设备计算机和其他电子设备(12.06%)、化学产品(8.98%)、交通运输设备(8.54%)、专用设备(5.80%)、仪器仪表(5.25%)、通用设备(5.13%)。可见,电气机械和器材、纺织服装鞋帽皮革羽绒及其制品、纺织品、化学产品、建筑、交通运输设备、通信设备计算机和其他电子设备、仪器仪表、通用设备、专用设备的产业外向度较高,产品出口或向省外流出量较大。其中,电气机械和器材、化学产品、交通运输设备、通信设备计算机和其他电子设备、通用设备不仅出口量较大,国内省外流出量也较大,外向型特征更加显著;纺织服装鞋帽皮革羽绒及其制品、纺织品出口量较大;建筑、专用设备、仪器仪表国内省外流出量较大。

二、2007 年江苏最终使用产品结构系数分析

2007 年江苏 42 产业部门最终使用结构系数情况见表 32。根据 2007 年"江苏投入产出表",表中序号指代的产业部门分别为:01 农林牧渔业,02 煤炭开采和洗选业,03 石油和天然气开采业,04 金属矿采选业,05 非金属矿及其他矿采选业,06 食品制造及烟草加工业,07 纺织业,08 纺织服装鞋帽皮革羽绒及其制品业,09 木材加工及家具制造业,10 造纸印刷及文教体育用品制

造业,11 石油加工炼焦及核燃料加工业,12 化学工业,13 非金属矿物制品业,14 金属冶炼及压延加工业,15 金属制品业,16 通用专用设备制造业,17 交通运输设备制造业,18 电气机械及器材制造业,19 通信设备计算机及其他电子设备制造业,20 仪器仪表及文化办公用机械制造业,21 工艺品及其他制造业,22 废品废料,23 电力热力的生产和供应业,24 燃气生产和供应业,25 水的生产和供应业,26 建筑业,27 交通运输及仓储业,28 邮政业,29 信息传输计算机服务和软件业,30 批发和零售业,31 住宿和餐饮业,32 金融业,33 房地产业,34 租赁和商务服务业,35 研究与试验发展业,36 综合技术服务业,37 水利环境和公共设施管理业,38 居民服务和其他服务业,39 教育,40 卫生社会保障和社会福利业,41 文化体育和娱乐业,42 公共管理和社会组织;TIU（合计）。

2007 年,江苏最终使用占 42 个部门最终使用合计的比重超过 5％的产业部门从高到低依次是通信设备计算机及其他电子设备制造业（20.36％）、建筑业（9.69％）、通用专用设备制造业（7.41％）、化学工业（6.98％）、电气机械及器材制造业（6.48％）。从最终消费支出来看,最终消费支出占 42 个部门最终消费支出合计的比重超过 5％的产业部门从高到低依次是食品制造及烟草加工业（10.88％）、公共管理和社会组织（10.83％）、农林牧渔业（9.59％）、教育（9.12％）、批发和零售业（7.19％）、卫生社会保障和社会福利业（6.76％）、房地产业（5.51％）。其中,居民消费支出占 42 个部门居民消费支出合计的比重超过 5％的产业部门从高到低依次是食品制造及烟草加工业（15.75％）、农林牧渔业（13.35％）、批发和零售业（10.41％）、房地产业（7.98％）、居民服务和其他服务业（6.54％）、纺织服装鞋帽皮革羽绒及其制品业（5.99％）、住宿和餐饮业（5.01％）;政府消费支出占 42 个部门政府消费支出合计的比重超过 5％的产业部门从高到低依次是公共管理和社会组织（35.02％）、教育（19.20％）、卫生社会保障和社会福利业（16.66％）、租赁和商务服务业（6.80％）、交通运输及仓储业（5.85％）。居民消费支出中,农村居民消费支出占 42 个部门农村居民消费支出合计的比重超过 5％的产业部门从高到低依次是农林牧渔业（21.86％）、食品制造及烟草加工业（17.73％）、房地产业（9.13％）、批发和零售业（8.30％）、教育（5.94％）、住宿和餐饮业（5.22％）;城镇居民消费支出占 42 个部门城镇居民消费支出合计的比重超过 5％的产业部门从高到低依次是食品制造及烟草加工业（14.96％）、批发和零售业（11.25％）、农林牧渔业（9.98％）、居民服务和其他服务业（8.08％）、房地产业（7.52％）、纺织服装鞋帽皮革羽绒及其制品业（6.74％）。可见,2007 年,江苏消费支出的主要领域是食品制造及烟草加工业、公共管理和社会组织、农林牧渔业、教育、批发和零售业、卫生社会保障和社会福利业、房地产业,其中食品制造及烟草加工业、农林牧渔业、批发和零售业、房地产业是居民消费的主要领域,公共管理和社会组织、教育、卫生社会保障和社会福利业是政府消费的主要领域。同时,居民服务和其他服务业、纺织服装鞋帽皮革羽绒及其制品业、住宿和餐饮业也是居民消费的重要领域,租赁和商务服务业、交通运输及仓储业也是政府消费的重要领域。在居民消费领域,农林牧渔业、食品制造及烟草加工业、房地产业、批发和零售业在城乡居民消费中均占有重要位置。城乡消费差别在于农村居民消费在以上领域外还包括教育、住宿和餐饮业,城镇居民消费在以上领域外还包括居民服务和其他服务业、纺织服装鞋帽皮革羽绒及其制品业。

表32   2007年江苏42产业部门最终使用结构系数情况

%

序号	最终使用										
	最终消费支出					资本形成总额			省外流出		合计
	居民消费			政府消费	合计	固定资本形成	存货增加	合计	出口	国内省外流出	
	农村居民	城镇居民	小计								
01	21.86	9.98	13.35	1.18	9.59	0.62	0.28	0.60	0.16	2.62	2.95
02	0.35	0.09	0.16	0.00	0.11	0.00	0.71	0.04	0.00	0.02	0.04
03	0.00	0.00	0.00	0.00	0.00	0.00	0.11	0.01	0.00	0.02	0.01
04	0.00	0.00	0.00	0.00	0.00	0.00	0.30	0.02	0.00	0.08	0.03
05	0.00	0.00	0.00	0.00	0.00	0.00	0.11	0.01	0.00	0.27	0.07
06	17.73	14.96	15.75	0.00	10.88	0.00	5.23	0.33	0.37	2.83	3.28
07	0.75	0.37	0.48	0.00	0.33	0.00	6.79	0.43	10.39	7.37	4.96
08	4.09	6.74	5.99	0.00	4.14	0.00	2.39	0.15	10.66	0.01	3.89
09	0.41	0.60	0.55	0.00	0.38	0.16	1.24	0.22	2.82	0.45	1.03
10	0.28	0.51	0.44	0.00	0.31	0.00	1.92	0.12	2.27	2.46	1.36
11	0.36	0.95	0.78	0.00	0.54	0.00	−3.04	−0.19	0.16	0.00	0.12
12	2.47	2.52	2.50	0.00	1.73	0.00	31.74	1.99	3.72	19.70	6.98
13	0.20	0.33	0.30	0.00	0.20	0.00	1.20	0.07	0.38	1.61	0.58
14	0.00	0.00	0.00	0.00	0.00	0.00	14.17	0.89	6.49	9.81	4.55

序号	最终使用										
	最终消费支出					资本形成总额			省外流出		合计
	居民消费			政府消费	合计	固定资本形成	存货增加	合计	出口	国内省外流出	
	农村居民	城镇居民	小计								
15	0.28	0.49	0.43	0.00	0.30	7.94	3.08	7.63	2.16	0.45	2.67
16	0.02	0.09	0.07	0.00	0.05	19.29	6.13	18.46	1.20	9.68	7.41
17	2.05	2.42	2.32	0.00	1.60	6.29	10.88	6.58	2.80	1.35	3.10
18	1.71	2.17	2.04	0.00	1.41	5.55	5.78	5.56	5.43	12.75	6.48
19	1.76	2.17	2.06	0.00	1.42	6.50	5.09	6.41	47.36	20.67	20.36
20	0.25	0.17	0.19	0.00	0.13	1.87	1.05	1.82	1.67	1.19	1.25
21	0.75	1.13	1.03	0.00	0.71	0.02	0.22	0.03	0.11	0.00	0.19
22	0.00	0.00	0.00	0.00	0.00	0.00	0.00	0.00	0.00	0.22	0.06
23	3.02	1.47	1.91	0.00	1.32	0.00	0.00	0.00	0.00	0.60	0.44
24	0.19	0.44	0.37	0.00	0.25	0.00	0.12	0.01	0.00	0.08	0.08
25	0.21	0.39	0.34	0.00	0.23	0.00	0.00	0.00	0.00	0.00	0.05
26	0.00	1.35	0.97	0.00	0.67	37.75	0.00	35.39	0.37	2.67	9.69
27	2.25	1.86	1.97	5.85	3.17	0.23	0.69	0.26	0.74	0.68	1.13
28	0.03	0.06	0.05	0.00	0.04	0.00	0.00	0.00	0.02	0.00	0.01
29	2.39	2.80	2.68	0.00	1.85	1.14	0.00	1.07	0.25	0.28	0.81
30	8.30	11.25	10.41	0.00	7.19	4.87	3.79	4.80	0.02	0.75	2.95
31	5.22	4.93	5.01	0.00	3.46	0.00	0.00	0.00	0.00	0.03	0.76
32	2.85	4.36	3.93	2.06	3.35	0.00	0.00	0.00	0.13	0.03	0.77
33	9.13	7.52	7.98	0.00	5.51	7.44	0.00	6.97	0.00	0.01	2.93
34	0.37	1.64	1.28	6.80	2.99	0.00	0.00	0.00	0.31	0.22	0.79
35	0.00	0.00	0.00	2.41	0.75	0.00	0.00	0.00	0.02	0.00	0.17
36	0.00	0.00	0.00	2.92	0.90	0.35	0.00	0.32	0.00	0.00	0.28
37	0.11	0.30	0.24	4.42	1.54	0.00	0.00	0.00	0.00	0.42	0.44
38	2.64	8.08	6.54	0.00	4.51	0.00	0.00	0.00	0.00	0.18	1.03

序号	最终使用										
	最终消费支出					资本形成总额			省外流出		合计
	居民消费			政府消费	合计	固定资本形成	存货增加	合计	出口	国内省外流出	
	农村居民	城镇居民	小计								
39	5.94	4.08	4.61	19.20	9.12	0.00	0.00	0.00	0.00	0.00	1.98
40	1.48	2.66	2.32	16.66	6.76	0.00	0.00	0.00	0.00	0.01	1.47
41	0.54	1.12	0.95	3.47	1.73	0.00	0.00	0.00	0.00	0.48	0.50
42	0.00	0.00	0.00	35.02	10.83	0.00	0.00	0.00	0.00	0.00	2.36
TIU	100.00	100.00	100.00	100.00	100.00	100.00	100.00	100.00	100.00	100.00	100.00

从资本形成总额来看,资本形成总额占 42 个部门资本形成总额合计的比重超过 5％的产业部门从高到低依次是建筑业(35.39％)、通用专用设备制造业(18.46％)、金属制品业(7.63％)、房地产业(6.97％)、交通运输设备制造业(6.58％)、通信设备计算机及其他电子设备制造业(6.41％)、电气机械及器材制造业(5.56％)。其中,固定资本形成占 42 个部门固定资本形成合计的比重超过 5％的产业部门从高到低依次是建筑业(37.75％)、通用专用设备制造业(19.29％)、金属制品业(7.94％)、房地产业(7.44％)、通信设备计算机及其他电子设备制造业(6.50％)、交通运输设备制造业(6.29％)、电气机械及器材制造业(5.55％);存货增加占 42 个部门存货增加合计的比重超过 5％的产业部门从高到低依次是化学工业(31.74％)、金属冶炼及压延加工业(14.17％)、交通运输设备制造业(10.88％)、纺织业(6.79％)、通用专用设备制造业(6.13％)、电气机械及器材制造业(5.78％)、食品制造及烟草加工业(5.23％)、通信设备计算机及其他电子设备制造业(5.09％)。

从省外流出来看,出口占 42 个部门出口合计的比重超过 5％的产业部门从高到低依次是通信设备计算机及其他电子设备制造业(47.36％)、纺织服装鞋帽皮革羽绒及其制品业(10.66％)、纺织业(10.39％)、金属冶炼及压延加工业(6.49％)、电气机械及器材制造业(5.43％);国内省外流出占 42 个部门国内省外流出合计的比重超过 5％的产业部门从高到低依次是通信设备计算机及其他电子设备制造业(20.67％)、化学工业(19.70％)、电气机械及器材制造业(12.75％)、金属冶炼及压延加工业(9.81％)、通用专用设备制造业(9.68％)、纺织业(7.37％)。可见,通信设备计算机及其他电子设备制造业、纺织服装鞋帽皮革羽绒及其制品业、纺织业、金属冶炼及压延加工业、电气机械及器材制造业、化学工业、通用专用设备制造业的产业外向度较高,产品出口或向省外流出量较大。其中,通信设备计算机及其他电子设备制造业、纺织业、金属冶炼及压延加工业、电气机械及器材制造业不仅出口量较大,国内省外流出量也较大,外向型特征更加显著;纺织服装鞋帽皮革羽绒及其制品业出口量较大;化学工业、通用专用设备制造业国内省外流出量较大。

三、2002 年江苏最终使用产品结构系数分析

2002 年江苏 42 产业部门最终使用结构系数情况见表 33。根据 2002 年"江苏投入产出表",序号指代的产业部门分别为:01 农林牧渔业,02 煤炭开采和洗选业,03 石油和天然气开采业,04 金属矿采选业,05 非金属矿采选业,06 食品制造及烟草加工业,07 纺织业,08 服装皮革羽绒及其制品业,09 木材加工及家具制造业,10 造纸印刷及文教用品制造业,11 石油加工炼焦及核燃料加工业,12 化学工业,13 非金属矿物制品业,14 金属冶炼及压延加工业,15 金属制品业,16 通用专用设备制造业,17 交通运输设备制造业,18 电气机械及器材制造业,19 通信设备计算机及其他电子设备制造业,20 仪器仪表及文化办公用机械制造业,21 其他制造业,22 废品废料,23 电力热力的生产和供应业,24 燃气生产和供应业,25 水的生产和供应业,26 建筑业,27 交通运输及仓储业,28 邮政业,29 信息传输计算机服务和软件业,30 批发和零售贸易业,31 住宿和餐饮业,32 金融保险业,33 房地产业,34 租赁和商务服务业,35 旅游业,36 科学研究事业,37 综合技术服务业,38 其他社会服务业,39 教育事业,40 卫生社会保障和社会福利业,41 文化体育和娱乐业,42 公共管理和社会组织;TIU(合计)。

表 33　2002 年江苏 42 产业部门最终使用结构系数情况

%

序号	最终使用										
	最终消费支出					资本形成总额			省外流出		合计
	居民消费			政府消费	合计	固定资本形成	存货增加	合计	出口	国内省外流出	
	农村居民	城镇居民	小计								
01	14.62	10.66	12.37	2.73	9.71	2.16	4.95	2.58	0.74	0.73	3.97
02	0.20	0.19	0.19	0.00	0.14	0.00	0.03	0.00	0.05	0.04	0.06
03	0.00	0.00	0.00	0.00	0.00	0.00	0.03	0.00	0.00	0.10	0.02

序号	最终使用										
	最终消费支出					资本形成总额			省外流出		合计
	居民消费			政府消费	合计	固定资本形成	存货增加	合计	出口	国内省外流出	
	农村居民	城镇居民	小计								
04	0.00	0.00	0.00	0.00	0.00	0.00	0.86	0.13	0.00	0.06	0.05
05	0.00	0.00	0.00	0.00	0.00	0.00	0.13	0.02	0.03	0.09	0.03
06	15.02	18.83	17.18	0.00	12.44	0.00	18.03	2.71	0.64	4.92	5.66
07	0.35	1.06	0.75	0.00	0.54	0.00	28.99	4.36	12.42	5.42	5.07
08	3.85	5.83	4.98	0.00	3.60	0.00	−4.63	−0.70	23.14	6.30	6.86
09	1.28	1.40	1.35	0.00	0.98	0.42	1.28	0.55	2.12	0.31	0.95
10	0.66	1.67	1.23	0.00	0.89	0.00	3.73	0.56	2.81	2.48	1.51
11	0.31	0.17	0.23	0.00	0.17	0.00	0.46	0.07	0.18	3.23	0.77
12	0.71	4.92	3.10	0.00	2.24	0.00	8.19	1.23	3.51	15.49	4.91
13	4.83	2.38	3.44	0.00	2.49	0.00	0.77	0.11	0.73	0.92	1.12
14	0.00	0.00	0.00	0.00	0.00	0.00	1.44	0.22	1.19	6.28	1.59
15	1.01	0.00	0.44	0.00	0.32	2.44	16.68	4.58	2.31	2.32	2.38
16	2.48	0.21	1.19	0.00	0.86	22.00	1.17	18.87	1.39	6.81	7.46
17	1.69	0.82	1.20	0.00	0.87	0.99	10.07	2.36	4.63	7.15	3.35
18	1.21	2.18	1.76	0.00	1.27	2.25	11.80	3.69	4.80	7.36	3.94
19	2.03	2.79	2.46	0.00	1.78	5.66	1.71	5.06	37.47	16.00	12.89
20	0.10	0.09	0.09	0.00	0.07	1.01	0.34	0.91	0.67	0.59	0.54
21	1.25	1.04	1.13	0.00	0.82	0.00	1.45	0.22	0.44	0.55	0.51
22	0.00	0.00	0.00	0.00	0.00	0.00	−0.23	−0.03	0.00	1.20	0.23
23	1.34	2.40	1.94	0.00	1.41	0.00	0.00	0.00	0.00	0.01	0.42
24	0.62	1.33	1.02	0.00	0.74	0.00	−0.41	−0.06	0.00	0.00	0.20
25	0.35	0.57	0.47	0.00	0.34	0.00	0.00	0.00	0.00	0.00	0.10
26	6.85	0.60	3.30	0.00	2.39	57.26	0.07	48.67	0.19	4.83	16.00
27	1.17	1.38	1.29	0.00	0.93	0.00	0.00	0.00	0.29	1.65	0.67

序号	最终使用										
	最终消费支出					资本形成总额			省外流出		合计
	居民消费			政府消费	合计	固定资本形成	存货增加	合计	出口	国内省外流出	
	农村居民	城镇居民	小计								
28	0.24	0.04	0.13	0.00	0.09	0.00	−0.01	0.00	0.01	0.00	0.03
29	1.98	2.87	2.49	0.00	1.80	0.00	−0.07	−0.01	0.07	1.53	0.86
30	3.22	3.01	3.10	0.00	2.25	0.00	0.08	0.01	0.00	0.08	0.69
31	4.53	5.67	5.18	0.00	3.75	0.00	1.73	0.26	0.04	1.08	1.43
32	0.43	0.27	0.34	0.00	0.25	0.00	0.00	0.00	0.07	0.66	0.22
33	13.25	13.45	13.36	0.00	9.68	5.68	−8.64	3.53	0.01	0.03	3.94
34	0.30	0.36	0.33	0.00	0.24	0.00	0.00	0.00	0.01	0.54	0.18
35	0.00	0.70	0.40	0.00	0.29	0.00	0.00	0.00	0.02	0.07	0.10
36	0.00	0.00	0.00	0.85	0.24	0.09	0.00	0.08	0.00	0.16	0.13
37	0.33	0.00	0.14	2.37	0.76	0.04	0.00	0.03	0.00	0.38	0.31
38	2.68	1.99	2.29	9.74	4.34	0.00	0.00	0.00	0.01	0.26	1.36
39	8.44	5.64	6.85	23.83	11.53	0.00	0.00	0.00	0.00	0.02	3.46
40	2.61	2.85	2.75	18.37	7.06	0.00	0.00	0.00	0.00	0.00	2.12
41	0.07	2.56	1.48	3.40	2.01	0.00	0.00	0.00	0.03	0.66	0.74
42	0.00	0.07	0.04	38.71	10.71	0.00	0.00	0.00	0.00	0.00	3.21
TIU	100.00	100.00	100.00	100.00	100.00	100.00	100.00	100.00	100.00	100.00	100.00

2002年,江苏最终使用占42个部门最终使用合计的比重超过5％的产业部门从高到低依次是建筑业(16％)、通信设备计算机及其他电子设备制造业(12.89％)、通用专用设备制造业(7.46％)、服装皮革羽绒及其制品业(6.86％)、食品制造及烟草加工业(5.66％)、纺织业(5.07％)。

从最终消费支出来看,最终消费支出占42个部门最终消费支出合计的比重超过5％的产业部门从高到低依次是食品制造及烟草加工业(12.44％)、教育事业(11.53％)、公共管理和社会组织(10.71％)、农林牧渔业(9.71％)、房地产业(9.68％)、卫生社会保障和社会福利业(7.06％)。其中,居民消费支出占42个部门居民消费支出合计的比重超过5％的产业部门从高到低依次是食品制造及烟草加工业(17.18％)、房地产业(13.36％)、农林牧渔业(12.37％)、教育事业(6.85％)、住宿和餐饮业(5.18％);政府消费支出占42个部门政府消费支出合计的比重超过5％的产业部门从高到低依次是公共管理和社会组织(38.71％)、教育事业(23.83％)、卫生社会保障和社会福利业(18.37％)、其他社会服务业(9.74％)。居民消费支出中,农村居民消费支出占42个部门农村居民消费支出合计的比重超过5％的产业部门从高到低依次是食品制造及烟草加工业(15.02％)、农林牧渔业(14.62％)、房地产业(13.25％)、教育事业(8.44％)、建筑业(6.85％);城镇居民消费支出占42个部门城镇居民消费支出合计的比重超过5％的产业部门从高到低依次是食品制造及烟草加工业(18.83％)、房地产业(13.45％)、农林牧渔业(10.66％)、服装皮革羽绒及其制品业(5.83％)、住宿和餐饮业(5.67％)、教育事业(5.64％)。可见,2002年,江苏消费支出的主要领域是食品制造及烟草加工业、教育事业、公共管理和社会组织、农林牧渔业、房地产业、卫生社会保障和社会福利业,其中食品制造及烟草加工业、房地产业、农林牧渔业、教育事业是居民消费的主要领域,公共管理和社会组织、教育事业、卫生社会保障和社会福利业是政府消费的主要领域。同时,住宿和餐饮业也是居民消费的重要领域,其他社会服务业也是政府消费的重要领域。在居民消费领域,食品制造及烟草加工业、农林牧渔业、房地产业、教育事业在城乡居民消费中均占有重要位置。城乡消费差别在于农村居民消费在以上领域外还包括建筑业,城镇居民消费在以上领域外还包括服装皮革羽绒及其制品业、住宿和餐饮业。

从资本形成总额来看,资本形成总额占42个部门资本形成总额合计的比重超过5％的产业部门从高到低依次是建筑业(48.67％)、通用专用设备制造业(18.87％)、通信设备计算机及其他电子设备制造业(5.06％)。其中,固定资本形成占42个部门固定资本形成合计的比重超过5％的产业部门从高到低依次是建筑业(57.26％)、通用专用设备制造业(22％)、房地产业(5.68％)、通信设备计算机及其他电子设备制造业(5.66％);存货增加占42个部门存货增加合计的比重超过5％的产业部门从高到低依次是纺织业(28.99％)、食品制造及烟草加工业(18.03％)、金属制品业(16.68％)、电气机械及器材制造业(11.80％)、交通运输设备制造业(10.07％)、化学工业(8.19％)。

从省外流出来看,出口占42个部门出口合计的比重超过5％的产业部门从高到低依次是通信设备计算机及其他电子设备制造业(37.47％)、服装皮革羽绒及其制品业(23.14％)、纺织业(12.42％);国内省外流出占42个部门国内省外流出合计的比重超过5％的产业部门从高到低依次是通信设备计算机及其他电子设备制造业(16%)、化学工业(15.49%)、电气机械及器材制造业(7.36%)、交通运输设备制造业(7.15%)、通用专用设备制造业(6.81%)、服装皮革羽绒及其制品业(6.30%)、金属冶炼及压延加工业(6.28%)、纺织业(5.42%)。可见,通信设备计算机及其他电子设备制造业、化学工业、电气机械及器材制造业、交通运输设备制造业、通用专用设备制造业、服装皮革羽绒及其制品业、金属冶炼及压延加工业、纺织业的产业外向度较高,产品出口或向省外流出量较大。其中,通信设备计算机及其他电子设备制造业、服装皮革羽绒及其制品业、纺织业不仅出口量较大,国内省外流出量也较大,外向型特征更加显著;化学工业、电气机械及器材制造业、交通运输设备制造业、通用专用设备制造业、金属冶炼及压延加工业国内省外流出量较大。

综合来看,2002 年最终使用占 42 个部门最终使用合计的比重超过 5%的产业部门有 6 个,均属第二产业;2007 年、2012 年每年均有 5 个,均属第二产业。建筑、通信设备计算机和其他电子设备在 3 个年份中均是排名前两位的产业部门,两个产业部门最终使用占 42 个部门最终使用合计的比重均在 25%以上,最高超过 30%,可见对最终需求的影响巨大。同时,电气机械和器材、化学产品、交通运输设备、通用设备、专用设备对最终需求的影响也较大。服装皮革羽绒及其制品业、食品制造及烟草加工业、纺织业自 2007 年以来对最终需求的影响趋弱。从不同时间节点产业部门的更迭来看,江苏建筑、通信设备计算机和其他电子设备两个产业部门在最终需求中的主导地位稳固;从服装皮革羽绒及其制品业、食品制造及烟草加工业、纺织业向电气机械和器材、化学产品、交通运输设备、通用设备、专用设备转化,体现了最终需求结构的优化升级。

从最终消费支出来看,2002 年最终消费支出占 42 个部门最终消费支出合计的比重超过 5%的产业部门有 6 个,其中,第一产业 1 个、第二产业 1 个、第三产业 4 个;2007 年最终消费支出占 42 个部门最终消费支出合计的比重超过 5%的产业部门有 7 个,其中,第一产业 1 个、第二产业 1 个、第三产业 5 个;2012 年最终消费支出占 42 个部门最终消费支出合计的比重超过 5%的产业部门有 6 个,其中,第二产业 1 个、第三产业 5 个。公共管理社会保障和社会组织、食品和烟草、教育、卫生和社会服务在 3 个年份中均是最终消费的主要领域;农林牧渔产品和服务、房地产在最终消费支出中的占比降低,对最终消费支出的影响力下降;批发和零售、金融在最终消费支出中的占比上升,对最终消费支出的影响力提升。

从居民消费支出来看,2002 年居民消费支出占 42 个部门居民消费支出合计的比重超过 5％的产业部门有 5 个,其中,第一产业 1 个、第二产业 1 个、第三产业 3 个;2007 年居民消费支出占 42 个部门居民消费支出合计的比重超过 5％的产业部门有 7 个,其中,第一产业 1 个、第二产业 2 个、第三产业 4 个;2012 年居民消费支出占 42 个部门居民消费支出合计的比重超过 5％的产业部门有 7 个,其中,第一产业 1 个、第二产业 3 个、第三产业 3 个。食品和烟草、房地产、农林牧渔产品和服务在 3 个年份中均是居民消费的主要领域,但在 42 个部门居民消费支出合计中的占比均呈下降趋势;批发和零售、金融、交通运输设备的占比迅速上升,成为新兴领域;教育、住宿和餐饮的占比下降,现已成为居民消费的非重点领域;纺织服装鞋帽皮革羽绒及其制品是满足居民生活的重要产业,在居民消费中影响较大。从农村居民消费支出情况来看,食品和烟草、房地产、农林牧渔产品和服务在 2002 年、2007 年和 2012 年中均是农村居民消费支出的主要产业部门;建筑、教育、住宿和餐饮的占比呈下降趋势,已成为农村居民消费的非重点领域;金融、批发和零售、石油炼焦产品和核燃料加工品、纺织服装鞋帽皮革羽绒及其制品的占比迅速上升,成为农村居民消费的新重点领域。从城镇居民消费支出的情况来看,食品和烟草、房地产、纺织服装鞋帽皮革羽绒及其制品在 2002 年、2007 年和 2012 年中均是城镇居民消费支出的主要产业部门;农林牧渔产品和服务、住宿和餐饮、教育逐渐成为城镇居民消费的非重点领域;批发和零售、金融、交通运输设备、居民服务修理和其他服务逐渐成为城镇居民消费的新重点领域。

从政府消费支出来看,2002 年政府消费支出占 42 个部门政府消费支出合计的比重超过 5％的产业部门有 4 个,均属第三产业;2007 年政府消费支出占 42 个部门政府消费支出合计的比重超过 5％的产业部门有 5 个,均属第三产业;2012 年政府消费支出占 42 个部门政府消费支出合计的比重超过 5％的产业部门有 6 个,均属第三产业。公共管理社会保障和社会组织、教育、卫生和社会服务在 3 个年份中均是政府消费的主要领域,2002 年 3 个产业部门政府消费合计占 42 个部门政府消费支出合计的比重超过 80％,虽然之后不断下降,但 2012 年仍高达 63.51％。其中,公共管理社会保障和社会组织在 42 个部门政府消费支出合计中的占比始终最大,2002 年占比高达 38.71％,2007 年占比 35.02％,2012 年也保持在 32％以上;教育始终是占比第二大的产业部门,2002 年、2007 年、2012 年分别为 23.83％、19.20％、16.80％;卫生和社会服务始终是占比第三大的产业部门,2002 年、2007 年、2012 年分别为 18.37％、16.66％、14.60％。科学研究和技术服务占比迅速上升,2012 年已经达到 14.24％,仅次于卫生和社会服务;其他社会服务业、租赁和商务服务业的占比下降,2012年已经低于5%;交通运输仓储和邮政、水利环境和公共设施管理逐渐成为政府消费的新重点领域。

从资本形成总额来看,2002年资本形成总额占42个部门资本形成总额合计的比重超过5%的产业部门有3个,均属第二产业;2007年资本形成总额占42个部门资本形成总额合计的比重超过5%的产业部门有7个,其中6个属第二产业、1个属第三产业;2012年资本形成总额占42个部门资本形成总额合计的比重超过5%的产业部门有6个,其中5个属第二产业、1个属第三产业。建筑、通用专用设备(2012年分为两个产业部门,为便于纵向比较,2012年对两个产业部门进行合并计算)、通信设备计算机和其他电子设备在3个年份中均是资本形成总额较大的产业部门。其中,建筑资本形成总额占42个部门资本形成总额合计的比重在2002年、2007年和2012年中均为最高,2002年接近50%,虽然之后持续下降,但2012年仍高达31.53%;通用专用设备资本形成总额的占比在2002年和2007年均较高,超过18%,2012年下降到9.03%;通信设备计算机和其他电子设备资本形成总额的占比变动幅度较小,保持在5%~6.5%。2007年,建筑资本形成总额占比大幅下降,而金属制品、房地产、交通运输设备、电气机械和器材资本形成总额的占比上升,成为资本集聚的主要产业部门;2012年,化学产品也成为资本集聚的主要产业部门,并随着通用专用设备资本形成总额的占比下降,其资本形成总额的占比仅次于建筑,居第二位,占比达到10.01%。纵向比较可见,资本形成总额发生了较大变化,从集中走向相对分散。2002年,资本形成总额主要集中在建筑等3个产业,该3个产业资本形成总额的占比之和超过70%,其中建筑更是集聚了48.67%的资本形成总额;2007年起,资本形成总额较大的产业部门增加,产业部门之间的差距缩小,建筑资本形成总额的占比不断下降,2012年与2002年相比下降了17.14个百分点,2012年通用专用设备资本形成总额的占比下降到之前约50%的水平。

从固定资本形成来看,2002年固定资本形成占42个部门固定资本形成合计的比重超过5%的产业部门有4个,其中3个属第二产业、1个属第三产业;2007年固定资本形成占42个部门固定资本形成合计的比重超过5%的产业部门有7个,其中6个属第二产业、1个属第三产业;2012年固定资本形成占42个部门固定资本形成合计的比重超过5%的产业部门有6个,其中5个属第二产业、1个属第三产业。建筑、通用专用设备(2012年分为两个产业部门,为便于纵向比较,2012年对两个产业部门进行合并计算)、房地产、通信设备计算机和其他电子设备在3个年份中均是固定资本形成较大的产业部门。

其中,建筑固定资本形成占 42 个部门固定资本形成合计的比重在 2002 年、2007 年和 2012 年中均为最高,2002 年超过 57%,之后持续下降,但 2012 年仍高达 32.55%;通用专用设备固定资本形成的占比在 2002 年达到 22%,2007 年下降到 19.29%,2012 年进一步下降到 9.03%;房地产固定资本形成的占比不断上升,但幅度较小,从 2002 年 5.68% 上升到 2012 年 7.59%;通信设备计算机和其他电子设备固定资本形成占比变动幅度较小,保持在 5%~6.5%。2007 年,建筑固定资本形成的占比大幅下降,而金属制品、交通运输设备、电气机械和器材固定资本形成的占比上升;2012 年,化学产品固定资本形成的占比仅次于建筑,居第二位,占比达到 9.53%。纵向比较可见,2002 年,固定资本形成主要集中在建筑等 4 个产业,该 4 个产业固定资本形成的占比之和超过 90%,其中建筑、通用专用设备分别集聚了 57.26% 和 22% 的固定资本形成;2007 年起,建筑、通用专用设备固定资本形成的占比开始大幅下降,其他固定资本形成的占比较大的产业部门相继出现,产业部门之间的差距缩小。

从存货增加来看,2002 年存货增加占 42 个部门存货增加合计的比重超过 5% 的产业部门有 6 个,均属第二产业;2007 年存货增加占 42 个部门存货增加合计的比重超过 5% 的产业部门有 8 个,均属第二产业;2012 年存货增加占 42 个部门存货增加合计的比重超过 5% 的产业部门有 9 个,其中 6 个属第二产业、3 个属第三产业。化学产品、食品和烟草、电气机械和器材、纺织品在 3 个年份中均是存货增加较大的产业部门。其中,化学产品存货增加占比在 2002 年仅为 8.19%,到 2007 年上升到 31.74%,2012 年有所下降但仍超过 24%;食品和烟草存货增加的占比在 2002 年超过 18%,2007 年下降到略高于 5% 的水平,2012 年提高到 10% 以上;电气机械和器材存货增加的占比变动趋势与食品和烟草相似,2012 年达到 10.63%;纺织品存货增加的占比在 2002 年接近 30%,2007 年下降到低于 7% 的水平,2012 年达到 9.30%。存货增加的占比变动最明显的产业是租赁和商务,2012 年超过 29%,在 42 个产业部门中位居第一位。存货增加的原因很多,有产品滞销造成的存货增加,也有产业规模扩张引起的对存货需求的增长,因此不能一概而论。如果市场行情不好,产品滞销,这种存货增加是对经济资源的浪费;而产业规模扩大引起的存货增加有利于产业长期发展。

从出口来看,2002 年出口占 42 个部门出口合计的比重超过 5% 的产业部门有 3 个,均属第二产业;2007 年出口占 42 个部门出口合计的比重超过 5% 的产业部门有 5 个,均属第二产业;2012 年出口占 42 个部门出口合计的比重超过 5％的产业部门有 7 个,均属第二产业。通信设备计算机和其他电子设备、纺织服装鞋帽皮革羽绒及其制品、纺织品一直是江苏出口最具优势的产业部门,对江苏外向型经济发展形成最强有力的支撑。其中,通信设备计算机和其他电子设备的出口优势最为显著,2002 年出口占比超过 37％,2007 年超过 47％,2012 年有所下降,但仍超过 34％;纺织服装鞋帽皮革羽绒及其制品的出口占比在 2002 年超过 23％,2007 年降到 11％以下,2012 年降到 9％以下;纺织品的出口占比也不断下降,从 2002 年的 12.42％降到 2012 年的 5.55％。一直以来,江苏外向型经济优势主要集中于电子设备(通信设备计算机和其他电子设备)和纺织相关产业(纺织服装鞋帽皮革羽绒及其制品、纺织品),其中电子设备的出口优势最大,并且其发展态势仍然较强劲,可以预见在未来一定时期内仍将是对江苏出口拉动较大的产业;纺织相关产业优势下降;电气机械和器材、化学产品、通用设备、交通运输设备逐渐成为江苏出口的重要产业部门。可见,江苏外向型经济正处于转换期,可以说优势和劣势同时存在。优势是电子设备等传统出口优势产业依然发展强劲,能够继续带动出口增长。劣势是纺织相关产业的出口优势迅速下降,但尚未出现新的替代产业,电气机械和器材、化学产品、通用设备、交通运输设备还不足以成为江苏出口和外向型经济发展的新支撑点。

从国内省外流出来看,2002 年国内省外流出占 42 个部门国内省外流出合计的比重超过 5％的产业部门有 8 个,均属第二产业;2007 年国内省外流出占 42 个部门国内省外流出合计的比重超过 5％的产业部门有 6 个,均属第二产业;2012 年国内省外流出占 42 个部门国内省外流出合计的比重超过 5％的产业部门有 8 个,均属第二产业。电气机械和器材、通信设备计算机和其他电子设备、化学产品、通用专用设备(2012 年分为两个产业部门,为便于纵向比较,2012 年对两个产业部门进行合并计算)一直是江苏国内省外流出较大的产业部门。其中,电气机械和器材国内省外流出的占比不断上升,从 2002 年的 7.36％升至 2007 年的 12.75％,进一步升至 2012 年的 13.50％;通信设备计算机和其他电子设备国内省外流出的占比从 2002 年的 16％升至 2007 年的 20％以上,但 2012 年降至略高于 12％的水平;化学产品国内省外流出的占比从 2002 年的 15.49％升至 2007 年的 19.70％,2012 年降至不足 9％;通用专用设备国内省外流出的占比不断上升,但增幅有限,2012 年占比达到 10.93％。除此之外,建筑、交通运输设备、仪器仪表逐渐成为江苏国内省外流出较大的产业部门,其中,建筑在 2012 年成为江苏国内省外流出最大的产业部门,占比接近 20％;纺织服装鞋帽皮革羽绒及其制品、纺织品、金属冶炼和压延加工品国内省外流出的占比不断下降,逐渐成为江苏国内省外流出的非主要产业部门。

江苏是外向型经济大省,外需(包括国外和国内省外两方面)对其经济发展的贡献巨大。综合出口和国内省外流出两方面来看,通信设备计算机和其他电子设备、纺织服装鞋帽皮革羽绒及其制品、纺织品、电气机械和器材、化学产品、通用专用设备是对江苏省外流出贡献较大的产业部门,可以说是支撑江苏外向型经济发展的主要产业部门。这些产业部门在支撑外向型经济发展中的具体作用并不完全相同,而是各有偏重,体现了产业之间的分工与合作。例如,通信设备计算机和其他电子设备在出口方面具有绝对优势,占比超过 1/3 以上,但同时其国内省外流出的贡献也非常突出,可以说是在出口和国内省外流出两方面"双强型"的产业;纺织服装鞋帽皮革羽绒及其制品、纺织品虽然在有些年份中对国内省外流出的贡献也较大,但综合来看,其对江苏外向型经济发展的主要贡献还是体现在出口方面,其产品主要流向国外,出口能力和优势显著;电气机械和器材、化学产品、通用专用设备对江苏外向型经济发展的贡献主要体现在国内省外流出方面,但是近年来这些产业对出口的贡献也在逐渐增大。同时,江苏建筑对国内省外流出的贡献迅速增大。可见,江苏外向型经济优势尚存,但面临调整与转换的风险。电子设备是江苏外向型经济占据核心地位的优势产业,目前发展趋势依然较为强劲。一方面,这能够给江苏外向型经济调整及整个经济系统的供给侧结构性改革带来缓冲,面临经济新常态下发展动力、体制机制等各种转换,不至于产生外向型经济下行过快,甚至崩塌式发展的恶性问题;另一方面,也必须重视产业下行的端倪,随着外向型经济结构性调整与改革,拉动外向型经济发展的新旧动力必将发生转换,电子设备等传统优势产业也将被新兴产业替代,这是产业发展的必然规律,因此从中长期发展来看必须未雨绸缪。同时,江苏纺织服装等产业对外向型经济发展的贡献趋于下降,而支撑外向型经济发展的新产业尚在发展过程中,仍不能对纺织服装等产业形成全面替代,短期内支撑不起整个外向型经济发展。建筑等产业增长较快,但主要作用在国内,不能支撑出口发展。在这种背景下,一旦传统优势产业加速下行,将对整个外向型经济造成巨大的负面影响,即使有若干优势产业尚存,也可能面临独木难支的局面。

第五章

江苏最初投入结构分析

最初投入位于投入产出基本流量表的第Ⅲ象限,即投入产出表中的增加值,是指常住单位生产过程创造的新增价值和固定资产转移价值之和,其价值量等于总产出扣除中间投入,包括劳动者报酬、生产税净额、固定资产折旧和盈余增加。

其中,劳动者报酬是指劳动者因从事生产活动所获得的全部报酬,主要包括本年在成本费用中列支的工资(薪金)所得、职工福利费、社会保险费、公益金及其他各种费用中含有和列支的个人报酬部分,既包括货币形式的,也包括实物形式的,还包括劳动者所享受的公费医疗和医药卫生费、上下班交通补贴、单位支付的社会保险费、住房公积金等。生产税净额是指生产税减去生产补贴后的差额。生产税是指政府对生产单位从事生产、销售和经营活动及因从事生产活动使用某些生产要素(如固定资产、土地、劳动力)所征收的各种税金、附加费和规费;生产补贴与生产税相反,是指政府对生产单位的单方面转移支付,即可视为负生产税,包括政策性亏损补贴、价格补贴和外贸企业出口退税等。固定资产折旧是指一定时期内为弥补固定资产损耗而按照规定的固定资产折旧率提取的固定资产折旧,或者按照国民经济核算统一规定的折旧率虚拟计算的固定资产折旧,反映固定资产在当期生产中的转移价值。各类企业和企业化管理的事业单位的固定资产折旧是指实际计提的折旧费;不计提折旧的政府机关、非企业化管理的事业单位和居民住房的固定资产折旧是按照统一规定的折旧率和固定资产原值计算的虚拟折旧。原则上,固定资产折旧应按固定资产当期的重置价值计算,但由于对全社会固定资产重新估价具有一定难度,也没有官方数据支持,所以暂时只能采用上述办法。盈余增加是指常住单位创造的增加值扣除劳动者报酬、生产税净额和固定资产折旧后的余额,相当于企业本年的营业利润加生产补贴,但要扣除从利润中开支的工资和福利等。

第一节　最初投入总量分析

一、2012 年江苏最初投入总量分析

2012 年江苏 42 个产业部门的最初投入情况见表 34。根据 2012 年"江苏投入产出表",表中序号指代的产业部门分别为:01 农林牧渔产品和服务,02 煤炭采选产品,03 石油和天然气开采产品,04 金属矿采选产品,05 非金属矿和其他矿采选产品,06 食品和烟草,07 纺织品,08 纺织服装鞋帽皮革羽绒及其制品,09 木材加工品和家具,10 造纸印刷和文教体育用品,11 石油炼焦

产品和核燃料加工品,12 化学产品,13 非金属矿物制品,14 金属冶炼和压延加工品,15 金属制品,16 通用设备,17 专用设备,18 交通运输设备,19 电气机械和器材,20 通信设备计算机和其他电子设备,21 仪器仪表,22 其他制造产品,23 废品废料,24 金属制品机械和设备修理服务,25 电力热力的生产和供应,26 燃气生产和供应,27 水的生产和供应,28 建筑,29 批发和零售,30 交通运输仓储和邮政,31 住宿和餐饮,32 信息传输软件和信息技术服务,33 金融,34 房地产,35 租赁和商务服务,36 科学研究和技术服务,37 水利环境和公共设施管理,38 居民服务修理和其他服务,39 教育,40 卫生和社会服务,41 文化体育和娱乐,42 公共管理社会保障和社会组织;TVA(合计)。

从表 34 可见,2012 年江苏 42 个产业部门的增加值合计为 59971.52 亿元,其中,劳动者报酬合计为 25410.27 亿元,生产税净额合计为 6298.99 亿元,固定资产折旧合计为 9067.06 亿元,盈余增加合计为 19195.19 亿元。

按增加值合计排序的前十大产业部门从高到低依次是批发和零售(5704.66 亿元)、化学产品(5351.70 亿元)、通信设备计算机和其他电子设备(3616.81 亿元)、农林牧渔产品和服务(3418.29 亿元)、建筑(3219.98 亿元)、金融(3136.51 亿元)、房地产(2992.80 亿元)、电气机械和器材(2796.99 亿元)、金属冶炼和压延加工品(2771.46 亿元)、交通运输仓储和邮政(2310.71 亿元)。

其中,按劳动者报酬排序的前十大产业部门从高到低依次是农林牧渔产品和服务(3368 亿元)、批发和零售(2072.35 亿元)、建筑(1882.28 亿元)、通信设备计算机和其他电子设备(1858.52 亿元)、公共管理社会保障和社会组织(1434.14 亿元)、教育(1233.04 亿元)、化学产品(1202.47 亿元)、交通运输仓储和邮政(1123.96 亿元)、金属冶炼和压延加工品(895.73 亿元)、住宿和餐饮(875.17 亿元)。

按生产税净额排序的前十大产业部门从高到低依次是批发和零售(1744.10 亿元)、化学产品(614.55 亿元)、房地产(583.51 亿元)、食品和烟草(458.59 亿元)、建筑(443.84 亿元)、金融(312.92 亿元)、石油炼焦产品和核燃料加工品(282.83 亿元)、金属冶炼和压延加工品(278.72 亿元)、交通运输仓储和邮政(215.57 亿元)、电气机械和器材(137.25 亿元)。

按固定资产折旧排序的前十大产业部门从高到低依次是房地产(1406.98 亿元)、化学产品(961.76 亿元)、金属冶炼和压延加工品(865.66 亿元)、通信设备计算机和其他电子设备(739.52 亿元)、交通运输仓储和邮政(429.64 亿元)、电力热力的生产和供应(423.11 亿元)、电气机械和器材(407.30 亿元)、交通运输设备(306.85 亿元)、批发和零售(283.96 亿元)、纺织品(265.01

亿元）。

按盈余增加排序的前十大产业部门从高到低依次是化学产品（2572.91亿元）、金融（2116.09 亿元）、批发和零售（1604.25 亿元）、电气机械和器材（1411.18 亿元）、废品废料（1384.77 亿元）、通信设备计算机和其他电子设备（916.46 亿元）、建筑（764.64 亿元）、食品和烟草（750 亿元）、租赁和商务服务（740.12 亿元）、金属冶炼和压延加工品（731.35 亿元）。

表 34 2012 年江苏 42 产业部门增加值总量情况

序号	增加值/亿元					增加值率
	劳动者报酬	生产税净额	固定资产折旧	盈余增加	增加值合计	
01	3368.00	0.00	50.29	0.00	3418.29	0.59332
02	82.00	32.03	15.59	31.51	161.13	0.46734
03	14.40	30.92	28.58	14.93	88.83	0.84301
04	6.25	5.19	0.71	6.18	18.33	0.15749
05	22.27	11.47	9.61	22.78	66.13	0.29192
06	311.68	458.59	159.59	750.00	1679.85	0.30810
07	543.27	65.27	265.01	477.26	1350.81	0.20268
08	568.56	87.19	89.65	230.00	975.41	0.22549
09	108.22	19.56	57.79	191.94	377.52	0.20426
10	260.71	26.86	198.75	157.01	643.33	0.24435
11	85.64	282.83	45.09	63.54	477.10	0.20728
12	1202.47	614.55	961.76	2572.91	5351.70	0.24357
13	218.27	53.16	182.73	405.58	859.75	0.23269
14	895.73	278.72	865.66	731.35	2771.46	0.17910
15	359.10	112.55	239.18	377.57	1088.40	0.22036
16	563.54	84.10	220.83	595.36	1463.82	0.22805
17	414.84	31.22	148.29	471.25	1065.60	0.26202
18	819.02	101.10	306.85	212.66	1439.62	0.16483
19	841.26	137.25	407.30	1411.18	2796.99	0.20761
20	1858.52	102.31	739.52	916.46	3616.81	0.21299

序号	增加值/亿元					增加值率
	劳动者报酬	生产税净额	固定资产折旧	盈余增加	增加值合计	
21	225.68	32.31	97.82	328.71	684.53	0.25271
22	32.25	2.31	5.58	7.89	48.03	0.17761
23	14.60	3.33	5.62	1384.77	1408.32	0.82282
24	2.10	1.60	2.45	2.07	8.22	0.24458
25	252.57	29.63	423.11	403.26	1108.57	0.24103
26	13.09	7.66	6.35	47.26	74.36	0.22975
27	17.72	1.78	24.75	11.94	56.20	0.49246
28	1882.28	443.84	129.22	764.64	3219.98	0.25639
29	2072.35	1744.10	283.96	1604.25	5704.66	0.78574
30	1123.96	215.57	429.64	541.53	2310.71	0.43024
31	875.17	83.27	52.43	34.34	1045.21	0.41980
32	528.08	56.86	208.83	409.97	1203.74	0.54493
33	636.14	312.92	71.36	2116.09	3136.51	0.54873
34	291.68	583.51	1406.98	710.63	2992.80	0.72666
35	614.25	111.97	76.97	740.12	1543.30	0.35197
36	386.48	43.75	107.16	62.03	599.42	0.42361
37	170.00	10.61	35.96	72.75	289.32	0.48945
38	339.87	38.94	170.64	94.48	643.93	0.48794
39	1233.04	5.29	194.53	37.61	1470.48	0.81724
40	552.84	4.07	81.74	83.53	722.18	0.48398
41	168.21	20.04	24.55	64.01	276.81	0.46329
42	1434.14	10.73	234.62	33.84	1713.33	0.68056
TVA	25410.27	6298.99	9067.06	19195.19	59971.52	0.31708

注：增加值率为某产业部门增加值占总投入的比重。

增加值率是指增加值占总投入的比重。从增加值率来看，2012年江苏42个产业部门增加值率的平均水平为0.31708。其中，增加值率高于42个产业部门平均水平的有19个，从高到低依次是石油和天然气开采产品（0.84301）、废品废料(0.82282)、教育(0.81724)、批发和零售(0.78574)、房地产(0.72666)、公共管理社会保障和社会组织(0.68056)、农林牧渔产品和服务(0.59332)、金融(0.54873)、信息传输软件和信息技术服务(0.54493)、水的生产和供应(0.49246)、水利环境和公共设施管理(0.48945)、居民服务修理和其他服务(0.48794)、卫生和社会服务(0.48398)、煤炭采选产品(0.46734)、文化体育和娱乐(0.46329)、交通运输仓储和邮政(0.43024)、科学研究和技术服务(0.42361)、住宿和餐饮(0.41980)、租赁和商务服务(0.35197)。

增加值率低于 42 个产业部门平均水平的有 23 个,从高到低依次是食品和烟草(0.30810)、非金属矿和其他矿采选产品(0.29192)、专用设备(0.26202)、建筑(0.25639)、仪器仪表(0.25271)、金属制品机械和设备修理服务(0.24458)、造纸印刷和文教体育用品(0.24435)、化学产品(0.24357)、电力热力的生产和供应(0.24103)、非金属矿物制品(0.23269)、燃气生产和供应(0.22975)、通用设备(0.22805)、纺织服装鞋帽皮革羽绒及其制品(0.22549)、金属制品(0.22036)、通信设备计算机和其他电子设备(0.21299)、电气机械和器材(0.20761)、石油炼焦产品和核燃料加工品(0.20728)、木材加工品和家具(0.20426)、纺织品(0.20268)、金属冶炼和压延加工品(0.17910)、其他制造产品(0.17761)、交通运输设备(0.16483)、金属矿采选产品(0.15749)。

2012 年江苏 42 产业部门增加值分类构成情况见表 35。根据 2012 年"江苏投入产出表",表中序号指代的产业部门分别为:01 农林牧渔产品和服务,02 煤炭采选产品,03 石油和天然气开采产品,04 金属矿采选产品,05 非金属矿和其他矿采选产品,06 食品和烟草,07 纺织品,08 纺织服装鞋帽皮革羽绒及其制品,09 木材加工品和家具,10 造纸印刷和文教体育用品,11 石油炼焦产品和核燃料加工品,12 化学产品,13 非金属矿物制品,14 金属冶炼和压延加工品,15 金属制品,16 通用设备,17 专用设备,18 交通运输设备,19 电气机械和器材,20 通信设备计算机和其他电子设备,21 仪器仪表,22 其他制造产品,23 废品废料,24 金属制品机械和设备修理服务,25 电力热力的生产和供应,26 燃气生产和供应,27 水的生产和供应,28 建筑,29 批发和零售,30 交通运输仓储和邮政,31 住宿和餐饮,32 信息传输软件和信息技术服务,33 金融,34 房地产,35 租赁和商务服务,36 科学研究和技术服务,37 水利环境和公共设施管理,38 居民服务修理和其他服务,39 教育,40 卫生和社会服务,41 文化体育和娱乐,42 公共管理社会保障和社会组织;TVA(合计)。

表 35　2012 年江苏 42 产业部门增加值分类构成情况　117

%

序号	劳动者报酬	生产税净额	固定资产折旧	盈余增加	增加值
01	13.25	0.00	0.55	0.00	5.70
02	0.32	0.51	0.17	0.16	0.27
03	0.06	0.49	0.32	0.08	0.15
04	0.02	0.08	0.01	0.03	0.03
05	0.09	0.18	0.11	0.12	0.11
06	1.23	7.28	1.76	3.91	2.80
07	2.14	1.04	2.92	2.49	2.25
08	2.24	1.38	0.99	1.20	1.63
09	0.43	0.31	0.64	1.00	0.63
10	1.03	0.43	2.19	0.82	1.07
11	0.34	4.49	0.50	0.33	0.80
12	4.73	9.76	10.61	13.40	8.92
13	0.86	0.84	2.02	2.11	1.43
14	3.53	4.42	9.55	3.81	4.62
15	1.41	1.79	2.64	1.97	1.81
16	2.22	1.34	2.44	3.10	2.44
17	1.63	0.50	1.64	2.46	1.78
18	3.22	1.60	3.38	1.11	2.40
19	3.31	2.18	4.49	7.35	4.66
20	7.31	1.62	8.16	4.77	6.03
21	0.89	0.51	1.08	1.71	1.14
22	0.13	0.04	0.06	0.04	0.08
23	0.06	0.05	0.06	7.21	2.35
24	0.01	0.03	0.03	0.01	0.01
25	0.99	0.47	4.67	2.10	1.85
26	0.05	0.12	0.07	0.25	0.12
27	0.07	0.03	0.27	0.06	0.09

序号	劳动者报酬	生产税净额	固定资产折旧	盈余增加	增加值
28	7.41	7.05	1.43	3.98	5.37
29	8.16	27.69	3.13	8.36	9.51
30	4.42	3.42	4.74	2.82	3.85
31	3.44	1.32	0.58	0.18	1.74
32	2.08	0.90	2.30	2.14	2.01
33	2.50	4.97	0.79	11.02	5.23
34	1.15	9.26	15.52	3.70	4.99
35	2.42	1.78	0.85	3.86	2.57
36	1.52	0.69	1.18	0.32	1.00
37	0.67	0.17	0.40	0.38	0.48
38	1.34	0.62	1.88	0.49	1.07
39	4.85	0.08	2.15	0.20	2.45
40	2.18	0.06	0.90	0.44	1.20
41	0.66	0.32	0.27	0.33	0.46
42	5.64	0.17	2.59	0.18	2.86
TVA	100.00	100.00	100.00	100.00	100.00

可见,增加值占 42 个部门增加值合计的比重超过 5％的产业部门从高到低依次是批发和零售(9.51％)、化学产品(8.92％)、通信设备计算机和其他电子设备(6.03％)、农林牧渔产品和服务(5.70％)、建筑(5.37％)、金融(5.23％)。

其中,劳动者报酬占 42 个部门劳动者报酬合计的比重超过 5％的产业部门从高到低依次是农林牧渔产品和服务(13.25％)、批发和零售(8.16％)、建筑(7.41％)、通信设备计算机和其他电子设备(7.31％)、公共管理社会保障和社会组织(5.64％)。

生产税净额占 42 个部门生产税净额合计的比重超过 5％的产业部门从高到低依次是批发和零售(27.69％)、化学产品(9.76％)、房地产(9.26％)、食品和烟草(7.28％)、建筑(7.05％)。

固定资产折旧占 42 个部门固定资产折旧合计的比重超过 5％的产业部门从高到低依次是房地产(15.52％)、化学产品(10.61％)、金属冶炼和压延加工品(9.55%)、通信设备计算机和其他电子设备(8.16%)。

盈余增加占 42 个部门盈余增加合计的比重超过 5% 的产业部门从高到低依次是化学产品(13.40%)、金融(11.02%)、批发和零售(8.36%)、电气机械和器材(7.35%)、废品废料(7.21%)。

二、**2007 年江苏最初投入总量分析**

2007 年江苏 42 个产业部门的最初投入情况见表 36。根据 2007 年"江苏投入产出表",表中序号指代的产业部门分别为：01 农林牧渔业,02 煤炭开采和洗选业,03 石油和天然气开采业,04 金属矿采选业,05 非金属矿及其他矿采选业,06 食品制造及烟草加工业,07 纺织业,08 纺织服装鞋帽皮革羽绒及其制品业,09 木材加工及家具制造业,10 造纸印刷及文教体育用品制造业,11 石油加工炼焦及核燃料加工业,12 化学工业,13 非金属矿物制品业,14 金属冶炼及压延加工业,15 金属制品业,16 通用专用设备制造业,17 交通运输设备制造业,18 电气机械及器材制造业,19 通信设备计算机及其他电子设备制造业,20 仪器仪表及文化办公用机械制造业,21 工艺品及其他制造业,22 废品废料,23 电力热力的生产和供应业,24 燃气生产和供应业,25 水的生产和供应业,26 建筑业,27 交通运输及仓储业,28 邮政业,29 信息传输计算机服务和软件业,30 批发和零售业,31 住宿和餐饮业,32 金融业,33 房地产业,34 租赁和商务服务业,35 研究与试验发展业,36 综合技术服务业,37 水利环境和公共设施管理业,38 居民服务和其他服务业,39 教育,40 卫生社会保障和社会福利业,41 文化体育和娱乐业,42 公共管理和社会组织;TVA(合计)。

表 36　2007 年江苏 42 产业部门增加值总量情况

| 序号 | 增加值/亿元 | | | | | 增加值率 |
	劳动者报酬	生产税净额	固定资产折旧	盈余增加	增加值合计	
01	1722.42	3.24	90.58	0.00	1816.24	0.59263
02	50.16	17.75	11.27	3.32	82.51	0.46243
03	5.50	9.53	4.69	13.44	33.15	0.46360
04	7.79	5.23	1.46	5.93	20.42	0.34669
05	8.84	8.20	4.40	9.63	31.07	0.28062
06	183.56	216.23	90.32	137.92	628.02	0.27247
07	390.15	235.69	128.59	317.89	1072.31	0.21348

序号	增加值/亿元					增加值率
	劳动者报酬	生产税净额	固定资产折旧	盈余增加	增加值合计	
08	265.79	108.68	36.87	128.70	540.04	0.22530
09	57.78	27.38	14.00	48.08	147.24	0.18242
10	110.94	68.08	80.29	124.04	383.35	0.27264
11	48.56	44.57	32.40	33.60	159.14	0.15919
12	629.91	482.69	350.28	779.26	2242.14	0.23357
13	137.18	82.72	53.85	114.57	388.32	0.25190
14	374.45	379.60	247.60	466.00	1467.66	0.19115
15	133.29	81.12	43.58	170.87	428.85	0.18278
16	449.81	246.32	118.23	386.50	1200.87	0.22033
17	293.85	165.17	73.26	172.16	704.43	0.26064
18	291.71	215.36	80.28	442.49	1029.84	0.22858
19	638.22	350.86	357.18	500.50	1846.77	0.21838
20	79.22	39.71	18.28	66.50	203.71	0.23123
21	31.73	15.33	5.86	18.69	71.62	0.25018
22	7.70	3.31	2.84	501.70	515.54	0.91072
23	93.52	133.58	213.12	123.06	563.28	0.25686
24	10.02	1.69	9.42	2.78	23.91	0.23419
25	12.70	3.89	10.29	1.61	28.49	0.46009
26	687.80	165.12	71.98	407.43	1332.32	0.27472
27	374.47	129.41	208.12	292.40	1004.39	0.47667
28	22.83	2.80	8.13	−4.02	29.75	0.49465
29	92.50	26.60	185.34	151.31	455.75	0.53983
30	636.56	734.97	105.50	779.97	2257.00	0.77091
31	112.53	45.02	32.61	220.47	410.63	0.39053
32	268.16	263.12	15.99	654.82	1202.10	0.73308
33	91.14	99.15	829.07	136.08	1155.44	0.81222
34	125.59	37.66	79.98	121.50	364.73	0.32277
35	52.65	2.29	9.44	24.07	88.46	0.53742

序号	增加值/亿元					增加值率
	劳动者报酬	生产税净额	固定资产折旧	盈余增加	增加值合计	
36	85.69	14.51	15.19	37.82	153.21	0.38708
37	59.48	3.17	30.34	28.28	121.27	0.53636
38	120.26	27.38	20.37	251.06	419.07	0.50145
39	530.43	1.88	68.77	63.30	664.38	0.69782
40	228.35	2.54	28.45	39.28	298.62	0.45151
41	75.32	19.99	25.33	55.02	175.66	0.53436
42	647.59	3.73	91.99	3.34	746.65	0.64367
TVA	10246.17	4525.26	3905.54	7831.39	26508.36	0.31728

注：增加值率为某产业部门增加值占总投入的比重。

可见,2007年江苏42个产业部门增加值合计为26508.36亿元,其中,劳动者报酬10246.17亿元,生产税净额4525.26亿元,固定资产折旧3905.54亿元,盈余增加7831.39亿元。

按增加值合计排序的前十大产业部门从高到低依次是批发和零售业(2257亿元)、化学工业(2242.14亿元)、通信设备计算机及其他电子设备制造业(1846.77亿元)、农林牧渔业(1816.24亿元)、金属冶炼及压延加工业(1467.66亿元)、建筑业(1332.32亿元)、金融业(1202.10亿元)、通用专用设备制造业(1200.87亿元)、房地产业(1155.44亿元)、纺织业(1072.31亿元)。

其中,按劳动者报酬排序的前十大产业部门从高到低依次是农林牧渔业(1722.42亿元)、建筑业(687.80亿元)、公共管理和社会组织(647.59亿元)、通信设备计算机及其他电子设备制造业(638.22亿元)、批发和零售业(636.56亿元)、化学工业(629.91亿元)、教育(530.43亿元)、通用专用设备制造业(449.81亿元)、纺织业(390.15亿元)、交通运输及仓储业(374.47亿元);按生产税净额排序的前十大产业部门从高到低依次是批发和零售业(734.97亿元)、化学工业(482.69亿元)、金属冶炼及压延加工业(379.60亿元)、通信设备计算机及其他电子设备制造业(350.86亿元)、金融业(263.12亿元)、通用专用设备制造业(246.32亿元)、纺织业(235.69亿元)、食品制造及烟草加工业(216.23亿元)、电气机械及器材制造业(215.36亿元)、交通运输设备制造业(165.17亿元);按固定资产折旧排序的前十大产业部门从高到低依次是房地产业（829.07 亿元）、通信设备计算机及其他电子设备制造业（357.18 亿元）、化学工业（350.28 亿元）、金属冶炼及压延加工业（247.60 亿元）、电力热力的生产和供应业（213.12 亿元）、交通运输及仓储业（208.12 亿元）、信息传输计算机服务和软件业（185.34 亿元）、纺织业（128.59 亿元）、通用专用设备制造业（118.23 亿元）、批发和零售业（105.50 亿元）；按盈余增加排序的前十大产业部门从高到低依次是批发和零售业（779.97 亿元）、化学工业（779.26 亿元）、金融业（654.82 亿元）、废品废料（501.70 亿元）、通信设备计算机及其他电子设备制造业（500.50 亿元）、金属冶炼及压延加工业（466 亿元）、电气机械及器材制造业（442.49 亿元）、建筑业（407.43 亿元）、通用专用设备制造业（386.50 亿元）、纺织业（317.89 亿元）。

从各个产业部门的增加值率情况来看，2007 年江苏 42 个产业部门增加值率的平均水平为 0.31728。其中，增加值率高于 42 个产业部门平均水平的有 22 个，从高到低依次是废品废料（0.91072）、房地产业（0.81222）、批发和零售业（0.77091）、金融业（0.73308）、教育（0.69782）、公共管理和社会组织（0.64367）、农林牧渔业（0.59263）、信息传输计算机服务和软件业（0.53983）、研究与试验发展业（0.53742）、水利环境和公共设施管理业（0.53636）、文化体育和娱乐业（0.53436）、居民服务和其他服务业（0.50145）、邮政业（0.49465）、交通运输及仓储业（0.47667）、石油和天然气开采业（0.46360）、煤炭开采和洗选业（0.46243）、水的生产和供应业（0.46009）、卫生社会保障和社会福利业（0.45151）、住宿和餐饮业（0.39053）、综合技术服务业（0.38708）、金属矿采选业（0.34669）、租赁和商务服务业（0.32277）；增加值率低于 42 个产业部门平均水平的有 20 个，从高到低依次是非金属矿及其他矿采选业（0.28062）、建筑业（0.27472）、造纸印刷及文教体育用品制造业（0.27264）、食品制造及烟草加工业（0.27247）、交通运输设备制造业（0.26064）、电力热力的生产和供应业（0.25686）、非金属矿物制品业（0.25190）、工艺品及其他制造业（0.25018）、燃气生产和供应业（0.23419）、化学工业（0.23357）、仪器仪表及文化办公用机械制造业（0.23123）、电气机械及器材制造业（0.22858）、纺织服装鞋帽皮革羽绒及其制品业（0.22530）、通用专用设备制造业（0.22033）、通信设备计算机及其他电子设备制造业（0.21838）、纺织业（0.21348）、金属冶炼及压延加工业（0.19115）、金属制品业（0.18278）、木材加工及家具制造业（0.18242）、石油加工炼焦及核燃料加工业（0.15919）。

2007 年江苏 42 产业部门增加值分类构成情况见表 37。根据 2007 年"江苏投入产出表"，表中序号指代的产业部门分别为：01 农林牧渔业，02 煤炭开采和洗选业,03 石油和天然气开采业,04 金属矿采选业,05 非金属矿及其他矿采选业,06 食品制造及烟草加工业,07 纺织业,08 纺织服装鞋帽皮革羽绒及其制品业,09 木材加工及家具制造业,10 造纸印刷及文教体育用品制造业,11 石油加工炼焦及核燃料加工业,12 化学工业,13 非金属矿物制品业,14 金属冶炼及压延加工业,15 金属制品业,16 通用专用设备制造业,17 交通运输设备制造业,18 电气机械及器材制造业,19 通信设备计算机及其他电子设备制造业,20 仪器仪表及文化办公用机械制造业,21 工艺品及其他制造业,22 废品废料,23 电力热力的生产和供应业,24 燃气生产和供应业,25 水的生产和供应业,26 建筑业,27 交通运输及仓储业,28 邮政业,29 信息传输计算机服务和软件业,30 批发和零售业,31 住宿和餐饮业,32 金融业,33 房地产业,34 租赁和商务服务业,35 研究与试验发展业,36 综合技术服务业,37 水利环境和公共设施管理业,38 居民服务和其他服务业,39 教育,40 卫生社会保障和社会福利业,41 文化体育和娱乐业,42 公共管理和社会组织;TVA(合计)。

表 37 2007 年江苏 42 产业部门增加值分类构成情况

%

序号	劳动者报酬	生产税净额	固定资产折旧	盈余增加	增加值
01	16.81	0.07	2.32	0.00	6.85
02	0.49	0.39	0.29	0.04	0.31
03	0.05	0.21	0.12	0.17	0.13
04	0.08	0.12	0.04	0.08	0.08
05	0.09	0.18	0.11	0.12	0.12
06	1.79	4.78	2.31	1.76	2.37
07	3.81	5.21	3.29	4.06	4.05
08	2.59	2.40	0.94	1.64	2.04
09	0.56	0.61	0.36	0.61	0.56
10	1.08	1.50	2.06	1.58	1.45
11	0.47	0.98	0.83	0.43	0.60
12	6.15	10.67	8.97	9.95	8.46
13	1.34	1.83	1.38	1.46	1.46
14	3.65	8.39	6.34	5.95	5.54

序号	劳动者报酬	生产税净额	固定资产折旧	盈余增加	增加值
15	1.30	1.79	1.12	2.18	1.62
16	4.39	5.44	3.03	4.94	4.53
17	2.87	3.65	1.88	2.20	2.66
18	2.85	4.76	2.06	5.65	3.88
19	6.23	7.75	9.15	6.39	6.97
20	0.77	0.88	0.47	0.85	0.77
21	0.31	0.34	0.15	0.24	0.27
22	0.08	0.07	0.07	6.41	1.94
23	0.91	2.95	5.46	1.57	2.12
24	0.10	0.04	0.24	0.04	0.09
25	0.12	0.09	0.26	0.02	0.11
26	6.71	3.65	1.84	5.20	5.03
27	3.65	2.86	5.33	3.73	3.79
28	0.22	0.06	0.21	−0.05	0.11
29	0.90	0.59	4.75	1.93	1.72
30	6.21	16.24	2.70	9.96	8.51
31	1.10	0.99	0.83	2.82	1.55
32	2.62	5.81	0.41	8.36	4.53
33	0.89	2.19	21.23	1.74	4.36
34	1.23	0.83	2.05	1.55	1.38
35	0.51	0.05	0.24	0.31	0.33
36	0.84	0.32	0.39	0.48	0.58
37	0.58	0.07	0.78	0.36	0.46
38	1.17	0.60	0.52	3.21	1.58
39	5.18	0.04	1.76	0.81	2.51
40	2.23	0.06	0.73	0.50	1.13
41	0.74	0.44	0.65	0.70	0.66
42	6.32	0.08	2.36	0.04	2.82
TVA	100.00	100.00	100.00	100.00	100.00

可见，增加值占 42 个部门增加值合计的比重超过 5％的产业部门从高到低依次是批发和零售业(8.51％)、化学工业(8.46％)、通信设备计算机及其他电子设备制造业(6.97％)、农林牧渔业(6.85％)、金属冶炼及压延加工业(5.54％)、建筑业(5.03％)。其中，劳动者报酬占 42 个部门劳动者报酬合计的比重超过 5％的产业部门从高到低依次是农林牧渔业(16.81％)、建筑业(6.71％)、公共管理和社会组织(6.32％)、通信设备计算机及其他电子设备制造业(6.23％)、批发和零售业(6.21％)、化学工业(6.15％)、教育(5.18％)；生产税净额占 42 个部门生产税净额合计的比重超过 5％的产业部门从高到低依次是批发和零售业(16.24％)、化学工业(10.67％)、金属冶炼及压延加工业(8.39％)、通信设备计算机及其他电子设备制造业(7.75％)、金融业(5.81％)、通用专用设备制造业(5.44％)、纺织业(5.21％)；固定资产折旧占 42 个部门固定资产折旧合计的比重超过 5％的产业部门从高到低依次是房地产业(21.23％)、通信设备计算机及其他电子设备制造业(9.15％)、化学工业(8.97％)、金属冶炼及压延加工业(6.34％)、电力热力的生产和供应业(5.46％)、交通运输及仓储业(5.33％)；盈余增加占 42 个部门盈余增加合计的比重超过 5％的产业部门从高到低依次是批发和零售业(9.96％)、化学工业(9.95％)、金融业(8.36％)、废品废料(6.41％)、通信设备计算机及其他电子设备制造业(6.39％)、金属冶炼及压延加工业(5.95％)、电气机械及器材制造业(5.65％)、建筑业(5.20％)。

三、2002 年江苏最初投入总量分析

2002 年江苏 42 个产业部门的最初投入情况见表 38。根据 2002 年"江苏投入产出表"，表中序号指代的产业部门分别为：01 农林牧渔业，02 煤炭开采和洗选业，03 石油和天然气开采业，04 金属矿采选业，05 非金属矿采选业，06 食品制造及烟草加工业，07 纺织业，08 服装皮革羽绒及其制品业，09 木材加工及家具制造业，10 造纸印刷及文教用品制造业，11 石油加工炼焦及核燃料加工业，12 化学工业，13 非金属矿物制品业，14 金属冶炼及压延加工业，15 金属制品业，16 通用专用设备制造业，17 交通运输设备制造业，18 电气机械及器材制造业，19 通信设备计算机及其他电子设备制造业，20 仪器仪表及文化办公用机械制造业，21 其他制造业，22 废品废料，23 电力热力的生产和供应业，24 燃气生产和供应业，25 水的生产和供应业，26 建筑业，27 交通运输及仓储业，28 邮政业，29 信息传输计算机服务和软件业，30 批发和零售贸易业，31 住宿和餐饮业，32 金融保险业，33 房地产业，34 租赁和商务服务业，35 旅游业，36 科学研究事业，37 综合技术服务业，38 其他社会服务业，39 教

育事业,40 卫生社会保障和社会福利业,41 文化体育和娱乐业,42 公共管理和社会组织;TVA(合计)。

可见,2002 年江苏 42 个产业部门的增加值合计为 10388.31 亿元,其中,劳动者报酬合计为 5317.01 亿元,生产税净额合计为 1231.91 亿元,固定资产折旧合计为 1735.07 亿元,盈余增加合计为 2104.33 亿元。

按增加值排序的前十大产业部门从高到低依次是农林牧渔业(1200.68亿元)、批发和零售贸易业(871.29 亿元)、化学工业(866.48 亿元)、建筑业(724.40 亿元)、房地产业(480.01 亿元)、通信设备计算机及其他电子设备制造业(447.89 亿元)、纺织业(411.67 亿元)、服装皮革羽绒及其制品业(382.85亿元)、通用专用设备制造业(363.37 亿元)、教育事业(361.98 亿元)。

表 38 2002 年江苏 42 产业部门增加值总量情况

序号	增加值/亿元					增加值率
	劳动者报酬	生产税净额	固定资产折旧	盈余增加	增加值合计	
01	1006.05	40.82	65.82	87.99	1200.68	0.51051
02	33.86	8.43	12.30	5.34	59.93	0.59530
03	8.65	4.13	1.24	6.00	20.02	0.85337
04	0.84	0.51	0.46	1.54	3.34	0.24263
05	10.12	3.90	2.46	1.13	17.60	0.32550
06	73.77	61.55	28.26	120.23	283.81	0.20194
07	132.73	111.98	61.56	105.40	411.67	0.19313
08	144.72	39.39	25.37	173.36	382.85	0.30991
09	25.28	18.60	6.99	12.14	63.01	0.19838
10	33.34	30.79	24.33	46.77	135.23	0.22451
11	10.30	19.27	8.35	11.87	49.78	0.15886
12	190.58	239.11	138.81	297.97	866.48	0.23824
13	77.76	51.65	35.97	53.82	219.21	0.23882
14	79.49	66.65	34.51	107.58	288.23	0.16661
15	65.42	37.40	26.37	39.02	168.20	0.19447
16	119.78	82.06	47.47	114.06	363.37	0.21524
17	65.04	44.92	28.41	50.07	188.43	0.20780

序号	增加值/亿元					增加值率
	劳动者报酬	生产税净额	固定资产折旧	盈余增加	增加值合计	
18	57.40	40.98	34.22	71.43	204.02	0.19370
19	162.58	97.95	67.35	120.00	447.89	0.21090
20	13.65	5.07	5.32	10.69	34.73	0.17197
21	15.11	16.82	6.89	11.76	50.58	0.17665
22	0.00	0.00	0.00	102.66	102.66	1.00000
23	70.27	83.44	116.14	69.44	339.29	0.37737
24	4.21	1.87	1.83	−3.15	4.76	0.13601
25	21.06	9.88	17.14	2.56	50.64	0.38487
26	533.35	2.95	51.53	136.57	724.40	0.29000
27	180.29	16.04	61.34	56.86	314.53	0.45726
28	14.78	1.50	2.67	1.63	20.59	0.53661
29	64.34	3.44	133.43	10.04	211.25	0.56089
30	611.14	20.87	123.69	115.59	871.29	0.50359
31	186.66	13.84	55.24	63.10	318.83	0.56086
32	231.19	6.97	79.23	24.37	341.76	0.59674
33	91.66	22.61	324.01	41.74	480.01	0.75882
34	44.70	6.90	26.58	2.16	80.33	0.56494
35	17.48	0.68	1.15	4.95	24.26	0.39356
36	39.17	0.44	0.88	0.75	41.24	0.48689
37	37.48	1.38	15.54	0.83	55.23	0.53165
38	101.53	5.98	16.83	14.46	138.79	0.48320
39	360.38	0.34	1.26	0.00	361.98	0.64241
40	115.34	0.09	15.14	0.87	131.43	0.38480
41	61.42	8.44	21.96	8.07	99.88	0.54460
42	204.08	2.30	7.03	2.67	216.08	0.41839
TVA	5317.01	1231.91	1735.07	2104.33	10388.31	0.31947

注：增加值率为某产业部门增加值占总投入的比重。

其中,按劳动者报酬排序的前十大产业部门从高到低依次是农林牧渔业(1006.05亿元)、批发和零售贸易业(611.14亿元)、建筑业(533.35亿元)、教育事业(360.38亿元)、金融保险业(231.19亿元)、公共管理和社会组织(204.08亿元)、化学工业(190.58亿元)、住宿和餐饮业(186.66亿元)、交通运输及仓储业(180.29亿元)、通信设备计算机及其他电子设备制造业(162.58亿元)。

按生产税净额排序的前十大产业部门从高到低依次是化学工业(239.11亿元)、纺织业(111.98亿元)、通信设备计算机及其他电子设备制造业(97.95亿元)、电力热力的生产和供应业(83.44亿元)、通用专用设备制造业(82.06亿元)、金属冶炼及压延加工业(66.65亿元)、食品制造及烟草加工业(61.55亿元)、非金属矿物制品业(51.65亿元)、交通运输设备制造业(44.92亿元)、电气机械及器材制造业(40.98亿元)。

按固定资产折旧排序的前十大产业从高到低依次是房地产业(324.01亿元)、化学工业(138.81亿元)、信息传输计算机服务和软件业(133.43亿元)、批发和零售贸易业(123.69亿元)、电力热力的生产和供应业(116.14亿元)、金融保险业(79.23亿元)、通信设备计算机及其他电子设备制造业(67.35亿元)、农林牧渔业(65.82亿元)、纺织业(61.56亿元)、交通运输及仓储业(61.34亿元)。

按盈余增加排序的前十大产业部门从高到低依次是化学工业(297.97亿元)、服装皮革羽绒及其制品业(173.36亿元)、建筑业(136.57亿元)、食品制造及烟草加工业(120.23亿元)、通信设备计算机及其他电子设备制造业(120亿元)、批发和零售贸易业(115.59亿元)、通用专用设备制造业(114.06亿元)、金属冶炼及压延加工业(107.58亿元)、纺织业(105.40亿元)、废品废料(102.66亿元)。

从各个产业部门的增加值率情况来看,2002年江苏42个产业部门增加值率的平均水平为0.31947。其中,产业部门的增加值率高于42个产业部门平均水平的有23个,按增加值率从高到低排序依次是废品废料(1.00000)、石油和天然气开采业(0.85337)、房地产业(0.75882)、教育事业(0.64241)、金融保险业(0.59674)、煤炭开采和洗选业(0.59530)、租赁和商务服务业(0.56494)、信息传输计算机服务和软件业(0.56089)、住宿和餐饮业(0.56086)、文化体育和娱乐业(0.54460)、邮政业(0.53661)、综合技术服务业(0.53165)、农林牧渔业(0.51051)、批发和零售贸易业(0.50359)、科学研究事业(0.48689)、其他社会服务业(0.48320)、交通运输及仓储业(0.45726)、公共管理和社会组织(0.41839)、旅游业(0.39356)、水的生产和供应业(0.38487)、卫生社会保障和社会福利业(0.38480)、电力热力的生产和供应业(0.37737)、非金属矿采选业(0.32550)。

产业部门的增加值率低于 42 个产业部门平均水平的有 19 个,按照从高到低排序依次是服装皮革羽绒及其制品业(0.30991)、建筑业(0.29000)、金属矿采选业(0.24263)、非金属矿物制品业(0.23882)、化学工业(0.23824)、造纸印刷及文教用品制造业(0.22451)、通用专用设备制造业(0.21524)、通信设备计算机及其他电子设备制造业(0.21090)、交通运输设备制造业(0.20780)、食品制造及烟草加工业(0.20194)、木材加工及家具制造业(0.19838)、金属制品业(0.19447)、电气机械及器材制造业(0.19370)、纺织业(0.19313)、其他制造业(0.17665)、仪器仪表及文化办公用机械制造业(0.17197)、金属冶炼及压延加工业(0.16661)、石油加工炼焦及核燃料加工业(0.15886)、燃气生产和供应业(0.13601)。

2002 年江苏 42 产业部门增加值分类构成情况见表 39。根据 2002 年"江苏投入产出表",序号指代的产业部门分别为:01 农林牧渔业,02 煤炭开采和洗选业,03 石油和天然气开采业,04 金属矿采选业,05 非金属矿采选业,06 食品制造及烟草加工业,07 纺织业,08 服装皮革羽绒及其制品业,09 木材加工及家具制造业,10 造纸印刷及文教用品制造业,11 石油加工炼焦及核燃料加工业,12 化学工业,13 非金属矿物制品业,14 金属冶炼及压延加工业,15 金属制品业,16 通用专用设备制造业,17 交通运输设备制造业,18 电气机械及器材制造业,19 通信设备计算机及其他电子设备制造业,20 仪器仪表及文化办公用机械制造业,21 其他制造业,22 废品废料,23 电力热力的生产和供应业,24 燃气生产和供应业,25 水的生产和供应业,26 建筑业,27 交通运输及仓储业,28 邮政业,29 信息传输计算机服务和软件业,30 批发和零售贸易业,31 住宿和餐饮业,32 金融保险业,33 房地产业,34 租赁和商务服务业,35 旅游业,36 科学研究事业,37 综合技术服务业,38 其他社会服务业,39 教育事业,40 卫生社会保障和社会福利业,41 文化体育和娱乐业,42 公共管理和社会组织;TVA(合计)。

表 39 2002 年江苏 42 产业部门增加值分类构成情况

%

序号	劳动者报酬	生产税净额	固定资产折旧	盈余增加	增加值
01	18.92	3.31	3.79	4.18	11.56
02	0.64	0.68	0.71	0.25	0.58

序号	劳动者报酬	生产税净额	固定资产折旧	盈余增加	增加值
03	0.16	0.34	0.07	0.29	0.19
04	0.02	0.04	0.03	0.07	0.03
05	0.19	0.32	0.14	0.05	0.17
06	1.39	5.00	1.63	5.71	2.73
07	2.50	9.09	3.55	5.01	3.96
08	2.72	3.20	1.46	8.24	3.69
09	0.48	1.51	0.40	0.58	0.61
10	0.63	2.50	1.40	2.22	1.30
11	0.19	1.56	0.48	0.56	0.48
12	3.58	19.41	8.00	14.16	8.34
13	1.46	4.19	2.07	2.56	2.11
14	1.50	5.41	1.99	5.11	2.77
15	1.23	3.04	1.52	1.85	1.62
16	2.25	6.66	2.74	5.42	3.50
17	1.22	3.65	1.64	2.38	1.81
18	1.08	3.33	1.97	3.39	1.96
19	3.06	7.95	3.88	5.70	4.31
20	0.26	0.41	0.31	0.51	0.33
21	0.28	1.37	0.40	0.56	0.49
22	0.00	0.00	0.00	4.88	0.99
23	1.32	6.77	6.69	3.30	3.27
24	0.08	0.15	0.11	—0.15	0.05
25	0.40	0.80	0.99	0.12	0.49
26	10.03	0.24	2.97	6.49	6.97
27	3.39	1.30	3.54	2.70	3.03
28	0.28	0.12	0.15	0.08	0.20
29	1.21	0.28	7.69	0.48	2.03
30	11.49	1.69	7.13	5.49	8.39

序号	劳动者报酬	生产税净额	固定资产折旧	盈余增加	增加值
31	3.51	1.12	3.18	3.00	3.07
32	4.35	0.57	4.57	1.16	3.29
33	1.72	1.84	18.67	1.98	4.62
34	0.84	0.56	1.53	0.10	0.77
35	0.33	0.06	0.07	0.24	0.23
36	0.74	0.04	0.05	0.04	0.40
37	0.70	0.11	0.90	0.04	0.53
38	1.91	0.49	0.97	0.69	1.34
39	6.78	0.03	0.07	0.00	3.48
40	2.17	0.01	0.87	0.04	1.27
41	1.16	0.69	1.27	0.38	0.96
42	3.84	0.19	0.41	0.13	2.08
TVA	100.00	100.00	100.00	100.00	100.00

可见,增加值占 42 个部门增加值合计的比重超过 5% 的产业部门从高到低依次是农林牧渔业(11.56%)、批发和零售贸易业(8.39%)、化学工业(8.34%)、建筑业(6.97%)。其中,劳动者报酬占 42 个部门劳动者报酬合计的比重超过 5% 的产业部门从高到低依次是农林牧渔业(18.92%)、批发和零售贸易业(11.49%)、建筑业(10.03%)、教育事业(6.78%);生产税净额占 42 个部门生产税净额合计的比重超过 5% 的产业部门从高到低依次是化学工业(19.41%)、纺织业(9.09%)、通信设备计算机及其他电子设备制造业(7.95%)、电力热力的生产和供应业(6.77%)、通用专用设备制造业(6.66%)、金属冶炼及压延加工业(5.41%)、食品制造及烟草加工业(5%);固定资产折旧占 42 个部门固定资产折旧合计的比重超过 5% 的产业部门从高到低依次是房地产业(18.67%)、化学工业(8%)、信息传输计算机服务和软件业(7.69%)、批发和零售贸易业(7.13%)、电力热力的生产和供应业(6.69%);盈余增加占 42 个部门盈余增加合计比重超过 5% 的产业部门从高到低依次是化学工业(14.16%)、服装皮革羽绒及其制品业(8.24%)、建筑业(6.49%)、食品制造及烟草加工业(5.71%)、通信设备计算机及其他电子设备制造业(5.70%)、批发和零售贸易业(5.49%)、通用专用设备制造业(5.42%)、金属冶

炼及压延加工业(5.11%)、纺织业(5.01%)。

综合来看,2002—2012年,江苏42个产业部门的增加值合计增长了5.77倍,年均增长19.16%;劳动者报酬合计增长了4.77倍,年均增长16.93%;生产税净额合计增长了5.11倍,年均增长17.73%;固定资产折旧合计增长了5.23倍,年均增长17.98%;盈余增加合计增长了9.12倍,年均增长24.74%。分阶段来看,2007—2012年,江苏42个产业部门的增加值合计增长了2.26倍,年均增长17.74%;劳动者报酬合计增长了2.48倍,年均增长19.92%;生产税净额合计增长了1.39倍,年均增长6.84%;固定资产折旧合计增长了2.32倍,年均增长18.34%;盈余增加合计增长了2.45倍,年均增长19.63%。2002—2007年,江苏42个产业部门的增加值合计增长了2.55倍,年均增长20.61%;劳动者报酬合计增长了1.93倍,年均增长14.02%;生产税净额合计增长了3.67倍,年均增长29.72%;固定资产折旧合计增长了2.25倍,年均增长17.62%;盈余增加合计增长了3.72倍,年均增长30.06%。

从产业部门来看,增加值在2002年、2007年、2012年中均较大(总量较大且在42个产业部门合计中占比超过5%)的产业部门是批发和零售、化学产品、农林牧渔产品和服务、建筑;2007年起通信设备计算机和其他电子设备、金融逐渐成为增加值较大的产业部门。劳动者报酬在2002年、2007年、2012年中均较大的产业部门是农林牧渔产品和服务、批发和零售、建筑;2007年起通信设备计算机和其他电子设备、公共管理社会保障和社会组织成为劳动者报酬较大的产业部门;教育、化学产品劳动者报酬在42个产业部门中的占比下降,逐渐从劳动者报酬较大的产业名单中退出。生产税净额较大的产业部门变动较大,在2002年、2007年、2012年中均较大的产业部门仅有化学产品,但在42个产业部门中的占比不断下降;纺织品、通信设备计算机和其他电子设备、电力热力的生产和供应、通用专用设备、金属冶炼和压延加工品、金融逐渐从生产税净额较大的产业部门名单中退出;批发和零售、房地产、建筑逐渐成为生产税净额较大的产业部门;食品和烟草2002年在42个产业部门中占比达到5%,2007年从生产税净额较大的产业部门名单中退出,2012年再次成为生产税净额较大的产业部门。固定资产折旧在2002年、2007年、2012年中均较大的产业部门是房地产、化学产品;信息传输软件和信息技术服务、批发和零售、电力热力的生产和供应、交通运输设备逐渐从固定资产折旧较大的产业部门名单中退出;金属冶炼和压延加工品、通信设备计算机和其他电子设备成为新的固定资产折旧较大的产业部门。盈余增加在2002年、2007年、2012年中均较大的产业部门是化学产品、批发和零售;2007年起金融成为盈余增加较大的产业部门;纺织品等产业逐渐从盈余增加较大的产业部门名单中退出。需要强调,以上指标是反映增加值及其组成项目在各个产业部门之间的分配情况,仍然是总量概念,而并非人均概念,不能混淆。例如,2012年农林牧渔产品和服务是劳动者报酬较大的产业部门,这表明在42个产业部门中,农林牧渔产品和服务的劳动者报酬总量所占比重较大,而并非指该产业劳动者的收入水平相对高于其他产业部门。这是因为劳动者报酬总量除以劳动者人数才是劳动者收入水平,农林牧渔产品和服务的劳动者报酬总量大,但劳动者人数相对更多,收入水平将低于其他产业。

第二节 最初投入结构分析

一、2012年江苏最初投入结构分析

2012年江苏42产业部门增加值结构情况见表40。根据2012年"江苏投入产出表",表中序号指代的产业部门分别为:01农林牧渔产品和服务,02煤炭采选产品,03石油和天然气开采产品,04金属矿采选产品,05非金属矿和其他矿采选产品,06食品和烟草,07纺织品,08纺织服装鞋帽皮革羽绒及其制品,09木材加工品和家具,10造纸印刷和文教体育用品,11石油炼焦产品和核燃料加工品,12化学产品,13非金属矿物制品,14金属冶炼和压延加工品,15金属制品,16通用设备,17专用设备,18交通运输设备,19电气机械和器材,20通信设备计算机和其他电子设备,21仪器仪表,22其他制造产品,23废品废料,24金属制品机械和设备修理服务,25电力热力的生产和供应,26燃气生产和供应,27水的生产和供应,28建筑,29批发和零售,30交通运输仓储和邮政,31住宿和餐饮,32信息传输软件和信息技术服务,33金融,34房地产,35租赁和商务服务,36科学研究和技术服务,37水利环境和公共设施管理,38居民服务修理和其他服务,39教育,40卫生和社会服务,41文化体育和娱乐,42公共管理社会保障和社会组织;TVA(合计)。

2012年江苏42个产业部门劳动者报酬合计在增加值合计中的占比为42.37%,生产税净额合计的占比为10.50%,固定资产折旧合计的占比为15.12%,盈余增加合计的占比为32.01%。其中,劳动者报酬在增加值中的占比高于42个产业部门平均水平(42.37%)的产业部门有17个,从高到低依次是农林牧渔产品和服务(98.53%)、教育(83.85%)、住宿和餐饮(83.73%)、公共管理社会保障和社会组织(83.71%)、卫生和社会服务(76.55%)、其他制造产品(67.14%)、科学研究和技术服务(64.48%)、文化体育和娱乐(60.77%)、

水利环境和公共设施管理(58.76%)、建筑(58.46%)、纺织服装鞋帽皮革羽绒及其制品(58.29%)、交通运输设备(56.89%)、居民服务修理和其他服务(52.78%)、通信设备计算机和其他电子设备(51.39%)、煤炭采选产品(50.89%)、交通运输仓储和邮政(48.64%)、信息传输软件和信息技术服务(43.87%),其中,第一产业1个、第二产业6个、第三产业10个。以上17个产业部门,劳动者报酬在增加值中的占比相对较高,尤其是农林牧渔产品和服务、教育、住宿和餐饮、公共管理社会保障和社会组织,劳动者报酬占增加值的比重超过83%。劳动者报酬占比过大,必然挤占生产税净额、固定资产折旧、盈余增加等其他项目,表明在初次分配中向个人倾斜的幅度更大一些,而向国家和企业分配的幅度相对较小,这必然会影响企业投入水平和整个产业再生产过程,从长远看不利于产业发展。因此,对于劳动者报酬过高的产业,要积极调控,引入市场机制,改变增加值分配格局,才能提升产业可持续发展水平。其中农林牧渔产品和服务是个特殊的产业部门,其劳动者报酬占增加值的比重过大,这是因为该部门仍处于相对落后的发展阶段,增加值主要用于补偿劳动力投入,而固定资产折旧、生产税净额和营业盈余水平都很低。

生产税净额在增加值中的占比高于42个产业部门平均水平(10.50%)的产业部门有11个,从高到低依次是石油炼焦产品和核燃料加工品(59.28%)、石油和天然气开采产品(34.81%)、批发和零售(30.57%)、金属矿采选产品(28.33%)、食品和烟草(27.30%)、煤炭采选产品(19.88%)、房地产(19.50%)、金属制品机械和设备修理服务(19.48%)、非金属矿和其他矿采选产品(17.35%)、建筑(13.78%)、化学产品(11.48%),其中,第二产业9个、第三产业2个。生产税净额是初次分配中国家所得部分。不难发现,生产税净额较大的产业部门普遍是所有制改革步伐较快、行业内竞争机制比较完善的产业部门;而生产税净额较小的产业部门普遍是高度垄断、所有制形式单一的产品部门。因此,有必要对生产税净额较小的产业部门加大体制改革力度,引进竞争机制,改善其现有的增加值构成,进而提高这些部门对增加值增长的贡献度。

固定资产折旧在增加值中的占比高于42个产业部门平均水平(15.12%)的产业部门有18个,从高到低依次是房地产(47.01%)、水的生产和供应(44.05%)、电力热力的生产和供应(38.17%)、石油和天然气开采产品(32.17%)、金属冶炼和压延加工品(31.23%)、造纸印刷和文教体育用品(30.89%)、金属制品机械和设备修理服务(29.79%)、居民服务修理和其他服务（26.50％）、金属制品（21.98％）、交通运输设备（21.31％）、非金属矿物制品（21.25％）、通信设备计算机和其他电子设备（20.45％）、纺织品（19.62％）、交通运输仓储和邮政（18.59％）、化学产品（17.97％）、科学研究和技术服务（17.88％）、信息传输软件和信息技术服务（17.35％）、木材加工品和家具（15.31％），其中，第二产业13个、第三产业5个。第二产业固定资产折旧占增加值的比重的平均水平高于第三产业。

表40　2012年江苏42产业部门增加值结构情况

%

序号	劳动者报酬	生产税净额	固定资产折旧	盈余增加	增加值
01	98.53	0.00	1.47	0.00	100
02	50.89	19.88	9.68	19.56	100
03	16.21	34.81	32.17	16.81	100
04	34.11	28.33	3.86	33.70	100
05	33.68	17.35	14.53	34.44	100
06	18.55	27.30	9.50	44.65	100
07	40.22	4.83	19.62	35.33	100
08	58.29	8.94	9.19	23.58	100
09	28.67	5.18	15.31	50.84	100
10	40.53	4.18	30.89	24.41	100
11	17.95	59.28	9.45	13.32	100
12	22.47	11.48	17.97	48.08	100
13	25.39	6.18	21.25	47.17	100
14	32.32	10.06	31.23	26.39	100
15	32.99	10.34	21.98	34.69	100
16	38.50	5.74	15.09	40.67	100
17	38.93	2.93	13.92	44.22	100
18	56.89	7.02	21.31	14.77	100
19	30.08	4.91	14.56	50.45	100
20	51.39	2.83	20.45	25.34	100
21	32.97	4.72	14.29	48.02	100

序号	劳动者报酬	生产税净额	固定资产折旧	盈余增加	增加值
22	67.14	4.80	11.62	16.43	100
23	1.04	0.24	0.40	98.33	100
24	25.51	19.48	29.79	25.21	100
25	22.78	2.67	38.17	36.38	100
26	17.60	10.30	8.54	63.56	100
27	31.53	3.17	44.05	21.25	100
28	58.46	13.78	4.01	23.75	100
29	36.33	30.57	4.98	28.12	100
30	48.64	9.33	18.59	23.44	100
31	83.73	7.97	5.02	3.29	100
32	43.87	4.72	17.35	34.06	100
33	20.28	9.98	2.28	67.47	100
34	9.75	19.50	47.01	23.74	100
35	39.80	7.26	4.99	47.96	100
36	64.48	7.30	17.88	10.35	100
37	58.76	3.67	12.43	25.15	100
38	52.78	6.05	26.50	14.67	100
39	83.85	0.36	13.23	2.56	100
40	76.55	0.56	11.32	11.57	100
41	60.77	7.24	8.87	23.12	100
42	83.71	0.63	13.69	1.98	100
TVA	42.37	10.50	15.12	32.01	100

盈余增加在增加值中的占比高于42个产业部门平均水平（32.01%）的产业部门有18个，从高到低依次是废品废料（98.33%）、金融（67.47%）、燃气生产和供应（63.56%）、木材加工品和家具（50.84%）、电气机械和器材（50.45%）、化学产品（48.08%）、仪器仪表（48.02%）、租赁和商务服务（47.96%）、非金属矿物制品（47.17%）、食品和烟草（44.65%）、专用设备（44.22%）、通用设备（40.67%）、电力热力的生产和供应（36.38%）、纺织品（35.33%）、金属制品（34.69%）、非金属矿和其他矿采选产品（34.44%）、信息传输软件和信息技术

服务(34.06%)、金属矿采选产品(33.70%),在这 18 个产业部门中,第二产业 15 个、第三产业 3 个。其中,废品废料是较特殊的产业部门,该产业部门的劳动者报酬和固定资产折旧难以区分,都作为混合收入放到盈余增加中,因此该部门盈余增加占增加值的比重偏高。

二、2007 年江苏最初投入结构分析

2007 年江苏 42 产业部门增加值结构情况见表 41。根据 2007 年"江苏投入产出表",表中序号指代的产业部门分别为:01 农林牧渔业,02 煤炭开采和洗选业,03 石油和天然气开采业,04 金属矿采选业,05 非金属矿及其他矿采选业,06 食品制造及烟草加工业,07 纺织业,08 纺织服装鞋帽皮革羽绒及其制品业,09 木材加工及家具制造业,10 造纸印刷及文教体育用品制造业,11 石油加工炼焦及核燃料加工业,12 化学工业,13 非金属矿物制品业,14 金属冶炼及压延加工业,15 金属制品业,16 通用专用设备制造业,17 交通运输设备制造业,18 电气机械及器材制造业,19 通信设备计算机及其他电子设备制造业,20 仪器仪表及文化办公用机械制造业,21 工艺品及其他制造业,22 废品废料,23 电力热力的生产和供应业,24 燃气生产和供应业,25 水的生产和供应业,26 建筑业,27 交通运输及仓储业,28 邮政业,29 信息传输计算机服务和软件业,30 批发和零售业,31 住宿和餐饮业,32 金融业,33 房地产业,34 租赁和商务服务业,35 研究与试验发展业,36 综合技术服务业,37 水利环境和公共设施管理业,38 居民服务和其他服务业,39 教育,40 卫生社会保障和社会福利业,41 文化体育和娱乐业,42 公共管理和社会组织;TVA(合计)。

表 41　2007 年江苏 42 产业部门增加值结构情况

%

序号	劳动者报酬	生产税净额	固定资产折旧	盈余增加	增加值
01	94.83	0.18	4.99	0.00	100
02	60.80	21.52	13.66	4.03	100
03	16.59	28.73	14.15	40.53	100
04	38.17	25.63	7.16	29.05	100
05	28.45	26.40	14.14	31.00	100
06	29.23	34.43	14.38	21.96	100
07	36.38	21.98	11.99	29.65	100

序号	劳动者报酬	生产税净额	固定资产折旧	盈余增加	增加值
08	49.22	20.12	6.83	23.83	100
09	39.24	18.60	9.51	32.66	100
10	28.94	17.76	20.94	32.36	100
11	30.52	28.01	20.36	21.12	100
12	28.09	21.53	15.62	34.76	100
13	35.33	21.30	13.87	29.50	100
14	25.51	25.86	16.87	31.75	100
15	31.08	18.91	10.16	39.84	100
16	37.46	20.51	9.85	32.18	100
17	41.71	23.45	10.40	24.44	100
18	28.33	20.91	7.80	42.97	100
19	34.56	19.00	19.34	27.10	100
20	38.89	19.49	8.97	32.65	100
21	44.31	21.41	8.18	26.10	100
22	1.49	0.64	0.55	97.31	100
23	16.60	23.72	37.84	21.85	100
24	41.93	7.06	39.40	11.62	100
25	44.57	13.64	36.14	5.65	100
26	51.62	12.39	5.40	30.58	100
27	37.28	12.88	20.72	29.11	100
28	76.74	9.42	27.34	−13.50	100
29	20.30	5.84	40.67	33.20	100
30	28.20	32.56	4.67	34.56	100
31	27.40	10.96	7.94	53.69	100
32	22.31	21.89	1.33	54.47	100
33	7.89	8.58	71.75	11.78	100
34	34.43	10.33	21.93	33.31	100
35	59.52	2.59	10.67	27.22	100

序号	劳动者报酬	生产税净额	固定资产折旧	盈余增加	增加值
36	55.93	9.47	9.91	24.68	100
37	49.05	2.61	25.02	23.32	100
38	28.70	6.53	4.86	59.91	100
39	79.84	0.28	10.35	9.53	100
40	76.47	0.85	9.53	13.16	100
41	42.88	11.38	14.42	31.32	100
42	86.73	0.50	12.32	0.45	100
TVA	38.65	17.07	14.73	29.54	100

2007 年江苏 42 个产业部门劳动者报酬合计在增加值合计中的占比为 38.65%,生产税净额合计的占比为 17.07%,固定资产折旧合计的占比为 14.73%,盈余增加合计的占比为 29.54%。其中,劳动者报酬在增加值中的占比高于 42 个产业部门平均水平(38.65%)的产业部门有 18 个,从高到低依次是农林牧渔业(94.83%)、公共管理和社会组织(86.73%)、教育(79.84%)、邮政业(76.74%)、卫生社会保障和社会福利业(76.47%)、煤炭开采和洗选业(60.80%)、研究与试验发展业(59.52%)、综合技术服务业(55.93%)、建筑业(51.62%)、纺织服装鞋帽皮革羽绒及其制品业(49.22%)、水利环境和公共设施管理业(49.05%)、水的生产和供应业(44.57%)、工艺品及其他制造业(44.31%)、文化体育和娱乐业(42.88%)、燃气生产和供应业(41.93%)、交通运输设备制造业(41.71%)、木材加工及家具制造业(39.24%)、仪器仪表及文化办公用机械制造业(38.89%),其中,第一产业 1 个、第二产业 10 个、第三产业 7 个。

生产税净额在增加值中的占比高于 42 个产业部门平均水平(17.07%)的产业部门有 23 个,从高到低依次是食品制造及烟草加工业(34.43%)、批发和零售业(32.56%)、石油和天然气开采业(28.73%)、石油加工炼焦及核燃料加工业(28.01%)、非金属矿及其他矿采选业(26.40%)、金属冶炼及压延加工业(25.86%)、金属矿采选业(25.63%)、电力热力的生产和供应业(23.72%)、交通运输设备制造业(23.45%)、纺织业(21.98%)、金融业(21.89%)、化学工业(21.53%)、煤炭开采和洗选业(21.52%)、工艺品及其他制造业(21.41%)、非金属矿物制品业(21.30%)、电气机械及器材制造业(20.91%)、通用专用设备制造业(20.51%)、纺织服装鞋帽皮革羽绒及其制品业(20.12%)、仪器仪表及文化办公用机械制造业（19.49％）、通信设备计算机及其他电子设备制造业（19％）、金属制品业（18.91％）、木材加工及家具制造业（18.60％）、造纸印刷及文教体育用品制造业（17.76％），其中，第二产业 21 个、第三产业 2 个。

固定资产折旧在增加值中的占比高于 42 个产业部门平均水平（14.73％）的产业部门有 14 个，从高到低依次是房地产业（71.75％）、信息传输计算机服务和软件业（40.67％）、燃气生产和供应业（39.40％）、电力热力的生产和供应业（37.84％）、水的生产和供应业（36.14％）、邮政业（27.34％）、水利环境和公共设施管理业（25.02％）、租赁和商务服务业（21.93％）、造纸印刷及文教体育用品制造业（20.94％）、交通运输及仓储业（20.72％）、石油加工炼焦及核燃料加工业（20.36％）、通信设备计算机及其他电子设备制造业（19.34％）、金属冶炼及压延加工业（16.87％）、化学工业（15.62％），在这 14 个产业部门中，第二产业 10 个、第三产业 4 个。

盈余增加在增加值中的占比高于 42 个产业部门平均水平（29.54％）的产业部门有 20 个，从高到低依次是废品废料（97.31％）、居民服务和其他服务业（59.91％）、金融业（54.47％）、住宿和餐饮业（53.69％）、电气机械及器材制造业（42.97％）、石油和天然气开采业（40.53％）、金属制品业（39.84％）、化学工业（34.76％）、批发和零售业（34.56％）、租赁和商务服务业（33.31％）、信息传输计算机服务和软件业（33.20％）、木材加工及家具制造业（32.66％）、仪器仪表及文化办公用机械制造业（32.65％）、造纸印刷及文教体育用品制造业（32.36％）、通用专用设备制造业（32.18％）、金属冶炼及压延加工业（31.75％）、文化体育和娱乐业（31.32％）、非金属矿及其他矿采选业（31％）、建筑业（30.58％）、纺织业（29.65％），其中，第二产业 13 个、第三产业 7 个。

三、2002 年江苏最初投入结构分析

2002 年江苏 42 产业部门增加值结构情况见表 42。根据 2002 年"江苏投入产出表"，表中序号指代的产业部门分别为：01 农林牧渔业，02 煤炭开采和洗选业，03 石油和天然气开采业，04 金属矿采选业，05 非金属矿采选业，06 食品制造及烟草加工业，07 纺织业，08 服装皮革羽绒及其制品业，09 木材加工及家具制造业，10 造纸印刷及文教用品制造业，11 石油加工炼焦及核燃料加工业，12 化学工业，13 非金属矿物制品业，14 金属冶炼及压延加工业，15 金属制品业，16 通用专用设备制造业，17 交通运输设备制造业，18 电气机械及器材制造业，19 通信设备计算机及其他电子设备制造业，20 仪器仪表及文化办公用机械制造业，21 其他制造业，22 废品废料，23 电力热力的生产和供应业，24 燃气生产和供应业，25 水的生产和供应业，26 建筑业，27 交通运

输及仓储业,28 邮政业,29 信息传输计算机服务和软件业,30 批发和零售贸易业,31 住宿和餐饮业,32 金融保险业,33 房地产业,34 租赁和商务服务业,35 旅游业,36 科学研究事业,37 综合技术服务业,38 其他社会服务业,39 教育事业,40 卫生社会保障和社会福利业,41 文化体育和娱乐业,42 公共管理和社会组织;TVA(合计)。

表 42　2002 年江苏 42 产业部门增加值结构情况

%

序号	劳动者报酬	生产税净额	固定资产折旧	盈余增加	增加值
01	83.79	3.40	5.48	7.33	100
02	56.50	14.07	20.53	8.90	100
03	43.22	20.63	6.19	29.96	100
04	25.05	15.17	13.68	46.10	100
05	57.47	22.14	13.96	6.44	100
06	25.99	21.69	9.96	42.36	100
07	32.24	27.20	14.95	25.60	100
08	37.80	10.29	6.63	45.28	100
09	40.12	29.52	11.09	19.27	100
10	24.65	22.77	17.99	34.59	100
11	20.68	38.70	16.77	23.85	100
12	22.00	27.60	16.02	34.39	100
13	35.47	23.56	16.41	24.55	100
14	27.58	23.12	11.97	37.32	100
15	38.89	22.23	15.68	23.20	100
16	32.96	22.58	13.06	31.39	100
17	34.52	23.84	15.08	26.57	100
18	28.14	20.08	16.77	35.01	100
19	36.30	21.87	15.04	26.79	100
20	39.31	14.59	15.31	30.78	100
21	29.88	33.25	13.61	23.25	100
22	0.00	0.00	0.00	100.00	100

序号	劳动者报酬	生产税净额	固定资产折旧	盈余增加	增加值
23	20.71	24.59	34.23	20.47	100
24	88.51	39.28	38.39	−66.18	100
25	41.59	19.50	33.84	5.06	100
26	73.63	0.41	7.11	18.85	100
27	57.32	5.10	19.50	18.08	100
28	71.79	7.30	12.96	7.94	100
29	30.46	1.63	63.16	4.75	100
30	70.14	2.40	14.20	13.27	100
31	58.54	4.34	17.33	19.79	100
32	67.65	2.04	23.18	7.13	100
33	19.09	4.71	67.50	8.69	100
34	55.64	8.58	33.08	2.69	100
35	72.07	2.80	4.75	20.39	100
36	94.98	1.06	2.14	1.82	100
37	67.86	2.50	28.14	1.51	100
38	73.15	4.31	12.13	10.42	100
39	99.56	0.09	0.35	0.00	100
40	87.76	0.07	11.52	0.66	100
41	61.49	8.45	21.98	8.08	100
42	94.45	1.06	3.25	1.24	100
TVA	51.18	11.86	16.70	20.26	100

2002 年江苏 42 个产业部门劳动者报酬合计在增加值合计中的占比为 51.18％,生产税净额合计的占比为 11.86％,固定资产折旧合计的占比为 16.70％,盈余增加合计的占比为 20.26％。其中,劳动者报酬在增加值中的占比高于 42 个产业部门平均水平(51.18％)的产业部门有 19 个,从高到低依次是教育事业(99.56％)、科学研究事业(94.98％)、公共管理和社会组织(94.45％)、燃气生产和供应业(88.51％)、卫生社会保障和社会福利业(87.76％)、农林牧渔业(83.79％)、建筑业(73.63％)、其他社会服务业(73.15％)、旅游业(72.07％)、邮政业(71.79％)、批发和零售贸易业(70.14％)、综合技术服务业

（67.86%）、金融保险业（67.65%）、文化体育和娱乐业（61.49%）、住宿和餐饮业（58.54%）、非金属矿采选业（57.47%）、交通运输及仓储业（57.32%）、煤炭开采和洗选业（56.50%）、租赁和商务服务业（55.64%），其中，第一产业 1 个、第二产业 6 个、第三产业 12 个。

生产税净额在增加值中的占比高于 42 个产业部门平均水平（11.86%）的产业部门有 22 个，从高到低依次是燃气生产和供应业（39.28%）、石油加工炼焦及核燃料加工业（38.70%）、其他制造业（33.25%）、木材加工及家具制造业（29.52%）、化学工业（27.60%）、纺织业（27.20%）、电力热力的生产和供应业（24.59%）、交通运输设备制造业（23.84%）、非金属矿物制品业（23.56%）、金属冶炼及压延加工业（23.12%）、造纸印刷及文教用品制造业（22.77%）、通用专用设备制造业（22.58%）、金属制品业（22.23%）、非金属矿采选业（22.14%）、通信设备计算机及其他电子设备制造业（21.87%）、食品制造及烟草加工业（21.69%）、石油和天然气开采业（20.63%）、电气机械及器材制造业（20.08%）、水的生产和供应业（19.50%）、金属矿采选业（15.17%）、仪器仪表及文化办公用机械制造业（14.59%）、煤炭开采和洗选业（14.07%），均属第二产业。

固定资产折旧在增加值中的占比高于 42 个产业部门平均水平（16.70%）的产业部门有 15 个，从高到低依次是房地产业（67.50%）、信息传输计算机服务和软件业（63.16%）、燃气生产和供应业（38.39%）、电力热力的生产和供应业（34.23%）、水的生产和供应业（33.84%）、租赁和商务服务业（33.08%）、综合技术服务业（28.14%）、金融保险业（23.18%）、文化体育和娱乐业（21.98%）、煤炭开采和洗选业（20.53%）、交通运输及仓储业（19.50%）、造纸印刷及文教用品制造业（17.99%）、住宿和餐饮业（17.33%）、石油加工炼焦及核燃料加工业（16.77%）、电气机械及器材制造业（16.77%），其中，第二产业 8 个、第三产业 7 个。

盈余增加在增加值中的占比高于 42 个产业部门平均水平（20.26%）的产业部门有 20 个，从高到低依次是废品废料（100%）、金属矿采选业（46.10%）、服装皮革羽绒及其制品业（45.28%）、食品制造及烟草加工业（42.36%）、金属冶炼及压延加工业（37.32%）、电气机械及器材制造业（35.01%）、造纸印刷及文教用品制造业（34.59%）、化学工业（34.39%）、通用专用设备制造业（31.39%）、仪器仪表及文化办公用机械制造业（30.78%）、石油和天然气开采业（29.96%）、通信设备计算机及其他电子设备制造业（26.79%）、交通运输设备制造业（26.57%）、纺织业（25.60%）、非金属矿物制品业（24.55%）、石油加工炼焦及核燃料加工业（23.85%）、其他制造业（23.25%）、金属制品业（23.20%）、电力热力的生产和供应业（20.47%）、旅游业（20.39%），其中，第二产业 19 个、第三产业 1 个。

从增加值构成的变动情况来看，2002—2012 年，江苏 42 个产业部门劳动者报酬合计在增加值合计中的占比下降了 8.81 个百分点，平均每年下降 0.881 个百分点；生产税净额合计的占比下降了 1.36 个百分点，平均每年下降 0.136 个百分点；固定资产折旧合计的占比下降了 1.58 个百分点，平均每年下降 0.158 个百分点；盈余增加合计的占比上升了 11.75 个百分点，平均每年上升 1.175 个百分点。分阶段来看，2007—2012 年，江苏 42 个产业部门劳动者报酬合计在增加值合计中的占比上升了 3.72 个百分点，平均每年上升 0.744 个百分点；生产税净额合计的占比下降了 6.57 个百分点，平均每年下降 1.314 个百分点；固定资产折旧合计的占比上升了 0.39 个百分点，平均每年上升 0.078 个百分点；盈余增加合计的占比上升了 2.47 个百分点，平均每年上升 0.494 个百分点。2002—2007 年，江苏 42 个产业部门劳动者报酬合计在增加值合计中的占比下降了 12.53 个百分点，平均每年下降 2.506 个百分点；生产税净额合计的占比上升了 5.21 个百分点，平均每年上升 1.042 个百分点；固定资产折旧合计的占比下降了 1.97 个百分点，平均每年下降 0.394 个百分点；盈余增加合计的占比上升了 9.28 个百分点，平均每年上升 1.856 个百分点。2002 年、2007 年、2012 年中劳动者报酬在增加值中的占比均较大的产业部门是农林牧渔产品和服务、教育、公共管理社会保障和社会组织、卫生和社会服务、科学研究和技术服务、文化体育和娱乐、建筑、交通运输设备、煤炭采选产品、交通运输仓储和邮政；生产税净额在增加值中的占比均较大的产业部门是石油炼焦产品和核燃料加工品、石油和天然气开采产品、金属矿采选产品、食品和烟草、煤炭采选产品、金属制品机械和设备修理服务、非金属矿和其他矿采选产品、化学产品；固定资产折旧在增加值中的占比均较大的产业部门是房地产、水的生产和供应、电力热力的生产和供应、造纸印刷和文教体育用品、交通运输仓储和邮政、信息传输软件和信息技术服务；盈余增加在增加值中的占比均较大的产业部门是废品废料、电气机械和器材、化学产品、仪器仪表、专用设备、通用设备、纺织品、金属制品。

第六章

江苏产业感应度影响力分析

SIX

产业关联是指产业间的技术经济联系及相互依赖程度,是区域主导产业评价和选择的最主要标准。而投入产出分析是测度产业关联水平并揭示产业关联内在机制的重要方法,其中感应度系数和影响力系数是运用最为广泛的两个指标。

第一节 投入产出关键系数分析

一、直接消耗系数分析

在投入产出表分析中,直接消耗系数是指生产单位产品对某一产业产品的直接消耗量,计算公式为:

$$a_{ij}=\frac{x_{ij}}{X_j} \quad i,j=1,2,\cdots,n$$

式中,a_{ij} 是指生产第 j 产业产品对第 i 产业产品的直接消耗系数,即生产单位 j 产品所消耗的 i 产业产品数量;x_{ij} 是指生产 j 产品所消耗的 i 产业产品数量;X_j 是指 j 产业总产出。

用 A 表示直接消耗系数矩阵,则

$$A=\begin{bmatrix} a_{11} & a_{12} & \cdots & a_{1n} \\ a_{21} & a_{22} & \cdots & a_{2n} \\ \vdots & \vdots & & \vdots \\ a_{n1} & a_{n2} & \cdots & a_{nn} \end{bmatrix}=\begin{bmatrix} \frac{x_{11}}{X_1} & \frac{x_{12}}{X_2} & \cdots & \frac{x_{1n}}{X_n} \\ \frac{x_{21}}{X_1} & \frac{x_{22}}{X_2} & \cdots & \frac{x_{2n}}{X_n} \\ \vdots & \vdots & & \vdots \\ \frac{x_{n1}}{X_1} & \frac{x_{n2}}{X_2} & \cdots & \frac{x_{nn}}{X_n} \end{bmatrix}$$

直接消耗系数矩阵是投入产出表分析中的重要矩阵,是计算列昂惕夫逆矩阵、完全消耗系数矩阵,以及进行感应度、影响力、生产诱发、需求依赖度等产业波及效应分析的基础矩阵。由于篇幅关系,具体数据略。

二、列昂惕夫逆矩阵系数分析

根据投入产出表的行平衡关系:

$$\sum_{j=1}^{n} x_{ij}+Y_i=X_i \quad i=1,2,\cdots,n$$

将直接消耗系数公式代入以上平衡方程式中,得

$$\sum_{j=1}^{n} a_{ij}X_j+Y_i=X_i \quad i=1,2,\cdots,n$$

用矩阵表示为:

$$AX + Y = X$$

移项整理得

$$X = (I-A)^{-1}Y$$

式中，X 为总产出向量；Y 为最终需求向量；A 为直接消耗系数矩阵；I 为单位矩阵；$(I-A)^{-1}$ 则被称为列昂惕夫逆矩阵。用 $\overline{b}_{ij}$ 表示列昂惕夫逆矩阵系数，$\overline{B}$ 表示列昂惕夫逆矩阵，则

$$\overline{B} = (I-A)^{-1} = \begin{bmatrix} \overline{b}_{11} & \overline{b}_{12} & \cdots & \overline{b}_{1n} \\ \overline{b}_{21} & \overline{b}_{22} & \cdots & \overline{b}_{2n} \\ \vdots & \vdots & & \vdots \\ \overline{b}_{n1} & \overline{b}_{n2} & \cdots & \overline{b}_{nn} \end{bmatrix}$$

列昂惕夫逆矩阵是在直接消耗系数矩阵基础上计算出来的，但其在投入产出表分析中的作用更大，可以直接参与到一系列重要的计算过程，对产业关联分析的意义尤其重大。由于篇幅关系，具体数据略。

三、完全消耗系数分析

直接消耗系数能够反映两个产业产品间的直接消耗关系。但产品之间的消耗关系不仅有直接消耗，还有间接消耗。直接消耗和全部间接消耗之和，即产业产品间的完全消耗。相应地，直接消耗系数和全部间接消耗系数之和，即完全消耗系数。根据完全消耗的含义，有如下关系式：

$$b_{ij} = a_{ij} + \sum_{k=1}^{n} a_{ik}a_{kj} + \sum_{s}\sum_{k} a_{is}a_{sk}a_{kj} + \sum_{t}\sum_{s}\sum_{k} a_{it}a_{ts}a_{sk}a_{kj} + \cdots$$

式中，b_{ij} 为完全消耗系数，即生产单位 j 产品对 i 产业产品的直接消耗和全部间接消耗数量之和；a_{ij} 是指生产第 j 产业产品对第 i 产业产品的直接消耗系数。用 B 表示完全消耗系数矩阵，上述关系式写成矩阵形式：

$$B = A + A^2 + A^3 + A^4 + \cdots$$
$$= (I-A)^{-1} - I$$

从 A 和 B 的关系来看：

$$B = A + BA$$

经过变换：

$$B = (I-A)^{-1} - I$$

从 B 和 $\overline{B}$ 的关系来看：

$$B = \overline{B} - I$$

由于篇幅关系，具体数据略。

第二节 产业感应度分析

感应度系数是指当国民经济各个产品部门均增加一个单位的最终使用时,某一产品部门因此而受到的需求感应程度,也就是需要该部门为其他部门的生产而提供的产出量。感应度系数 E_i 的计算公式为:

$$E_i = \frac{\sum_{j=1}^{n} \bar{b}_{ij}}{\frac{1}{n} \cdot \sum_{i=1}^{n} \sum_{j=1}^{n} \bar{b}_{ij}} \quad i = 1, 2, \cdots, n$$

式中,$\sum_{j=1}^{n} \bar{b}_{ij}$ 为列昂惕夫逆矩阵的第 i 行之和;$\frac{1}{n} \cdot \sum_{i=1}^{n} \sum_{j=1}^{n} \bar{b}_{ij}$ 为列昂惕夫逆矩阵各行之和的平均值。

当 $E_i > 1$ 时,表示第 i 产品部门所受到的感应程度高于社会平均感应水平(即各产品部门所受到的感应程度的平均值);当 $E_i = 1$ 时,表示第 i 产品部门所受到的感应程度等于社会平均感应水平;当 $E_i < 1$ 时,表示第 i 产品部门所受到的感应程度低于社会平均感应水平。

一、2012 年江苏产业感应度分析

2012 年江苏 42 产业部门感应度系数见表 43。2012 年江苏 42 产业部门中感应度系数大于 1 的产业部门有 16 个,从高到低依次是金属冶炼和压延加工品(4.3496)、化学产品(3.6731)、金属矿采选产品(2.541)、煤炭采选产品(1.7411)、电力热力的生产和供应(1.5994)、交通运输仓储和邮政(1.5195)、金融(1.3214)、租赁和商务服务(1.3137)、农林牧渔产品和服务(1.2452)、批发和零售(1.2154)、金属制品(1.1829)、造纸印刷和文教体育用品(1.1219)、石油和天然气开采产品(1.0665)、燃气生产和供应(1.0635)、通信设备计算机和其他电子设备(1.0588)、纺织品(1.0155)。其中,第一产业 1 个、第二产业 11 个、第三产业 4 个。

表 43　2012 年江苏 42 产业部门感应度系数

序号	产业名称	感应度系数
01	农林牧渔产品和服务	1.2452
02	煤炭采选产品	1.7411
03	石油和天然气开采产品	1.0665

序号	产业名称	感应度系数
04	金属矿采选产品	2.5410
05	非金属矿和其他矿采选产品	0.8179
06	食品和烟草	0.9925
07	纺织品	1.0155
08	纺织服装鞋帽皮革羽绒及其制品	0.4678
09	木材加工品和家具	0.6068
10	造纸印刷和文教体育用品	1.1219
11	石油炼焦产品和核燃料加工品	0.9496
12	化学产品	3.6731
13	非金属矿物制品	0.8933
14	金属冶炼和压延加工品	4.3496
15	金属制品	1.1829
16	通用设备	0.8505
17	专用设备	0.5812
18	交通运输设备	0.5174
19	电气机械和器材	0.8998
20	通信设备计算机和其他电子设备	1.0588
21	仪器仪表	0.4429
22	其他制造产品	0.4754
23	废品废料	0.7416
24	金属制品机械和设备修理服务	0.4334
25	电力热力的生产和供应	1.5994
26	燃气生产和供应	1.0635
27	水的生产和供应	0.3866
28	建筑	0.4139
29	批发和零售	1.2154
30	交通运输仓储和邮政	1.5195
31	住宿和餐饮	0.6792

续表

序号	产业名称	感应度系数
32	信息传输软件和信息技术服务	0.5274
33	金融	1.3214
34	房地产	0.5291
35	租赁和商务服务	1.3137
36	科学研究和技术服务	0.3995
37	水利环境和公共设施管理	0.3545
38	居民服务修理和其他服务	0.5293
39	教育	0.3859
40	卫生和社会服务	0.3615
41	文化体育和娱乐	0.3797
42	公共管理社会保障和社会组织	0.3548

注：表中数据根据 2012 年"江苏投入产出表"整理计算。

可见,感应度系数大的部门主要集中于第二产业,其中传统产业居多。需要指出的是,金融的感应度系数也较大,表明现代经济发展中金融服务发挥着越来越重要的作用。在经济发展与结构调整中,保持感应度系数较大的部门持续稳定增长,对国民经济协调发展具有十分重要的意义。

二、2007 年江苏产业感应度分析

2007 年江苏 42 产业部门感应度系数见表 44。2007 年江苏 42 个产业部门中感应度系数大于 1 的产业部门有 17 个,从高到低排序依次是金属冶炼及压延加工业(3.6748)、化学工业(3.3848)、电力热力的生产和供应业(2.1306)、石油和天然气开采业(1.7744)、通信设备计算机及其他电子设备制造业(1.7005)、农林牧渔业(1.6365)、通用专用设备制造业(1.6226)、石油加工炼焦及核燃料加工业(1.6111)、交通运输及仓储业(1.4276)、食品制造及烟草加工业(1.1970)、纺织业(1.1759)、电气机械及器材制造业(1.1427)、金融业(1.1234)、交通运输设备制造业(1.0786)、批发和零售业(1.0659)、金属制品业(1.0181)、造纸印刷及文教体育用品制造业(1.0035)。其中,第一产业 1 个、第二产业 13 个、第三产业 3 个。

表 44 2007 年江苏 42 产业部门感应度系数

序号	产业名称	感应度系数
01	农林牧渔业	1.6365
02	煤炭开采和洗选业	0.9791
03	石油和天然气开采业	1.7744
04	金属矿采选业	0.8962
05	非金属矿及其他矿采选业	0.5286
06	食品制造及烟草加工业	1.1970
07	纺织业	1.1759
08	纺织服装鞋帽皮革羽绒及其制品业	0.5938
09	木材加工及家具制造业	0.7520
10	造纸印刷及文教体育用品制造业	1.0035
11	石油加工炼焦及核燃料加工业	1.6111
12	化学工业	3.3848
13	非金属矿物制品业	0.8800
14	金属冶炼及压延加工业	3.6748
15	金属制品业	1.0181
16	通用专用设备制造业	1.6226
17	交通运输设备制造业	1.0786
18	电气机械及器材制造业	1.1427
19	通信设备计算机及其他电子设备制造业	1.7005
20	仪器仪表及文化办公用机械制造业	0.6785
21	工艺品及其他制造业	0.4869
22	废品废料	0.6380
23	电力热力的生产和供应业	2.1306
24	燃气生产和供应业	0.4159
25	水的生产和供应业	0.3859
26	建筑业	0.4289
27	交通运输及仓储业	1.4276
28	邮政业	0.3891

序号	产业名称	感应度系数
29	信息传输计算机服务和软件业	0.5826
30	批发和零售业	1.0659
31	住宿和餐饮业	0.7603
32	金融业	1.1234
33	房地产业	0.5303
34	租赁和商务服务业	0.7476
35	研究与试验发展业	0.4144
36	综合技术服务业	0.5344
37	水利环境和公共设施管理业	0.4146
38	居民服务和其他服务业	0.5836
39	教育	0.4012
40	卫生社会保障和社会福利业	0.4070
41	文化体育和娱乐业	0.4454
42	公共管理和社会组织	0.3578

注：表中数据根据 2007 年"江苏投入产出表"整理计算。

三、2002 年江苏产业感应度分析

2002 年江苏 42 产业部门感应度系数见表 45。2002 年江苏 42 产业部门中感应度系数大于 1 的产业部门有 12 个,从高到低依次是化学工业(4.937)、金属冶炼及压延加工业(2.5519)、批发和零售贸易业(2.5264)、农林牧渔业(2.1620)、通信设备计算机及其他电子设备制造业(1.8757)、电力热力的生产和供应业(1.7477)、纺织业(1.6110)、通用专用设备制造业(1.6069)、造纸印刷及文教用品制造业(1.2553)、交通运输及仓储业(1.2509)、金融保险业(1.2324)、电气机械及器材制造业(1.0048)。其中,第一产业 1 个、第二产业 8 个、第三产业 3 个。

表 45　2002 年江苏 42 产业部门感应度系数

序号	产业名称	感应度系数
01	农林牧渔业	2.1620
02	煤炭开采和洗选业	0.6523

序号	产业名称	感应度系数
03	石油和天然气开采业	0.8503
04	金属矿采选业	0.4151
05	非金属矿采选业	0.4353
06	食品制造及烟草加工业	0.9291
07	纺织业	1.6110
08	服装皮革羽绒及其制品业	0.4860
09	木材加工及家具制造业	0.5688
10	造纸印刷及文教用品制造业	1.2553
11	石油加工炼焦及核燃料加工业	0.8960
12	化学工业	4.9370
13	非金属矿物制品业	0.7296
14	金属冶炼及压延加工业	2.5519
15	金属制品业	0.9195
16	通用专用设备制造业	1.6069
17	交通运输设备制造业	0.9442
18	电气机械及器材制造业	1.0048
19	通信设备计算机及其他电子设备制造业	1.8757
20	仪器仪表及文化办公用机械制造业	0.5880
21	其他制造业	0.8837
22	废品废料	0.5470
23	电力热力的生产和供应业	1.7477
24	燃气生产和供应业	0.6602
25	水的生产和供应业	0.5447
26	建筑业	0.3663
27	交通运输及仓储业	1.2509
28	邮政业	0.4002
29	信息传输计算机服务和软件业	0.7275
30	批发和零售贸易业	2.5264

序号	产业名称	感应度系数
31	住宿和餐饮业	0.8505
32	金融保险业	1.2324
33	房地产业	0.4328
34	租赁和商务服务业	0.5274
35	旅游业	0.9323
36	科学研究事业	0.4310
37	综合技术服务业	0.4450
38	其他社会服务业	0.4877
39	教育事业	0.3630
40	卫生社会保障和社会福利业	0.3545
41	文化体育和娱乐业	0.5173
42	公共管理和社会组织	0.3526

注：表中数据根据 2002 年"江苏投入产出表"整理计算。

2002 年、2007 年、2012 年,感应度系数均较大的产业部门是金属冶炼和压延加工品、化学产品、电力热力的生产和供应、交通运输仓储和邮政、金融、农林牧渔产品和服务、批发和零售、造纸印刷和文教体育用品、通信设备计算机和其他电子设备、纺织品。尤其是金属冶炼和压延加工品、化学产品,其系数始终高于其他产业部门。金属矿采选产品、煤炭采选产品、租赁和商务服务、金属制品、石油和天然气开采产品、燃气生产和供应的感应度系数不断上升;电气机械和器材、通用专用设备的感应度系数下降。产业感应度系数能够反映产业的前向关联程度,感应度系数大的产业部门,在经济快速增长时受各产业部门影响的程度更大,进而容易达到相对更高的产业发展速度。上述在 3 个年份中感应度系数均较大的产业部门,是江苏经济中敏感度较高的产业部门,可作为江苏产业发展的重点领域来关注,因为对于这些产业部门,相应的产业政策更容易落地,从而发挥更大的实施成效。在上述产业中仍主要以第二产业的产业部门为主,表明江苏经济,尤其是产业经济的核心竞争力和发展潜力目前仍在第二产业,并且纺织、化工等传统产业的优势仍然较大。产业结构升级的趋势是向"三二一"型转变。对于江苏而言,三次产业地区生产总值达到"三二一"型的目标已经实现,但这并不代表产业转型的任务已经完成,因为产业升级的关键是要实现三次产业核心竞争力和发展动力的转换。只有第三产业在三次产业中占据核心地位,最具竞争力和优势,才能使转型升级的成效稳固下来,真正使产业达到高级化水平。当前,感应度系数较高的产业部门中,仅有金融、批发和零售、租赁和商务服务等属于第三产业,第三产业的优势不明显,因此,要在供给侧结构改革背景下,培育服务业发展新领域、新业态、新模式,使服务业能够适应经济发展趋势,实现产业升级和飞跃发展。

第三节 产业影响力分析

影响力系数反映的是,当国民经济某一产品部门增加一个单位最终使用时,对国民经济各产品部门所产生的生产需求及其波及程度。

影响力系数 f_j 的计算公式为:

$$f_j = \frac{\sum_{i=1}^{n} \bar{b}_{ij}}{\frac{1}{n} \cdot \sum_{j=1}^{n} \sum_{i=1}^{n} \bar{b}_{ij}} \quad i=1,2,\cdots,n$$

式中, $\sum_{i=1}^{n} \bar{b}_{ij}$ 为列昂惕夫逆矩阵的第 j 列之和; $\frac{1}{n} \cdot \sum_{j=1}^{n} \sum_{i=1}^{n} \bar{b}_{ij}$ 为列昂惕夫逆矩阵各列之和的平均值。

当 $f_j > 1$ 时,表示第 j 产品部门生产对其他产品部门所产生的波及影响程度高于社会平均影响力水平(即各产品部门所产生的波及影响的平均值);当 $f_j = 1$ 时,表示第 j 产品部门生产对其他产品部门所产生的波及影响程度等于社会平均影响力水平;当 $f_j < 1$ 时,表示第 j 产品部门生产对其他产品部门所产生的波及影响程度低于社会平均影响力水平。

影响力系数越大,第 j 产品部门对其他产品部门的拉动作用越大。

一、2012 年江苏产业影响力分析

2012 年江苏 42 产业部门影响力系数见表 46。2012 年江苏 42 个产业部门中影响力系数大于 1 的有 21 个,从高到低依次是金属矿采选产品(1.6102)、金属冶炼和压延加工品(1.4152)、交通运输设备(1.4144)、电气机械和器材(1.3592)、通信设备计算机和其他电子设备(1.3463)、金属制品机械和设备修理服务(1.3171)、通用设备(1.3025)、金属制品(1.2843)、其他制造产品(1.2835)、仪器仪表(1.2789)、专用设备(1.2759)、建筑(1.2295)、燃气生产和

供应(1.2071)、木材加工品和家具(1.1820)、纺织品(1.1773)、非金属矿物制品(1.1695)、纺织服装鞋帽皮革羽绒及其制品(1.1546)、化学产品(1.1426)、造纸印刷和文教体育用品(1.1160)、非金属矿和其他矿采选产品(1.0713)、电力热力的生产和供应(1.0446),均属第二产业。

表 46 2012 年江苏 42 产业部门影响力系数

序号	产业名称	影响力系数
01	农林牧渔产品和服务	0.7143
02	煤炭采选产品	0.8393
03	石油和天然气开采产品	0.4782
04	金属矿采选产品	1.6102
05	非金属矿和其他矿采选产品	1.0713
06	食品和烟草	0.8956
07	纺织品	1.1773
08	纺织服装鞋帽皮革羽绒及其制品	1.1546
09	木材加工品和家具	1.1820
10	造纸印刷和文教体育用品	1.1160
11	石油炼焦产品和核燃料加工品	0.7847
12	化学产品	1.1426
13	非金属矿物制品	1.1695
14	金属冶炼和压延加工品	1.4152
15	金属制品	1.2843
16	通用设备	1.3025
17	专用设备	1.2759
18	交通运输设备	1.4144
19	电气机械和器材	1.3592
20	通信设备计算机和其他电子设备	1.3463
21	仪器仪表	1.2789
22	其他制造产品	1.2835
23	废品废料	0.5135
24	金属制品机械和设备修理服务	1.3171

序号	产业名称	影响力系数
25	电力热力的生产和供应	1.0446
26	燃气生产和供应	1.2071
27	水的生产和供应	0.8058
28	建筑	1.2295
29	批发和零售	0.5110
30	交通运输仓储和邮政	0.8446
31	住宿和餐饮	0.8368
32	信息传输软件和信息技术服务	0.7877
33	金融	0.7334
34	房地产	0.5506
35	租赁和商务服务	0.7763
36	科学研究和技术服务	0.9596
37	水利环境和公共设施管理	0.7967
38	居民服务修理和其他服务	0.8470
39	教育	0.5138
40	卫生和社会服务	0.9331
41	文化体育和娱乐	0.8659
42	公共管理社会保障和社会组织	0.6298

注：表中数据根据 2012 年"江苏投入产出表"整理计算。

二、2007 年江苏产业影响力分析

2007 年江苏 42 产业部门影响力系数见表 47。2007 年江苏 42 个产业部门中影响力系数大于 1 的有 22 个，从高到低依次是金属制品业（1.3432）、通信设备计算机及其他电子设备制造业（1.3049）、通用专用设备制造业（1.2895）、仪器仪表及文化办公用机械制造业（1.2872）、电气机械及器材制造业（1.2851）、金属冶炼及压延加工业（1.2830）、交通运输设备制造业（1.2405）、纺织服装鞋帽皮革羽绒及其制品业（1.2235）、木材加工及家具制造业（1.2222）、化学工业（1.2138）、纺织业（1.1845）、石油加工炼焦及核燃料加工业（1.1811）、建筑业（1.1809）、工艺品及其他制造业（1.1699）、非金属矿物制品业（1.1666）、电力热力的生产和供应业（1.1504）、非金属矿及其他矿采选业

（1.1403）、造纸印刷及文教体育用品制造业（1.1168）、燃气生产和供应业（1.1011）、金属矿采选业（1.0823）、租赁和商务服务业（1.0770）、综合技术服务业（1.0038）。其中,第二产业20个、第三产业2个。

表47　2007年江苏42产业部门影响力系数

序号	产业名称	影响力系数
01	农林牧渔业	0.7343
02	煤炭开采和洗选业	0.9258
03	石油和天然气开采业	0.9643
04	金属矿采选业	1.0823
05	非金属矿及其他矿采选业	1.1403
06	食品制造及烟草加工业	0.9707
07	纺织业	1.1845
08	纺织服装鞋帽皮革羽绒及其制品业	1.2235
09	木材加工及家具制造业	1.2222
10	造纸印刷及文教体育用品制造业	1.1168
11	石油加工炼焦及核燃料加工业	1.1811
12	化学工业	1.2138
13	非金属矿物制品业	1.1666
14	金属冶炼及压延加工业	1.2830
15	金属制品业	1.3432
16	通用专用设备制造业	1.2895
17	交通运输设备制造业	1.2405
18	电气机械及器材制造业	1.2851
19	通信设备计算机及其他电子设备制造业	1.3049
20	仪器仪表及文化办公用机械制造业	1.2872
21	工艺品及其他制造业	1.1699
22	废品废料	0.4083
23	电力热力的生产和供应业	1.1504
24	燃气生产和供应业	1.1011
25	水的生产和供应业	0.9037

序号	产业名称	影响力系数
26	建筑业	1.1809
27	交通运输及仓储业	0.8936
28	邮政业	0.8488
29	信息传输计算机服务和软件业	0.8270
30	批发和零售业	0.5671
31	住宿和餐饮业	0.9053
32	金融业	0.5825
33	房地产业	0.5373
34	租赁和商务服务业	1.0770
35	研究与试验发展业	0.8572
36	综合技术服务业	1.0038
37	水利环境和公共设施管理业	0.8262
38	居民服务和其他服务业	0.8737
39	教育	0.6504
40	卫生社会保障和社会福利业	0.9676
41	文化体育和娱乐业	0.8057
42	公共管理和社会组织	0.7031

注：表中数据根据 2007 年"江苏投入产出表"整理计算。

三、2002 年江苏产业影响力分析

2002 年江苏 42 产业部门影响力系数见表 48。2002 年江苏 42 个产业部门中影响力系数大于 1 的有 20 个，从高到低依次是仪器仪表及文化办公用机械制造业（1.3740）、其他制造业（1.3633）、电气机械及器材制造业（1.3609）、通信设备计算机及其他电子设备制造业（1.3288）、通用专用设备制造业（1.3229）、金属制品业（1.3162）、交通运输设备制造业（1.3115）、燃气生产和供应业（1.3074）、金属冶炼及压延加工业（1.3031）、金属矿采选业（1.2786）、纺织业（1.2498）、木材加工及家具制造业（1.2263）、化学工业（1.2103）、非金属矿物制品业（1.1954）、建筑业（1.1825）、造纸印刷及文教用品制造业（1.1782）、服装皮革羽绒及其制品业（1.1302）、食品制造及烟草加工业（1.1064）、非金属矿采选业（1.0749）、卫生社会保障和社会福利业（1.0555）。其中，第二产业 19 个、第三产业 1 个。

表 48　2002 年江苏 42 产业部门影响力系数

序号	产业名称	影响力系数
01	农林牧渔业	0.8177
02	煤炭开采和洗选业	0.7827
03	石油和天然气开采业	0.4908
04	金属矿采选业	1.2786
05	非金属矿采选业	1.0749
06	食品制造及烟草加工业	1.1064
07	纺织业	1.2498
08	服装皮革羽绒及其制品业	1.1302
09	木材加工及家具制造业	1.2263
10	造纸印刷及文教用品制造业	1.1782
11	石油加工炼焦及核燃料加工业	0.9958
12	化学工业	1.2103
13	非金属矿物制品业	1.1954
14	金属冶炼及压延加工业	1.3031
15	金属制品业	1.3162
16	通用专用设备制造业	1.3229
17	交通运输设备制造业	1.3115
18	电气机械及器材制造业	1.3609
19	通信设备计算机及其他电子设备制造业	1.3288
20	仪器仪表及文化办公用机械制造业	1.3740
21	其他制造业	1.3633
22	废品废料	0.3513
23	电力热力的生产和供应业	0.9125
24	燃气生产和供应业	1.3074
25	水的生产和供应业	0.9591
26	建筑业	1.1825
27	交通运输及仓储业	0.8833
28	邮政业	0.7445

序号	产业名称	影响力系数
29	信息传输计算机服务和软件业	0.8428
30	批发和零售贸易业	0.8018
31	住宿和餐饮业	0.7414
32	金融保险业	0.7247
33	房地产业	0.5762
34	租赁和商务服务业	0.7301
35	旅游业	0.8924
36	科学研究事业	0.8468
37	综合技术服务业	0.7574
38	其他社会服务业	0.8477
39	教育事业	0.7012
40	卫生社会保障和社会福利业	1.0555
41	文化体育和娱乐业	0.8139
42	公共管理和社会组织	0.9093

注：表中数据根据 2002 年"江苏投入产出表"整理计算。

2002 年、2007 年、2012 年,影响力系数均较大的产业部门是金属矿采选产品、金属冶炼和压延加工品、交通运输设备、电气机械和器材、通信设备计算机和其他电子设备、通用设备、金属制品、其他制造产品、仪器仪表、专用设备、建筑、燃气生产和供应、木材加工品和家具、纺织品、非金属矿物制品、纺织服装鞋帽皮革羽绒及其制品、化学产品、造纸印刷和文教体育用品、非金属矿和其他矿采选产品,均属第二产业。产业影响力系数能够反映产业的后向关联程度,影响力系数大的产业部门,对其他产业部门及整个经济的发展都具有较大的拉动作用。上述在 3 个年份中影响力系数均较大的产业部门需要重点关注,其中部分产业可作为江苏的支柱产业。从上述产业部门的属性来看,均属第二产业,表明在未来一定时期内,江苏经济发展仍要依靠第二产业拉动。

产业影响力系数是产业经济学,尤其是产业关联度分析中非常重要的指标之一,是确定区域主导产业的重要参考指标。根据该指标计算出来的影响力较大的产业部门,值得重点关注并作为区域主导产业的备选。江苏影响力较大的产业部门以第二产业居多,并且这种格局及其主要产业部门均延续了十余年,这是制定产业政策必须重视的现实基础,不能忽视。

第四节 感应度影响力综合分析

感应度系数和影响力系数是两个相关联的指标,将两个指标结合起来,对考察产业部门功能的意义更为重大。

一、2012 年江苏感应度影响力分析

2012 年江苏 42 产业部门感应度和影响力综合情况见表 49。

表 49 2012 年江苏 42 产业部门感应度和影响力综合情况

影响力系数大	Ⅱ 交通运输设备(0.52,1.41)、电气机械和器材(0.90,1.36)、金属制品机械和设备修理服务(0.43,1.32)、通用设备(0.85,1.30)、其他制造产品(0.48,1.28)、仪器仪表(0.44,1.28)、专用设备(0.58,1.28)、建筑(0.41,1.23)、木材加工品和家具(0.61,1.18)、非金属矿物制品(0.89,1.17)、纺织服装鞋帽皮革羽绒及其制品(0.47,1.15)、非金属矿和其他矿采选产品(0.82,1.07)	Ⅰ 金属矿采选产品(2.54,1.61)、金属冶炼和压延加工品(4.35,1.42)、通信设备计算机和其他电子设备(1.06,1.35)、金属制品(1.18,1.28)、燃气生产和供应(1.06,1.21)、纺织品(1.02,1.18)、化学产品(3.67,1.14)、造纸印刷和文教体育用品(1.12,1.12)、电力热力的生产和供应(1.60,1.04)
影响力系数小	Ⅲ 科学研究和技术服务(0.40,0.96)、卫生和社会服务(0.36,0.93)、食品和烟草(0.99,0.90)、文化体育和娱乐(0.38,0.87)、居民服务修理和其他服务(0.53,0.85)、住宿和餐饮(0.68,0.84)、水的生产和供应(0.39,0.81)、水利环境和公共设施管理(0.35,0.80)、信息传输软件和信息技术服务(0.53,0.79)、石油炼焦产品和核燃料加工品(0.95,0.78)、公共管理社会保障和社会组织(0.35,0.63)、房地产(0.53,0.55)、教育(0.39,0.51)、废品废料(0.74,0.51)	Ⅳ 交通运输仓储和邮政(1.52,0.84)、煤炭采选产品(1.74,0.84)、租赁和商务服务(1.31,0.78)、金融(1.32,0.73)、农林牧渔产品和服务(1.25,0.71)、批发和零售(1.22,0.51)、石油和天然气开采产品(1.07,0.48)
	感应度系数小	感应度系数大

注:表中数据根据 2012 年"江苏投入产出表"整理计算,表中产业名称后括号内两个数据(a,b),前者 a 表示感应度系数,后者 b 表示影响力系数。

从表 49 可见,2012 年江苏 42 个产业部门中感应度系数和影响力系数均大于 1 的产业部门有 9 个,分别是金属矿采选产品、金属冶炼和压延加工品、通信设备计算机和其他电子设备、金属制品、燃气生产和供应、纺织品、化学

产品、造纸印刷和文教体育用品、电力热力的生产和供应,均属第二产业;感应度系数大于1、影响力系数小于1的产业部门有7个,分别是交通运输仓储和邮政、煤炭采选产品、租赁和商务服务、金融、农林牧渔产品和服务、批发和零售、石油和天然气开采产品,其中,第一产业1个、第二产业2个、第三产业4个;感应度系数小于1、影响力系数大于1的产业部门有12个,分别是交通运输设备、电气机械和器材、金属制品机械和设备修理服务、通用设备、其他制造产品、仪器仪表、专用设备、建筑、木材加工品和家具、非金属矿物制品、纺织服装鞋帽皮革羽绒及其制品、非金属矿和其他矿采选产品,均属第二产业;感应度系数和影响力系数均小于1的产业部门有14个,分别是科学研究和技术服务、卫生和社会服务、食品和烟草、文化体育和娱乐、居民服务修理和其他服务、住宿和餐饮、水的生产和供应、水利环境和公共设施管理、信息传输软件和信息技术服务、石油炼焦产品和核燃料加工品、公共管理社会保障和社会组织、房地产、教育、废品废料,其中,第二产业4个、第三产业10个。

通常情况下,感应度系数和影响力系数均大于1的产业将作为区域主导产业的主要备选产业,因为这类产业对其他产业的敏感度高、拉动力强,两种优势兼具,对区域经济发展的辐射带动作用大;感应度系数或影响力系数中仅有一项大于1的产业,如果优势特别明显,也可作为区域主导产业的备选产业;而感应度系数和影响力系数均小于1的产业一般不作为区域主导产业的备选产业。从2012年江苏42个产业部门感应度系数和影响力系数的综合情况来看,两者均大于1的9个产业部门可作为主导产业的主要备选产业;感应度系数大于1、影响力系数小于1的7个产业,以及感应度系数小于1、影响力系数大于1的12个产业,如果条件具备也可作为主导产业的备选产业,但要结合其他相关指标做深入分析;感应度系数和影响力系数均小于1的14个产业,从产业关联特性来看达不到主导产业的要求,不能作为区域主导产业。综合来看,江苏感应度和影响力均较强的产业部门仍集中在第二产业,表明在一定时期内江苏经济发展仍然主要依靠第二产业的支撑,这种局面短期内不会改变。对于第三产业而言,整体优势不明显,只有租赁和商务服务、金融、批发和零售感应度较强,而绝大多数第三产业的产业部门感应度和影响力均较弱。值得强调的是,房地产作为支撑地方经济发展的主要产业发展了近20年,价格不断飙升,但从产业关联来看,该产业的感应度和影响力水平均不高,以其作为支柱无论是从经济视角,还是从社会视角,都值得进一步商榷和研究。同时,目前大力发展新兴服务业,如居民服务、养老医疗、体育、旅游等,虽然前景广阔,但目前发展水平和实力尚不足以支撑经济发展,需要加快培育,尽快成为经济发展的新动力。

二、2007 年江苏感应度影响力分析

2007 年江苏 42 产业部门感应度和影响力综合情况见表 50。

表 50　2007 年江苏 42 产业部门感应度和影响力综合情况

影响力系数大	Ⅱ 仪器仪表及文化办公用机械制造业(0.68,1.29)、纺织服装鞋帽皮革羽绒及其制品业(0.59,1.22)、木材加工及家具制造业(0.75,1.22)、建筑业(0.43,1.18)、工艺品及其他制造业(0.49,1.17)、非金属矿物制品业(0.88,1.17)、非金属矿及其他矿采选业(0.53,1.14)、燃气生产和供应业(0.42,1.10)、金属矿采选业(0.90,1.08)、租赁和商务服务业(0.75,1.08)、综合技术服务业(0.53,1.00)	Ⅰ 金属制品业(1.02,1.34)、通信设备计算机及其他电子设备制造业(1.70,1.30)、通用专用设备制造业(1.62,1.29)、电气机械及器材制造业(1.14,1.29)、金属冶炼及压延加工业(3.67,1.28)、交通运输设备制造业(1.08,1.24)、化学工业(3.38,1.21)、纺织业(1.18,1.18)、石油加工炼焦及核燃料加工业(1.61,1.18)、电力热力的生产和供应业(2.13,1.15)、造纸印刷及文教体育用品制造业(1.00,1.12)
影响力系数小	Ⅲ 卫生社会保障和社会福利业(0.41,0.97)、煤炭开采和洗选业(0.98,0.93)、住宿和餐饮业(0.76,0.91)、水的生产和供应业(0.39,0.90)、居民服务和其他服务业(0.58,0.87)、研究与试验发展业(0.41,0.86)、邮政业(0.39,0.85)、信息传输计算机服务和软件业(0.58,0.83)、水利环境和公共设施管理业(0.41,0.83)、文化体育和娱乐业(0.45,0.81)、公共管理和社会组织(0.36,0.70)、教育(0.40,0.65)、房地产业(0.53,0.54)、废品废料(0.64,0.41)	Ⅳ 食品制造及烟草加工业(1.20,0.97)、石油和天然气开采业(1.77,0.96)、交通运输及仓储业(1.43,0.89)、农林牧渔业(1.64,0.73)、金融业(1.12,0.58)、批发和零售业(1.07,0.57)
	感应度系数小	感应度系数大

注：表中数据根据 2007 年"江苏投入产出表"整理计算,表中产业名称后括号内两个数据 (a,b),前者 a 表示感应度系数,后者 b 表示影响力系数。

2007 年江苏 42 个产业部门中感应度系数和影响力系数均大于 1 的产业部门有 11 个,分别是金属制品业、通信设备计算机及其他电子设备制造业、通用专用设备制造业、电气机械及器材制造业、金属冶炼及压延加工业、交通运输设备制造业、化学工业、纺织业、石油加工炼焦及核燃料加工业、电力热力的生产和供应业、造纸印刷及文教体育用品制造业,均属第二产业;感应度系数大于 1、影响力系数小于 1 的产业部门有 6 个,分别是食品制造及烟草加工业、石油和天然气开采业、交通运输及仓储业、农林牧渔业、金融业、批发和零售业,其中,第一产业 1 个、第二产业 2 个、第三产业 3 个;感应度系数小于 1、影响力系数大于 1 的产业部门有 11 个,分别是仪器仪表及文化办公用机械制

造业、纺织服装鞋帽皮革羽绒及其制品业、木材加工及家具制造业、建筑业、工艺品及其他制造业、非金属矿物制品业、非金属矿及其他矿采选业、燃气生产和供应业、金属矿采选业、租赁和商务服务业、综合技术服务业,其中,第二产业 9 个、第三产业 2 个;感应度系数和影响力系数均小于 1 的产业部门有14 个,分别是卫生社会保障和社会福利业、煤炭开采和洗选业、住宿和餐饮业、水的生产和供应业、居民服务和其他服务业、研究与试验发展业、邮政业、信息传输计算机服务和软件业、水利环境和公共设施管理业、文化体育和娱乐业、公共管理和社会组织、教育、房地产业、废品废料,其中,第二产业 3 个、第三产业 11 个。

三、2002 年江苏感应度影响力分析

2002 年江苏 42 产业部门感应度和影响力综合情况见表 51。

表 51　2002 年江苏 42 产业部门感应度和影响力综合情况

影响力系数大	Ⅱ 仪器仪表及文化办公用机械制造业(0.59,1.37)、其他制造业(0.88,1.36)、金属制品业(0.92,1.32)、交通运输设备制造业(0.94,1.31)、燃气生产和供应业(0.66,1.31)、金属矿采选业(0.42,1.28)、木材加工及家具制造业(0.57,1.23)、非金属矿物制品业(0.73,1.20)、建筑业(0.37,1.18)、服装皮革羽绒及其制品业(0.49,1.13)、食品制造及烟草加工业(0.93,1.11)、非金属矿采选业(0.44,1.07)、卫生社会保障和社会福利业(0.35,1.06)、石油加工炼焦及核燃料加工业(0.90,1.00)	Ⅰ 电气机械及器材制造业(1.00,1.36)、通信设备计算机及其他电子设备制造业(1.88,1.33)、通用专用设备制造业(1.61,1.32)、金属冶炼及压延加工业(2.55,1.30)、纺织业(1.61,1.25)、化学工业(4.94,1.21)、造纸印刷及文教用品制造业(1.26,1.18)
影响力系数小	Ⅲ 水的生产和供应业(0.54,0.96)、公共管理和社会组织(0.35,0.91)、旅游业(0.93,0.89)、其他社会服务业(0.49,0.85)、科学研究事业(0.43,0.85)、信息传输计算机服务和软件业(0.73,0.84)、文化体育和娱乐业(0.52,0.81)、煤炭开采和洗选业(0.65,0.78)、综合技术服务业(0.45,0.76)、邮政业(0.40,0.74)、住宿和餐饮业(0.85,0.74)、租赁和商务服务业(0.53,0.73)、教育事业(0.36,0.70)、房地产业(0.43,0.58)、石油和天然气开采业(0.85,0.49)、废品废料(0.55,0.35)	Ⅳ 电力热力的生产和供应业(1.75,0.91)、交通运输及仓储业(1.25,0.88)、农林牧渔业(2.16,0.82)、批发和零售贸易业(2.53,0.80)、金融保险业(1.23,0.72)
	感应度系数小	感应度系数大

注:表中数据根据 2002 年"江苏投入产出表"整理计算,表中产业名称后括号内两个数据(a,b),前者 a 表示感应度系数,后者 b 表示影响力系数。

2002年江苏42个产业部门中感应度系数和影响力系数均大于1的产业部门有7个,分别是电气机械及器材制造业、通信设备计算机及其他电子设备制造业、通用专用设备制造业、金属冶炼及压延加工业、纺织业、化学工业、造纸印刷及文教用品制造业,均属第二产业;感应度系数大于1、影响力系数小于1的产业部门有5个,分别是电力热力的生产和供应业、交通运输及仓储业、农林牧渔业、批发和零售贸易业、金融保险业,其中,第一产业1个、第二产业1个、第三产业3个;感应度系数小于1、影响力系数大于1的产业部门有14个,分别是仪器仪表及文化办公用机械制造业、其他制造业、金属制品业、交通运输设备制造业、燃气生产和供应业、金属矿采选业、木材加工及家具制造业、非金属矿物制品业、建筑业、服装皮革羽绒及其制品业、食品制造及烟草加工业、非金属矿采选业、卫生社会保障和社会福利业、石油加工炼焦及核燃料加工业,其中,第二产业13个、第三产业1个;感应度系数和影响力系数均小于1的产业部门有16个,分别是水的生产和供应业、公共管理和社会组织、旅游业、其他社会服务业、科学研究事业、信息传输计算机服务和软件业、文化体育和娱乐业、煤炭开采和洗选业、综合技术服务业、邮政业、住宿和餐饮业、租赁和商务服务业、教育事业、房地产业、石油和天然气开采业、废品废料,其中,第二产业4个、第三产业12个。

2002年、2007年、2012年,金属冶炼和压延加工品、通信设备计算机和其他电子设备、纺织品、化学产品、造纸印刷和文教体育用品始终是感应度系数和影响力系数均大于1的产业部门;交通运输仓储和邮政、金融、农林牧渔产品和服务、批发和零售始终是感应度系数大于1、影响力系数小于1的产业部门;仪器仪表、建筑、木材加工品和家具、非金属矿物制品、纺织服装鞋帽皮革羽绒及其制品、非金属矿和其他矿采选产品、其他制造产品始终是感应度系数小于1、影响力系数大于1的产业部门;科学研究和技术服务、文化体育和娱乐、居民服务修理和其他服务、住宿和餐饮、水的生产和供应、信息传输软件和信息技术服务、公共管理社会保障和社会组织、房地产、教育、废品废料始终是感应度系数和影响力系数均小于1的产业部门。金属矿采选产品、金属制品、燃气生产和供应、电力热力的生产和供应逐渐发展成为感应度系数和影响力系数均大于1的产业部门(之前只有1个指标大于1);煤炭采选产品、租赁和商务服务、石油和天然气开采产品从感应度系数和影响力系数均小于1的产业部门发展成为感应度系数大于1、影响力系数小于1的产业部门;交通运输设备、电气机械和器材、通用设备、专用设备从感应度系数和影响力系数均大于1的产业部门变为感应度系数小于1、影响力系数大于1的产业部门；卫生和社会服务、食品和烟草、石油炼焦产品和核燃料加工品逐渐变为感应度系数和影响力系数均小于 1 的产业部门。综合来看，江苏产业关联度较大的产业部门在 10 年间的变动并不明显，电子、纺织、化工等始终处于支柱产业行列；服务行业替代工业行业成为经济新支柱的趋势不明显，绝大多数服务行业产业关联度水平仍较低。

江苏产业波及效应分析

产业波及效应分析包括生产诱发和需求依赖分析,同样是反映产业关联水平的重要指标。

第一节　生产诱发额分析

产业的生产诱发效应是指经济系统内各个最终需求项目(消费、投资、净流出等)对各个产业部门生产的影响程度和对生产的诱导作用,即当经济系统内的最终需求额增长时,通过产业间的技术经济联系和产业波及效应所激发各个产业部门生产的作用力大小。

反映产业生产诱发效应的基本工具是产业生产诱发系数。生产诱发系数是指某一单位最终需求所诱发的各个产业部门的生产额,反映各个产品部门生产受各个需求项目的影响程度。某一项需求的生产诱发系数越大,表明其对产业部门的生产波及效应越大。

计算某最终需求项目对各个产业的生产诱发系数,首先要计算该项目对各个产业的生产诱发额。利用列昂惕夫逆矩阵 $\overline{\boldsymbol{B}}$ 乘以该最终需求项目的列向量,可以得到该最终需求项目对各个产业部门的生产诱发额列向量,用公式表示为:

$$U^s = \overline{\boldsymbol{B}} Y^s \quad s = 1, 2, 3$$

式中,$\boldsymbol{Y}^s$ 为第 s 项最终需求列向量;$\boldsymbol{U}^s$ 为第 s 项最终需求所诱发的生产额列向量。第 i 产业的生产诱发额 u_i^s 为:

$$u_i^s = \sum_{k=1}^{n} \overline{b}_{ik} y_k^s \quad i = 1, 2, \cdots, n$$

一、2012 年江苏产业生产诱发额分析

2012 年江苏 42 产业部门各项最终需求生产诱发额情况见表 52。其中,最终消费生产诱发额排名前 10 位的产业部门依次是化学产品(4448.39 亿元)、批发和零售(3438.33 亿元)、食品和烟草(3399.52 亿元)、金属冶炼和压延加工品(3216.74 亿元)、农林牧渔产品和服务(3195.34 亿元)、金融(3049.09 亿元)、交通运输仓储和邮政(2585.20 亿元)、公共管理社会保障和社会组织(2510.18 亿元)、租赁和商务服务(2093.72 亿元)、教育(1739.48 亿元)。

表52 2012年江苏42产业部门各项最终需求生产诱发额情况

亿元

序号	产业名称	消费	投资	出口	省外流出
01	农林牧渔产品和服务	3195.34	1353.04	1243.46	3195.59
02	煤炭采选产品	1336.13	2954.17	1959.61	3230.41
03	石油和天然气开采产品	1056.12	1203.25	846.34	1455.87
04	金属矿采选产品	1048.41	4725.64	3553.25	6227.07
05	非金属矿和其他矿采选产品	310.97	1998.59	848.61	1872.00
06	食品和烟草	3399.52	1168.46	963.17	2827.91
07	纺织品	1135.44	1711.85	3213.44	2501.30
08	纺织服装鞋帽皮革羽绒及其制品	1037.96	281.02	2064.10	1379.71
09	木材加工品和家具	327.46	613.72	863.66	1032.17
10	造纸印刷和文教体育用品	1532.51	1122.38	1451.57	1325.00
11	石油炼焦产品和核燃料加工品	1509.84	1445.03	983.12	1770.75
12	化学产品	4448.39	11001.83	10820.70	15023.33
13	非金属矿物制品	374.85	4238.60	1762.69	3249.03
14	金属冶炼和压延加工品	3216.74	14434.58	10971.94	19272.78
15	金属制品	814.24	2692.69	2462.67	3249.94
16	通用设备	524.20	2754.02	2752.47	4286.08
17	专用设备	316.22	1792.62	1087.45	2805.04
18	交通运输设备	1668.36	2120.49	1509.65	3964.25
19	电气机械和器材	757.54	4404.66	3676.71	7666.72
20	通信设备计算机和其他电子设备	1008.51	3641.92	13267.96	9305.91
21	仪器仪表	244.67	352.07	772.24	2370.69
22	其他制造产品	197.00	96.44	191.03	170.02
23	废品废料	361.54	970.82	819.21	1731.67
24	金属制品机械和设备修理服务	110.61	267.72	201.25	331.76
25	电力热力的生产和供应	1539.80	3545.04	2195.18	3544.87
26	燃气生产和供应	600.25	285.14	88.47	165.93
27	水的生产和供应	72.63	49.12	33.74	58.84

序号	产业名称	消费	投资	出口	省外流出
28	建筑	388.20	8933.96	167.01	7130.48
29	批发和零售	3438.33	2156.22	1274.39	3120.82
30	交通运输仓储和邮政	2585.20	2194.69	1870.71	4041.22
31	住宿和餐饮	1366.60	587.91	389.12	1036.45
32	信息传输软件和信息技术服务	793.54	1249.05	248.91	598.92
33	金融	3049.09	1867.34	1273.69	2626.17
34	房地产	1688.11	2354.73	145.12	288.82
35	租赁和商务服务	2093.72	2231.64	1419.53	2605.64
36	科学研究和技术服务	1110.85	331.10	94.67	192.07
37	水利环境和公共设施管理	552.45	67.54	14.12	28.29
38	居民服务修理和其他服务	1064.68	284.28	210.41	376.06
39	教育	1739.48	57.65	49.84	91.40
40	卫生和社会服务	1459.91	59.84	27.85	46.50
41	文化体育和娱乐	558.14	60.63	42.72	72.62
42	公共管理社会保障和社会组织	2510.18	21.51	12.07	20.41

注：表中数据根据 2012 年"江苏投入产出表"整理计算。

资本形成总额生产诱发额排名前 10 位的产业部门依次是金属冶炼和压延加工品(14434.58 亿元)、化学产品(11001.83 亿元)、建筑(8933.96 亿元)、金属矿采选产品(4725.64 亿元)、电气机械和器材(4404.66 亿元)、非金属矿物制品(4238.60 亿元)、通信设备计算机和其他电子设备(3641.92 亿元)、电力热力的生产和供应(3545.04 亿元)、煤炭采选产品(2954.17 亿元)、通用设备(2754.02 亿元)。

出口生产诱发额排名前 10 位的产业部门依次是通信设备计算机和其他电子设备(13267.96 亿元)、金属冶炼和压延加工品(10971.94 亿元)、化学产品(10820.70 亿元)、电气机械和器材(3676.71 亿元)、金属矿采选产品(3553.25 亿元)、纺织品(3213.44 亿元)、通用设备(2752.47 亿元)、金属制品(2462.67 亿元)、电力热力的生产和供应(2195.18 亿元)、纺织服装鞋帽皮革羽绒及其制品(2064.10 亿元)。

国内省外流出生产诱发额排名前 10 位的产业部门依次是金属冶炼和压

延加工品(19272.78 亿元)、化学产品(15023.33 亿元)、通信设备计算机和其他电子设备(9305.91 亿元)、电气机械和器材(7666.72 亿元)、建筑(7130.48亿元)、金属矿采选产品(6227.07 亿元)、通用设备(4286.08 亿元)、交通运输仓储和邮政(4041.22 亿元)、交通运输设备(3964.25 亿元)、电力热力的生产和供应(3544.87 亿元)。

二、2007 年江苏产业生产诱发额分析

2007 年江苏 42 产业部门各项最终需求生产诱发额情况见表 53。其中，最终消费生产诱发额排名前 10 位的产业部门依次是农林牧渔业(2463.98 亿元)、食品制造及烟草加工业(2144.91 亿元)、化学工业(2138.33 亿元)、批发和零售业(1177.64 亿元)、公共管理和社会组织(1153.15 亿元)、金属冶炼及压延加工业(1117.01 亿元)、教育(1024.07 亿元)、交通运输及仓储业(938.98亿元)、电力热力的生产和供应业(890.27 亿元)、金融业(826.97 亿元)。

资本形成总额生产诱发额排名前 10 位的产业部门依次是金属冶炼及压延加工业(5929.36 亿元)、建筑业(4340.19 亿元)、通用专用设备制造业(4071.46亿元)、化学工业(2622.13 亿元)、通信设备计算机及其他电子设备制造业(2368.64 亿元)、金属制品业(1869.24 亿元)、电气机械及器材制造业(1667.22亿元)、交通运输设备制造业(1542.62 亿元)、非金属矿物制品业(1412.93 亿元)、电力热力的生产和供应业(1382.08 亿元)。

表 53　2007 年江苏 42 产业部门各项最终需求生产诱发额情况

亿元

序号	产业名称	消费	投资	出口	省外流出
01	农林牧渔业	2463.98	567.61	1353.21	1437.46
02	煤炭开采和洗选业	257.74	504.14	498.94	591.47
03	石油和天然气开采业	573.87	897.00	985.73	1207.28
04	金属矿采选业	157.89	797.55	681.35	839.29
05	非金属矿及其他矿采选业	65.48	228.26	149.15	244.52
06	食品制造及烟草加工业	2144.91	431.62	650.10	991.65
07	纺织业	592.57	303.84	3570.24	1725.95
08	纺织服装鞋帽皮革羽绒及其制品业	612.75	164.00	1808.41	161.89
09	木材加工及家具制造业	220.64	313.30	732.19	256.66

序号	产业名称	消费	投资	出口	省外流出
10	造纸印刷及文教体育用品制造业	479.50	369.81	928.06	840.63
11	石油加工炼焦及核燃料加工业	708.84	1128.07	1174.06	1388.30
12	化学工业	2138.33	2622.13	4584.01	6771.02
13	非金属矿物制品业	221.14	1412.93	636.17	783.25
14	金属冶炼及压延加工业	1117.01	5929.36	5075.20	6141.01
15	金属制品业	294.22	1869.24	1166.71	821.64
16	通用专用设备制造业	503.88	4071.46	1331.14	2704.82
17	交通运输设备制造业	577.21	1542.62	955.16	683.23
18	电气机械及器材制造业	518.09	1667.22	1645.92	2537.63
19	通信设备计算机及其他电子设备制造业	780.64	2368.64	13310.83	5905.17
20	仪器仪表及文化办公用机械制造业	163.63	462.13	500.71	406.85
21	工艺品及其他制造业	139.04	127.62	152.57	124.46
22	废品废料	97.62	348.62	323.36	407.65
23	电力热力的生产和供应业	890.27	1382.08	1513.11	1756.11
24	燃气生产和供应业	50.63	43.06	48.45	64.71
25	水的生产和供应业	41.21	20.67	26.00	25.73
26	建筑业	141.08	4340.19	76.62	366.05
27	交通运输及仓储业	938.98	1194.19	1091.06	1078.49
28	邮政业	29.97	17.46	27.44	20.37
29	信息传输计算机服务和软件业	356.54	362.84	303.62	253.57
30	批发和零售业	1177.64	1286.44	893.56	859.81
31	住宿和餐饮业	682.93	301.51	284.69	281.96
32	金融业	826.97	627.76	903.56	735.95
33	房地产业	720.59	961.79	150.79	119.77
34	租赁和商务服务业	621.64	305.50	413.85	348.57
35	研究与试验发展业	111.79	64.88	100.93	78.74
36	综合技术服务业	184.63	214.08	164.83	163.54

序号	产业名称	消费	投资	出口	省外流出
37	水利环境和公共设施管理业	194.25	19.20	28.33	82.03
38	居民服务和其他服务业	653.24	149.42	147.55	176.90
39	教育	1024.07	24.54	25.23	25.37
40	卫生社会保障和社会福利业	746.93	55.34	49.11	54.36
41	文化体育和娱乐业	254.27	60.23	60.83	119.13
42	公共管理和社会组织	1153.15	5.64	6.12	5.79

注：表中数据根据2007年"江苏投入产出表"整理计算。

出口生产诱发额排名前10位的产业部门依次是通信设备计算机及其他电子设备制造业(13310.83亿元)、金属冶炼及压延加工业(5075.20亿元)、化学工业(4584.01亿元)、纺织业(3570.24亿元)、纺织服装鞋帽皮革羽绒及其制品业(1808.41亿元)、电气机械及器材制造业(1645.92亿元)、电力热力的生产和供应业(1513.11亿元)、农林牧渔业(1353.21亿元)、通用专用设备制造业(1331.14亿元)、石油加工炼焦及核燃料加工业(1174.06亿元)。

国内省外流出生产诱发额排名前10位的产业部门依次是化学工业(6771.02亿元)、金属冶炼及压延加工业(6141.01亿元)、通信设备计算机及其他电子设备制造业(5905.17亿元)、通用专用设备制造业(2704.82亿元)、电气机械及器材制造业(2537.63亿元)、电力热力的生产和供应业(1756.11亿元)、纺织业(1725.95亿元)、农林牧渔业(1437.46亿元)、石油加工炼焦及核燃料加工业(1388.30亿元)、石油和天然气开采业(1207.28亿元)。

三、2002年江苏产业生产诱发额分析

2002年江苏42产业部门各项最终需求生产诱发额情况见表54。其中，最终消费生产诱发额排名前10位的产业部门依次是农林牧渔业(1535.13亿元)、化学工业(1396.10亿元)、食品制造及烟草加工业(983.91亿元)、批发和零售贸易业(714.01亿元)、教育事业(559.20亿元)、公共管理和社会组织(516.17亿元)、房地产业(501.21亿元)、通信设备计算机及其他电子设备制造业(493.45亿元)、电力热力的生产和供应业(438.41亿元)、纺织业(433.71亿元)。

资本形成总额生产诱发额排名前10位的产业依次是建筑业(2291.84亿元)、化学工业(1923.80亿元)、金属冶炼及压延加工业(1624.55亿元)、通用专用设备制造业(1615.52亿元)、通信设备计算机及其他电子设备制造业

（979.29 亿元）、批发和零售贸易业（809.40 亿元）、电气机械及器材制造业（675.50 亿元）、农林牧渔业（667.11 亿元）、非金属矿物制品业（634.15 亿元）、纺织业（619.11 亿元）。

出口生产诱发额排名前 10 位的产业部门依次是通信设备计算机及其他电子设备制造业（2549.41 亿元）、化学工业（1729.25 亿元）、纺织业（1194.19 亿元）、服装皮革羽绒及其制品业（901.52 亿元）、金属冶炼及压延加工业（568.21 亿元）、批发和零售贸易业（553.11 亿元）、农林牧渔业（528.62 亿元）、电气机械及器材制造业（436.32 亿元）、通用专用设备制造业（334.11 亿元）、造纸印刷及文教用品制造业（310.56 亿元）。

表 54　2002 年江苏 42 产业部门各项最终需求生产诱发额情况

亿元

序号	产业名称	消费	投资	出口	省外流出
01	农林牧渔业	1535.13	667.11	528.62	521.94
02	煤炭开采和洗选业	73.88	92.38	47.24	55.78
03	石油和天然气开采业	92.55	120.00	87.07	146.62
04	金属矿采选业	9.79	44.01	14.07	25.29
05	非金属矿采选业	12.98	42.28	11.14	16.74
06	食品制造及烟草加工业	983.91	286.96	126.14	315.22
07	纺织业	433.71	619.11	1194.19	624.53
08	服装皮革羽绒及其制品业	225.03	−10.33	901.52	265.04
09	木材加工及家具制造业	96.55	136.50	113.10	41.00
10	造纸印刷及文教用品制造业	323.19	270.89	310.56	293.72
11	石油加工炼焦及核燃料加工业	135.30	181.16	109.82	241.23
12	化学工业	1396.10	1923.80	1729.25	2177.84
13	非金属矿物制品业	238.78	634.15	127.60	146.00
14	金属冶炼及压延加工业	392.80	1624.55	568.21	1004.77
15	金属制品业	127.08	614.20	266.93	289.50
16	通用专用设备制造业	383.38	1615.52	334.11	581.74
17	交通运输设备制造业	179.00	331.95	291.27	409.12
18	电气机械及器材制造业	230.82	675.50	436.32	503.54

序号	产业名称	消费	投资	出口	省外流出
19	通信设备计算机及其他电子设备制造业	493.45	979.29	2549.41	1307.00
20	仪器仪表及文化办公用机械制造业	57.57	113.62	54.22	59.16
21	其他制造业	118.79	158.84	108.63	110.63
22	废品废料	33.46	120.31	45.61	114.36
23	电力热力的生产和供应业	438.41	432.37	249.10	278.87
24	燃气生产和供应业	78.50	40.95	23.78	35.21
25	水的生产和供应业	77.23	45.94	29.83	31.19
26	建筑业	124.27	2291.84	7.63	160.27
27	交通运输及仓储业	275.02	327.69	259.36	296.43
28	邮政业	19.11	15.41	12.42	11.14
29	信息传输计算机服务和软件业	210.41	97.52	81.50	125.66
30	批发和零售贸易业	714.01	809.40	553.11	545.06
31	住宿和餐饮业	370.55	159.23	101.14	132.56
32	金融保险业	244.10	279.83	217.55	225.09
33	房地产业	501.21	192.52	15.44	15.47
34	租赁和商务服务业	66.91	49.44	26.34	45.39
35	旅游业	49.25	11.49	14.08	16.73
36	科学研究事业	63.31	12.79	7.54	12.55
37	综合技术服务业	69.56	25.30	10.17	24.52
38	其他社会服务业	250.92	34.79	22.65	31.76
39	教育事业	559.20	3.32	2.06	2.59
40	卫生社会保障和社会福利业	340.76	0.68	0.49	0.59
41	文化体育和娱乐业	143.94	36.30	26.92	48.89
42	公共管理和社会组织	516.17	0.27	0.24	0.22

注：表中数据根据 2002 年"江苏投入产出表"整理计算。

国内省外流出生产诱发额排名前 10 位的产业部门依次是化学工业（2177.84 亿元）、通信设备计算机及其他电子设备制造业（1307 亿元）、金属冶炼及压延加工业（1004.77 亿元）、纺织业（624.53 亿元）、通用专用设备制造业

（581.74亿元）、批发和零售贸易业（545.06亿元）、农林牧渔业（521.94亿元）、电气机械及器材制造业（503.54亿元）、交通运输设备制造业（409.12亿元）、食品制造及烟草加工业（315.22亿元）。

生产诱发额是计算生产诱发系数和需求依赖度系数的基础，在分别计算2002年、2007年、2012年各个最终需求项目对42个产业部门生产诱发额的基础上，可进一步计算各最终需求项目对各个产业的生产诱发系数和需求依赖度系数。

第二节　生产诱发系数分析

某一产业的生产诱发额除以相应最终需求项目合计，即为最终需求对该产业的生产诱发系数，用公式表示为：

$$w_i^s = \frac{\sum\limits_{k=1}^{n} \bar{b}_{ik} y_k^s}{\sum\limits_{k=1}^{n} y_k^s} = \frac{u_i^s}{\sum\limits_{k=1}^{n} y_k^s} \quad i = 1, 2, \cdots, n$$

w_i^s 第 i 产业 s 项最终需求的生产诱发系数，其向量为：

$$\boldsymbol{W}^s = (w_1^s \quad w_2^s \quad \cdots \quad w_n^s)^{\mathrm{T}}$$

一、2012年江苏产业生产诱发系数分析

2012年江苏42产业部门各项最终需求生产诱发系数见表55。最终消费生产诱发系数排名前10位的产业部门依次是化学产品（0.1886）、批发和零售（0.1458）、食品和烟草（0.1441）、金属冶炼和压延加工品（0.1364）、农林牧渔产品和服务（0.1355）、金融（0.1293）、交通运输仓储和邮政（0.1096）、公共管理社会保障和社会组织（0.1064）、租赁和商务服务（0.0888）、教育（0.0738），这些产业可视为消费拉动型产业。这十大产业中，第一产业1个、第二产业3个、第三产业6个，可见，消费对第三产业的拉动作用更明显。

资本形成总额生产诱发系数排名前10位的产业部门依次是金属冶炼和压延加工品（0.5211）、化学产品（0.3972）、建筑（0.3225）、金属矿采选产品（0.1706）、电气机械和器材（0.1590）、非金属矿物制品（0.1530）、通信设备计算机和其他电子设备（0.1315）、电力热力的生产和供应（0.1280）、煤炭采选产品（0.1066）、通用设备（0.0994），这些产业可视为投资拉动型产业。这十大产业均属于第二产业，可见，投资的产业拉动作用主要体现在第二产业。

表 55　2012 年江苏 42 产业部门各项最终需求生产诱发系数

序号	产业名称	消费	投资	出口	省外流出
01	农林牧渔产品和服务	0.1355	0.0488	0.0597	0.0885
02	煤炭采选产品	0.0566	0.1066	0.0941	0.0895
03	石油和天然气开采产品	0.0448	0.0434	0.0406	0.0403
04	金属矿采选产品	0.0445	0.1706	0.1706	0.1725
05	非金属矿和其他矿采选产品	0.0132	0.0722	0.0407	0.0519
06	食品和烟草	0.1441	0.0422	0.0462	0.0783
07	纺织品	0.0481	0.0618	0.1543	0.0693
08	纺织服装鞋帽皮革羽绒及其制品	0.0440	0.0101	0.0991	0.0382
09	木材加工品和家具	0.0139	0.0222	0.0415	0.0286
10	造纸印刷和文教体育用品	0.0650	0.0405	0.0697	0.0367
11	石油炼焦产品和核燃料加工品	0.0640	0.0522	0.0472	0.0490
12	化学产品	0.1886	0.3972	0.5195	0.4161
13	非金属矿物制品	0.0159	0.1530	0.0846	0.0900
14	金属冶炼和压延加工品	0.1364	0.5211	0.5268	0.5338
15	金属制品	0.0345	0.0972	0.1182	0.0900
16	通用设备	0.0222	0.0994	0.1321	0.1187
17	专用设备	0.0134	0.0647	0.0522	0.0777
18	交通运输设备	0.0707	0.0766	0.0725	0.1098
19	电气机械和器材	0.0321	0.1590	0.1765	0.2124
20	通信设备计算机和其他电子设备	0.0428	0.1315	0.6370	0.2578
21	仪器仪表	0.0104	0.0127	0.0371	0.0657
22	其他制造产品	0.0084	0.0035	0.0092	0.0047
23	废品废料	0.0153	0.0350	0.0393	0.0480
24	金属制品机械和设备修理服务	0.0047	0.0097	0.0097	0.0092
25	电力热力的生产和供应	0.0653	0.1280	0.1054	0.0982
26	燃气生产和供应	0.0254	0.0103	0.0042	0.0046
27	水的生产和供应	0.0031	0.0018	0.0016	0.0016
28	建筑	0.0165	0.3225	0.0080	0.1975

序号	产业名称	消费	投资	出口	省外流出
29	批发和零售	0.1458	0.0778	0.0612	0.0864
30	交通运输仓储和邮政	0.1096	0.0792	0.0898	0.1119
31	住宿和餐饮	0.0579	0.0212	0.0187	0.0287
32	信息传输软件和信息技术服务	0.0336	0.0451	0.0119	0.0166
33	金融	0.1293	0.0674	0.0611	0.0727
34	房地产	0.0716	0.0850	0.0070	0.0080
35	租赁和商务服务	0.0888	0.0806	0.0682	0.0722
36	科学研究和技术服务	0.0471	0.0120	0.0045	0.0053
37	水利环境和公共设施管理	0.0234	0.0024	0.0007	0.0008
38	居民服务修理和其他服务	0.0451	0.0103	0.0101	0.0104
39	教育	0.0738	0.0021	0.0024	0.0025
40	卫生和社会服务	0.0619	0.0022	0.0013	0.0013
41	文化体育和娱乐	0.0237	0.0022	0.0021	0.0020
42	公共管理社会保障和社会组织	0.1064	0.0008	0.0006	0.0006
AVE	平均值	0.0571	0.0805	0.0890	0.0833

注：表中数据根据 2012 年"江苏投入产出表"整理计算，平均值为 42 个产业部门的算术平均数。

出口生产诱发系数排名前 10 位的产业部门依次是通信设备计算机和其他电子设备(0.6370)、金属冶炼和压延加工品(0.5268)、化学产品(0.5195)、电气机械和器材(0.1765)、金属矿采选产品(0.1706)、纺织品(0.1543)、通用设备(0.1321)、金属制品(0.1182)、电力热力的生产和供应(0.1054)、纺织服装鞋帽皮革羽绒及其制品(0.0991)，这些产业可视为出口拉动型产业。这十大产业均属于第二产业，可见，出口的产业拉动作用主要体现在第二产业。

国内省外流出生产诱发系数排名前 10 位的产业部门依次是金属冶炼和压延加工品(0.5338)、化学产品(0.4161)、通信设备计算机和其他电子设备(0.2578)、电气机械和器材(0.2124)、建筑(0.1975)、金属矿采选产品(0.1725)、通用设备(0.1187)、交通运输仓储和邮政(0.1119)、交通运输设备(0.1098)、电力热力的生产和供应(0.0982)，这些产业可视为省外需求拉动型产业。这十大产业中，第二产业 9 个、第三产业 1 个，可见，国内省外需求产业的拉动作用主要体现在第二产业。

综合各系数来看,金属冶炼和压延加工品、化学产品同时属于消费拉动型产业、投资拉动型产业、出口拉动型产业、省外需求拉动型产业,对消费、投资和外需(出口和国内省外需求)均有较强的产业敏感度,即从任何角度刺激最终需求都将对这些产业形成拉动作用,促进产业迅速发展;通信设备计算机和其他电子设备、金属矿采选产品、通用设备、电力热力的生产和供应、电气机械和器材同时属于投资拉动型产业、出口拉动型产业、省外需求拉动型产业,对投资和外需的产业敏感度较强;建筑同时属于投资拉动型产业、省外需求拉动型产业;交通运输仓储和邮政同时属于消费拉动型产业、省外需求拉动型产业。

二、2007 年江苏产业生产诱发系数分析

2007 年江苏 42 产业部门各项最终需求生产诱发系数见表 56。最终消费生产诱发系数排名前 10 位的产业部门依次是农林牧渔业(0.2325)、食品制造及烟草加工业(0.2024)、化学工业(0.2018)、批发和零售业(0.1111)、公共管理和社会组织(0.1088)、金属冶炼及压延加工业(0.1054)、教育(0.0966)、交通运输及仓储业(0.0886)、电力热力的生产和供应业(0.0840)、金融业(0.0780),这些产业可视为消费拉动型产业。这十大产业中,第一产业 1 个、第二产业 4 个、第三产业 5 个,可见,消费对第三产业的拉动作用相对明显。

资本形成总额生产诱发系数排名前 10 位的产业部门依次是金属冶炼及压延加工业(0.4920)、建筑业(0.3601)、通用专用设备制造业(0.3378)、化学工业(0.2176)、通信设备计算机及其他电子设备制造业(0.1965)、金属制品业(0.1551)、电气机械及器材制造业(0.1383)、交通运输设备制造业(0.1280)、非金属矿物制品业(0.1172)、电力热力的生产和供应业(0.1147),这些产业可视为投资拉动型产业。这十大产业均属于第二产业,可见,投资的拉动作用主要体现在第二产业。

表 56　2007 年江苏 42 产业部门各项最终需求生产诱发系数

序号	产业名称	消费	投资	出口	省外流出
01	农林牧渔业	0.2325	0.0471	0.1002	0.1144
02	煤炭开采和洗选业	0.0243	0.0418	0.0369	0.0471
03	石油和天然气开采业	0.0541	0.0744	0.0730	0.0960
04	金属矿采选业	0.0149	0.0662	0.0504	0.0668
05	非金属矿及其他矿采选业	0.0062	0.0189	0.0110	0.0195

序号	产业名称	消费	投资	出口	省外流出
06	食品制造及烟草加工业	0.2024	0.0358	0.0481	0.0789
07	纺织业	0.0559	0.0252	0.2643	0.1373
08	纺织服装鞋帽皮革羽绒及其制品业	0.0578	0.0136	0.1339	0.0129
09	木材加工及家具制造业	0.0208	0.0260	0.0542	0.0204
10	造纸印刷及文教体育用品制造业	0.0452	0.0307	0.0687	0.0669
11	石油加工炼焦及核燃料加工业	0.0669	0.0936	0.0869	0.1104
12	化学工业	0.2018	0.2176	0.3393	0.5387
13	非金属矿物制品业	0.0209	0.1172	0.0471	0.0623
14	金属冶炼及压延加工业	0.1054	0.4920	0.3757	0.4886
15	金属制品业	0.0278	0.1551	0.0864	0.0654
16	通用专用设备制造业	0.0475	0.3378	0.0985	0.2152
17	交通运输设备制造业	0.0545	0.1280	0.0707	0.0544
18	电气机械及器材制造业	0.0489	0.1383	0.1218	0.2019
19	通信设备计算机及其他电子设备制造业	0.0737	0.1965	0.9854	0.4698
20	仪器仪表及文化办公用机械制造业	0.0154	0.0383	0.0371	0.0324
21	工艺品及其他制造业	0.0131	0.0106	0.0113	0.0099
22	废品废料	0.0092	0.0289	0.0239	0.0324
23	电力热力的生产和供应业	0.0840	0.1147	0.1120	0.1397
24	燃气生产和供应业	0.0048	0.0036	0.0036	0.0051
25	水的生产和供应业	0.0039	0.0017	0.0019	0.0020
26	建筑业	0.0133	0.3601	0.0057	0.0291
27	交通运输及仓储业	0.0886	0.0991	0.0808	0.0858
28	邮政业	0.0028	0.0014	0.0020	0.0016
29	信息传输计算机服务和软件业	0.0336	0.0301	0.0225	0.0202
30	批发和零售业	0.1111	0.1067	0.0661	0.0684
31	住宿和餐饮业	0.0644	0.0250	0.0211	0.0224
32	金融业	0.0780	0.0521	0.0669	0.0585
33	房地产业	0.0680	0.0798	0.0112	0.0095

序号	产业名称	消费	投资	出口	省外流出
34	租赁和商务服务业	0.0587	0.0253	0.0306	0.0277
35	研究与试验发展业	0.0105	0.0054	0.0075	0.0063
36	综合技术服务业	0.0174	0.0178	0.0122	0.0130
37	水利环境和公共设施管理业	0.0183	0.0016	0.0021	0.0065
38	居民服务和其他服务业	0.0616	0.0124	0.0109	0.0141
39	教育	0.0966	0.0020	0.0019	0.0020
40	卫生社会保障和社会福利业	0.0705	0.0046	0.0036	0.0043
41	文化体育和娱乐业	0.0240	0.0050	0.0045	0.0095
42	公共管理和社会组织	0.1088	0.0005	0.0005	0.0005
AVE	平均值	0.0576	0.0782	0.0855	0.0826

注：表中数据根据 2007 年"江苏投入产出表"计算,平均值为 42 个产业部门的算术平均数。

出口生产诱发系数排名前 10 位的产业部门依次是通信设备计算机及其他电子设备制造业(0.9854)、金属冶炼及压延加工业(0.3757)、化学工业(0.3393)、纺织业(0.2643)、纺织服装鞋帽皮革羽绒及其制品业(0.1339)、电气机械及器材制造业(0.1218)、电力热力的生产和供应业(0.1120)、农林牧渔业(0.1002)、通用专用设备制造业(0.0985)、石油加工炼焦及核燃料加工业(0.0869),这些产业可视为出口拉动型产业。这十大产业中,第一产业 1 个、第二产业 9 个,可见,出口的产业拉动作用主要体现在第二产业。

国内省外流出生产诱发系数排名前 10 位的产业部门依次是化学工业(0.5387)、金属冶炼及压延加工业(0.4886)、通信设备计算机及其他电子设备制造业(0.4698)、通用专用设备制造业(0.2152)、电气机械及器材制造业(0.2019)、电力热力的生产和供应业(0.1397)、纺织业(0.1373)、农林牧渔业(0.1144)、石油加工炼焦及核燃料加工业(0.1104)、石油和天然气开采业(0.0960),这些产业可视为省外需求拉动型产业。这十大产业中,第一产业 1 个、第二产业 9 个,可见,国内省外需求的产业拉动作用主要体现在第二产业。

综合各系数来看,金属冶炼及压延加工业、化学工业、电力热力的生产和供应业同时属于消费拉动型产业、投资拉动型产业、出口拉动型产业、省外需求拉动型产业,对消费、投资和外需的产业敏感度均较强;通信设备计算机及其他电子设备制造业、通用专用设备制造业、电气机械及器材制造业同时属于投资拉动型产业、出口拉动型产业、省外需求拉动型产业,对投资和外需的产业敏感度较强;农林牧渔业同时属于消费拉动型产业、出口拉动型产业、省外需求拉动型产业,对消费和外需的产业敏感度均较强;石油加工炼焦及核燃料加工业、纺织业同时属于出口拉动型产业、省外需求拉动型产业。

三、2002 年江苏产业生产诱发系数分析

2002 年江苏 42 产业部门各项最终需求生产诱发系数见表 57。最终消费生产诱发系数排名前 10 位的产业部门依次是农林牧渔业(0.3191)、化学工业(0.2902)、食品制造及烟草加工业(0.2045)、批发和零售贸易业(0.1484)、教育事业(0.1162)、公共管理和社会组织(0.1073)、房地产业(0.1042)、通信设备计算机及其他电子设备制造业(0.1026)、电力热力的生产和供应业(0.0911)、纺织业(0.0901),这些产业可视为消费拉动型产业。这十大产业中,第一产业 1 个、第二产业 5 个、第三产业 4 个,可见,消费对第二产业的拉动作用更明显。

表 57　2002 年江苏 42 产业部门各项最终需求生产诱发系数

序号	产业名称	消费	投资	出口	省外流出
01	农林牧渔业	0.3191	0.1419	0.1623	0.1586
02	煤炭开采和洗选业	0.0154	0.0197	0.0145	0.0169
03	石油和天然气开采业	0.0192	0.0255	0.0267	0.0446
04	金属矿采选业	0.0020	0.0094	0.0043	0.0077
05	非金属矿采选业	0.0027	0.0090	0.0034	0.0051
06	食品制造及烟草加工业	0.2045	0.0611	0.0387	0.0958
07	纺织业	0.0901	0.1317	0.3666	0.1898
08	服装皮革羽绒及其制品业	0.0468	−0.0022	0.2767	0.0805
09	木材加工及家具制造业	0.0201	0.0290	0.0347	0.0125
10	造纸印刷及文教用品制造业	0.0672	0.0576	0.0953	0.0893
11	石油加工炼焦及核燃料加工业	0.0281	0.0385	0.0337	0.0733
12	化学工业	0.2902	0.4093	0.5308	0.6618
13	非金属矿物制品业	0.0496	0.1349	0.0392	0.0444
14	金属冶炼及压延加工业	0.0816	0.3456	0.1744	0.3053
15	金属制品业	0.0264	0.1307	0.0819	0.0880
16	通用专用设备制造业	0.0797	0.3437	0.1026	0.1768
17	交通运输设备制造业	0.0372	0.0706	0.0894	0.1243

序号	产业名称	消费	投资	出口	省外流出
18	电气机械及器材制造业	0.0480	0.1437	0.1339	0.1530
19	通信设备计算机及其他电子设备制造业	0.1026	0.2083	0.7826	0.3972
20	仪器仪表及文化办公用机械制造业	0.0120	0.0242	0.0166	0.0180
21	其他制造业	0.0247	0.0338	0.0333	0.0336
22	废品废料	0.0070	0.0256	0.0140	0.0348
23	电力热力的生产和供应业	0.0911	0.0920	0.0765	0.0847
24	燃气生产和供应业	0.0163	0.0087	0.0073	0.0107
25	水的生产和供应业	0.0161	0.0098	0.0092	0.0095
26	建筑业	0.0258	0.4876	0.0023	0.0487
27	交通运输及仓储业	0.0572	0.0697	0.0796	0.0901
28	邮政业	0.0040	0.0033	0.0038	0.0034
29	信息传输计算机服务和软件业	0.0437	0.0207	0.0250	0.0382
30	批发和零售贸易业	0.1484	0.1722	0.1698	0.1656
31	住宿和餐饮业	0.0770	0.0339	0.0310	0.0403
32	金融保险业	0.0507	0.0595	0.0668	0.0684
33	房地产业	0.1042	0.0410	0.0047	0.0047
34	租赁和商务服务业	0.0139	0.0105	0.0081	0.0138
35	旅游业	0.0102	0.0024	0.0043	0.0051
36	科学研究事业	0.0132	0.0027	0.0023	0.0038
37	综合技术服务业	0.0145	0.0054	0.0031	0.0075
38	其他社会服务业	0.0521	0.0074	0.0070	0.0097
39	教育事业	0.1162	0.0007	0.0006	0.0008
40	卫生社会保障和社会福利业	0.0708	0.0001	0.0002	0.0002
41	文化体育和娱乐业	0.0299	0.0077	0.0083	0.0149
42	公共管理和社会组织	0.1073	0.0001	0.0001	0.0001
AVE	平均值	0.0628	0.0816	0.0849	0.0817

注：表中数据根据 2002 年"江苏投入产出表"整理计算,平均值为 42 个产业部门的算术平均数。

资本形成总额生产诱发系数排名前 10 位的产业部门依次是建筑业 (0.4876)、化学工业(0.4093)、金属冶炼及压延加工业(0.3456)、通用专用设备制造业(0.3437)、通信设备计算机及其他电子设备制造业(0.2083)、批发和零售贸易业(0.1722)、电气机械及器材制造业(0.1437)、农林牧渔业(0.1419)、非金属矿物制品业(0.1349)、纺织业(0.1317),这些产业可视为投资拉动型产业。这十大产业中,第一产业 1 个、第二产业 8 个、第三产业 1 个,可见,投资对第二产业的拉动作用大。

出口生产诱发系数排名前 10 位的产业部门依次是通信设备计算机及其他电子设备制造业(0.7826)、化学工业(0.5308)、纺织业(0.3666)、服装皮革羽绒及其制品业(0.2767)、金属冶炼及压延加工业(0.1744)、批发和零售贸易业(0.1698)、农林牧渔业(0.1623)、电气机械及器材制造业(0.1339)、通用专用设备制造业(0.1026)、造纸印刷及文教用品制造业(0.0953),这些产业可视为出口拉动型产业。这十大产业中,第一产业 1 个、第二产业 8 个、第三产业 1 个,可见,出口的产业拉动作用主要体现在第二产业。

国内省外流出生产诱发系数排名前 10 位的产业部门依次是化学工业(0.6618)、通信设备计算机及其他电子设备制造业(0.3972)、金属冶炼及压延加工业(0.3053)、纺织业(0.1898)、通用专用设备制造业(0.1768)、批发和零售贸易业(0.1656)、农林牧渔业(0.1586)、电气机械及器材制造业(0.1530)、交通运输设备制造业(0.1243)、食品制造及烟草加工业(0.0958),这些产业可视为省外需求拉动型产业。这十大产业中,第一产业 1 个、第二产业 8 个、第三产业 1 个,可见,国内省外需求的产业拉动作用主要体现在第二产业。

综合各系数来看,通信设备计算机及其他电子设备制造业、批发和零售贸易业、农林牧渔业、化学工业、纺织业同时属于消费拉动型产业、投资拉动型产业、出口拉动型产业、省外需求拉动型产业,对消费、投资和外需的产业敏感度均较强;通用专用设备制造业、金属冶炼及压延加工业、电气机械及器材制造业同时属于投资拉动型产业、出口拉动型产业、省外需求拉动型产业,对投资和外需的产业敏感度较强;食品制造及烟草加工业同时属于消费拉动型产业、省外需求拉动型产业。

综合 2002 年、2007 年、2012 年的情况来看,在最终消费生产诱发方面,消费对第三产业的拉动作用明显增强,消费拉动型第三产业的数量明显增多。化学产品、批发和零售、食品和烟草、农林牧渔产品和服务、公共管理社会保障和社会组织、教育在 3 个年份中始终是消费拉动型产业;金属冶炼和压延加工品、金融、交通运输仓储和邮政、租赁和商务服务逐渐成为新的消费拉动型产业;房地产、通信设备计算机和其他电子设备、电力热力的生产和供应、纺织品已不再是消费拉动型产业。

在资本形成总额生产诱发方面,投资对第二产业的拉动作用最强。金属冶炼和压延加工品、化学产品、建筑、电气机械和器材、非金属矿物制品、通信设备计算机和其他电子设备、通用专用设备在 3 个年份中始终是投资拉动型产业;金属矿采选产品、电力热力的生产和供应、煤炭采选产品逐渐成为新的投资拉动型产业;批发和零售、农林牧渔产品和服务、纺织品、电力热力的生产和供应、交通运输设备、金属制品不再是投资拉动型产业。

在出口生产诱发方面,出口对第二产业的拉动作用最强。通信设备计算机和其他电子设备、金属冶炼和压延加工品、化学产品、电气机械和器材、纺织品、通用专用设备、纺织服装鞋帽皮革羽绒及其制品在 3 个年份中始终是出口拉动型产业;金属矿采选产品、金属制品、电力热力的生产和供应逐渐成为新的出口拉动型产业;农林牧渔产品和服务、批发和零售、石油炼焦产品和核燃料加工品、造纸印刷和文教体育用品不再是出口拉动型产业。

在国内省外流出生产诱发方面,国内省外流出对第二产业的拉动作用最强。金属冶炼和压延加工品、化学产品、通信设备计算机和其他电子设备、电气机械和器材、通用专用设备在 3 个年份中始终是省外需求拉动型产业;建筑、金属矿采选产品、交通运输仓储和邮政、交通运输设备、电力热力的生产和供应逐渐成为新的省外需求拉动型产业;纺织品、批发和零售、农林牧渔产品和服务、食品和烟草、石油炼焦产品和核燃料加工品、石油和天然气开采产品不再是省外需求拉动型产业。

同时属于消费拉动型产业、投资拉动型产业、出口拉动型产业、省外需求拉动型产业的"四型"产业数量下降。2002 年,有 5 个产业属于"四型"产业,分别是通信设备计算机及其他电子设备、批发和零售、农林牧渔产品和服务、化学产品、纺织品;2007 年,通信设备计算机及其他电子设备、批发和零售、农林牧渔产品和服务、纺织品不再是"四型"产业,金属冶炼和压延加工品、电力热力的生产和供应成为新的"四型"产业,数量降至 3 个;2012 年,"四型"产业只有金属冶炼和压延加工品、化学产品。

第三节 需求依赖度系数分析

生产最终需求依赖度用来测算各个产业部门生产对最终需求项目依赖程度的大小,即最终需求对各个产业部门生产的直接或间接影响程度。

最终需求依赖度系数的公式表示为：

$$z_i^s = \frac{\sum_{k=1}^{n} \bar{b}_{ik} y_k^s}{X_i} = \frac{u_i^s}{X_i} \quad i = 1, 2, \cdots, n$$

z_i^s 第 i 产业 s 项最终需求依赖度系数，其用向量表示为：

$$\boldsymbol{Z}^s = (z_1^s \quad z_2^s \quad \cdots \quad z_n^s)^{\mathrm{T}}$$

一、2012 年江苏产业需求依赖度系数分析

2012 年江苏 42 产业部门各项最终需求依赖度系数见表 58。

2012 年，江苏 42 个产业部门的最终消费依赖度系数、资本形成总额依赖度系数、出口依赖度系数、省外流出依赖度系数的平均值分别为 1.0783，2.1862，1.5512，2.6993。可见，江苏经济具有较强的投资依赖和外需依赖特征。

其中，最终消费依赖度系数超过 42 个产业平均值的产业有 6 个，从高到低依次是石油和天然气开采产品（10.0233）、金属矿采选产品（9.0078）、煤炭采选产品（3.8752）、金属制品机械和设备修理服务（3.2903）、燃气生产和供应（1.8545）、非金属矿和其他矿采选产品（1.3727），均属第二产业，这些产业可视为消费依赖型产业。

资本形成总额依赖度系数超过 42 个产业平均值的产业有 5 个，从高到低依次是金属矿采选产品（40.6019）、石油和天然气开采产品（11.4196）、非金属矿和其他矿采选产品（8.8221）、煤炭采选产品（8.5681）、金属制品机械和设备修理服务（7.9635），均属第二产业，这些产业可视为投资依赖型产业。

表 58　2012 年江苏 42 产业部门各项最终需求依赖度系数

序号	产业名称	消费	投资	出口	省外流出
01	农林牧渔产品和服务	0.5546	0.2348	0.2158	0.5547
02	煤炭采选产品	3.8752	8.5681	5.6835	9.3692
03	石油和天然气开采产品	10.0233	11.4196	8.0323	13.8172
04	金属矿采选产品	9.0078	40.6019	30.5289	53.5020
05	非金属矿和其他矿采选产品	1.3727	8.8221	3.7459	8.2633
06	食品和烟草	0.6235	0.2143	0.1767	0.5187
07	纺织品	0.1704	0.2569	0.4822	0.3753
08	纺织服装鞋帽皮革羽绒及其制品	0.2399	0.0650	0.4772	0.3190

序号	产业名称	消费	投资	出口	省外流出
09	木材加工品和家具	0.1772	0.3321	0.4673	0.5585
10	造纸印刷和文教体育用品	0.5821	0.4263	0.5513	0.5033
11	石油炼焦产品和核燃料加工品	0.6560	0.6278	0.4271	0.7693
12	化学产品	0.2025	0.5007	0.4925	0.6838
13	非金属矿物制品	0.1015	1.1472	0.4771	0.8793
14	金属冶炼和压延加工品	0.2079	0.9328	0.7090	1.2455
15	金属制品	0.1649	0.5452	0.4986	0.6580
16	通用设备	0.0817	0.4291	0.4288	0.6677
17	专用设备	0.0778	0.4408	0.2674	0.6897
18	交通运输设备	0.1910	0.2428	0.1728	0.4539
19	电气机械和器材	0.0562	0.3269	0.2729	0.5691
20	通信设备计算机和其他电子设备	0.0594	0.2145	0.7813	0.5480
21	仪器仪表	0.0903	0.1300	0.2851	0.8752
22	其他制造产品	0.7285	0.3566	0.7064	0.6287
23	废品废料	0.2112	0.5672	0.4786	1.0117
24	金属制品机械和设备修理服务	3.2903	7.9635	5.9862	9.8684
25	电力热力的生产和供应	0.3348	0.7708	0.4773	0.7708
26	燃气生产和供应	1.8545	0.8810	0.2733	0.5127
27	水的生产和供应	0.6364	0.4304	0.2957	0.5156
28	建筑	0.0309	0.7114	0.0133	0.5678
29	批发和零售	0.4736	0.2970	0.1755	0.4298
30	交通运输仓储和邮政	0.4813	0.4086	0.3483	0.7524
31	住宿和餐饮	0.5489	0.2361	0.1563	0.4163
32	信息传输软件和信息技术服务	0.3592	0.5654	0.1127	0.2711
33	金融	0.5334	0.3267	0.2228	0.4595
34	房地产	0.4099	0.5717	0.0352	0.0701
35	租赁和商务服务	0.4775	0.5090	0.3237	0.5943
36	科学研究和技术服务	0.7850	0.2340	0.0669	0.1357

续表

序号	产业名称	消费	投资	出口	省外流出
37	水利环境和公共设施管理	0.9346	0.1143	0.0239	0.0479
38	居民服务修理和其他服务	0.8068	0.2154	0.1594	0.2850
39	教育	0.9667	0.0320	0.0277	0.0508
40	卫生和社会服务	0.9784	0.0401	0.0187	0.0312
41	文化体育和娱乐	0.9342	0.1015	0.0715	0.1215
42	公共管理社会保障和社会组织	0.9971	0.0085	0.0048	0.0081
AVE	平均值	1.0783	2.1862	1.5512	2.6993

注：表中数据根据2012年"江苏投入产出表"整理计算，平均值为42个产业部门的算术平均数。

出口依赖度系数超过42个产业平均值的产业有5个，从高到低依次是金属矿采选产品(30.5289)、石油和天然气开采产品(8.0323)、金属制品机械和设备修理服务(5.9862)、煤炭采选产品(5.6835)、非金属矿和其他矿采选产品(3.7459)，均属第二产业，这些产业可视为出口依赖型产业。

国内省外流出依赖度系数超过42个产业平均值的产业有5个，从高到低依次是金属矿采选产品(53.5020)、石油和天然气开采产品(13.8172)、金属制品机械和设备修理服务(9.8684)、煤炭采选产品(9.3692)、非金属矿和其他矿采选产品(8.2633)，均属第二产业，这些产业可视为省外需求依赖型产业。

综合各系数来看，金属矿采选产品、石油和天然气开采产品、非金属矿和其他矿采选产品、煤炭采选产品、金属制品机械和设备修理服务同时属于消费依赖型产业、投资依赖型产业、出口依赖型产业、省外需求依赖型产业。

二、2007年江苏产业需求依赖度系数分析

2007年江苏42产业部门各项最终需求依赖度系数见表59。

2007年，江苏42个产业部门的最终消费依赖度系数、资本形成总额依赖度系数、出口依赖度系数、省外流出依赖度系数的平均值分别为0.7263，1.1116，1.1153，1.2544，具有较强的投资依赖和外需依赖特征。

其中，最终消费依赖度系数超过42个产业平均值的产业有11个，从高到低依次是石油和天然气开采业(8.0249)、金属矿采选业(2.6813)、煤炭开采和洗选业(1.4445)、卫生社会保障和社会福利业(1.1294)、教育(1.0756)、公共管理和社会组织(0.9941)、食品制造及烟草加工业(0.9306)、水利环境和公共设施管理业(0.8592)、农林牧渔业(0.8040)、居民服务和其他服务业(0.7816)、文

化体育和娱乐业(0.7735),其中,第一产业 1 个、第二产业 4 个、第三产业 6
个,这些产业可视为消费依赖型产业。

资本形成总额依赖度系数超过 42 个产业平均值的产业有 5 个,从高到低
依次是金属矿采选业(13.5439)、石油和天然气开采业(12.5435)、煤炭开采和
洗选业(2.8255)、非金属矿及其他矿采选业(2.0613)、石油加工炼焦及核燃料
加工业(1.1284),均属第二产业,这些产业可视为投资依赖型产业。

出口依赖度系数超过 42 个产业平均值的产业有 6 个,从高到低依次是石
油和天然气开采业(13.7843)、金属矿采选业(11.5706)、煤炭开采和洗选业
(2.7964)、通信设备计算机及其他电子设备制造业(1.5740)、非金属矿及其他
矿采选业(1.3469)、石油加工炼焦及核燃料加工业(1.1744),均属第二产业,
这些产业可视为出口依赖型产业。

表 59 2007 年江苏 42 产业部门各项最终需求依赖度系数

序号	产业名称	消费	投资	出口	省外流出
01	农林牧渔业	0.8040	0.1852	0.4415	0.4690
02	煤炭开采和洗选业	1.4445	2.8255	2.7964	3.3150
03	石油和天然气开采业	8.0249	12.5435	13.7843	16.8824
04	金属矿采选业	2.6813	13.5439	11.5706	14.2527
05	非金属矿及其他矿采选业	0.5913	2.0613	1.3469	2.2081
06	食品制造及烟草加工业	0.9306	0.1873	0.2820	0.4302
07	纺织业	0.1180	0.0605	0.7108	0.3436
08	纺织服装鞋帽皮革羽绒及其制品业	0.2556	0.0684	0.7544	0.0675
09	木材加工及家具制造业	0.2734	0.3882	0.9071	0.3180
10	造纸印刷及文教体育用品制造业	0.3410	0.2630	0.6600	0.5979
11	石油加工炼焦及核燃料加工业	0.7090	1.1284	1.1744	1.3887
12	化学工业	0.2228	0.2732	0.4775	0.7054
13	非金属矿物制品业	0.1435	0.9166	0.4127	0.5081
14	金属冶炼及压延加工业	0.1455	0.7723	0.6610	0.7998
15	金属制品业	0.1254	0.7967	0.4973	0.3502
16	通用专用设备制造业	0.0924	0.7470	0.2442	0.4963
17	交通运输设备制造业	0.2136	0.5708	0.3534	0.2528

续表

序号	产业名称	消费	投资	出口	省外流出
18	电气机械及器材制造业	0.1150	0.3701	0.3653	0.5633
19	通信设备计算机及其他电子设备制造业	0.0923	0.2801	1.5740	0.6983
20	仪器仪表及文化办公用机械制造业	0.1857	0.5246	0.5683	0.4618
21	工艺品及其他制造业	0.4857	0.4458	0.5329	0.4348
22	废品废料	0.1724	0.6158	0.5712	0.7201
23	电力热力的生产和供应业	0.4060	0.6302	0.6900	0.8008
24	燃气生产和供应业	0.4960	0.4219	0.4746	0.6340
25	水的生产和供应业	0.6657	0.3339	0.4200	0.4156
26	建筑业	0.0291	0.8949	0.0158	0.0755
27	交通运输及仓储业	0.4456	0.5667	0.5178	0.5118
28	邮政业	0.4982	0.2902	0.4561	0.3387
29	信息传输计算机服务和软件业	0.4223	0.4298	0.3596	0.3004
30	批发和零售业	0.4022	0.4394	0.3052	0.2937
31	住宿和餐饮业	0.6495	0.2868	0.2708	0.2682
32	金融业	0.5043	0.3828	0.5510	0.4488
33	房地产业	0.5065	0.6761	0.1060	0.0842
34	租赁和商务服务业	0.5501	0.2703	0.3662	0.3085
35	研究与试验发展业	0.6792	0.3942	0.6132	0.4784
36	综合技术服务业	0.4665	0.5409	0.4165	0.4132
37	水利环境和公共设施管理业	0.8592	0.0849	0.1253	0.3628
38	居民服务和其他服务业	0.7816	0.1788	0.1766	0.2117
39	教育	1.0756	0.0258	0.0265	0.0267
40	卫生社会保障和社会福利业	1.1294	0.0837	0.0743	0.0822
41	文化体育和娱乐业	0.7735	0.1832	0.1850	0.3624
42	公共管理和社会组织	0.9941	0.0049	0.0053	0.0050
AVE	平均值	0.7263	1.1116	1.1153	1.2544

注：表中数据根据 2007 年"江苏投入产出表"整理计算，平均值为 42 个产业部门的算术平均数。

国内省外流出依赖度系数超过 42 个产业平均值的产业有 5 个,从高到低依次是石油和天然气开采业(16.8824)、金属矿采选业(14.2527)、煤炭开采和洗选业(3.3150)、非金属矿及其他矿采选业(2.2081)、石油加工炼焦及核燃料加工业(1.3887),均属第二产业,这些产业可视为省外需求依赖型产业。

综合各系数来看,石油和天然气开采业、煤炭开采和洗选业、金属矿采选业同时属于消费依赖型产业、投资依赖型产业、出口依赖型产业、省外需求依赖型产业;石油加工炼焦及核燃料加工业、非金属矿及其他矿采选业同时属于投资依赖型产业、出口依赖型产业、省外需求依赖型产业。

三、2002 年江苏产业需求依赖度系数分析

2002 年江苏 42 产业部门各项最终需求依赖度系数见表 60。

2002 年,江苏 42 个产业部门的最终消费依赖度系数、资本形成总额依赖度系数、出口依赖度系数、省外流出依赖度系数的平均值分别为 0.6192,0.6351,0.3941,0.5153,具有较强的消费依赖和投资依赖特征。

其中,最终消费依赖度系数超过 42 个产业平均值的产业有 16 个,从高到低依次是石油和天然气开采业(3.9448)、燃气生产和供应业(2.2449)、公共管理和社会组织(0.9994)、卫生社会保障和社会福利业(0.9977)、教育事业(0.9924)、其他社会服务业(0.8736)、旅游业(0.7990)、房地产业(0.7923)、文化体育和娱乐业(0.7848)、科学研究事业(0.7475)、煤炭开采和洗选业(0.7339)、金属矿采选业(0.7116)、食品制造及烟草加工业(0.7001)、综合技术服务业(0.6695)、农林牧渔业(0.6527)、住宿和餐饮业(0.6518),其中,第一产业 1 个、第二产业 5 个、第三产业 10 个,这些产业可视为消费依赖型产业。

资本形成总额依赖度系数超过 42 个产业平均值的产业有 12 个,从高到低依次是石油和天然气开采业(5.1143)、金属矿采选业(3.1985)、废品废料(1.1720)、燃气生产和供应业(1.1711)、通用专用设备制造业(0.9569)、金属冶炼及压延加工业(0.9390)、煤炭开采和洗选业(0.9176)、建筑业(0.9175)、非金属矿采选业(0.7818)、金属制品业(0.7101)、非金属矿物制品业(0.6909)、电气机械及器材制造业(0.6413),均属第二产业,可视为投资依赖型产业。

出口依赖度系数超过 42 个产业平均值的产业有 11 个,从高到低依次是石油和天然气开采业(3.7109)、通信设备计算机及其他电子设备制造业(1.2004)、金属矿采选业(1.0228)、服装皮革羽绒及其制品业(0.7298)、燃气生产和供应业(0.6801)、纺织业(0.5603)、造纸印刷及文教用品制造业(0.5156)、化学工业(0.4755)、煤炭开采和洗选业(0.4692)、废品废料(0.4443)、电气机械及器材制造业(0.4142),均属第二产业,可视为出口依赖型产业。

表 60　2002 年江苏 42 产业部门各项最终需求依赖度系数

序号	产业名称	消费	投资	出口	省外流出
01	农林牧渔业	0.6527	0.2836	0.2248	0.2219
02	煤炭开采和洗选业	0.7339	0.9176	0.4692	0.5540
03	石油和天然气开采业	3.9448	5.1143	3.7109	6.2491
04	金属矿采选业	0.7116	3.1985	1.0228	1.8379
05	非金属矿采选业	0.2400	0.7818	0.2060	0.3095
06	食品制造及烟草加工业	0.7001	0.2042	0.0898	0.2243
07	纺织业	0.2035	0.2905	0.5603	0.2930
08	服装皮革羽绒及其制品业	0.1822	−0.0084	0.7298	0.2145
09	木材加工及家具制造业	0.3039	0.4297	0.3560	0.1291
10	造纸印刷及文教用品制造业	0.5366	0.4497	0.5156	0.4877
11	石油加工炼焦及核燃料加工业	0.4318	0.5781	0.3505	0.7698
12	化学工业	0.3839	0.5290	0.4755	0.5988
13	非金属矿物制品业	0.2601	0.6909	0.1390	0.1591
14	金属冶炼及压延加工业	0.2271	0.9390	0.3284	0.5808
15	金属制品业	0.1469	0.7101	0.3086	0.3347
16	通用专用设备制造业	0.2271	0.9569	0.1979	0.3446
17	交通运输设备制造业	0.1974	0.3661	0.3212	0.4512
18	电气机械及器材制造业	0.2191	0.6413	0.4142	0.4781
19	通信设备计算机及其他电子设备制造业	0.2323	0.4611	1.2004	0.6154
20	仪器仪表及文化办公用机械制造业	0.2850	0.5626	0.2684	0.2929
21	其他制造业	0.4149	0.5547	0.3794	0.3864
22	废品废料	0.3260	1.1720	0.4443	1.1140
23	电力热力的生产和供应业	0.4876	0.4809	0.2771	0.3102
24	燃气生产和供应业	2.2449	1.1711	0.6801	1.0068
25	水的生产和供应业	0.5870	0.3491	0.2267	0.2370
26	建筑业	0.0498	0.9175	0.0031	0.0642
27	交通运输及仓储业	0.3998	0.4764	0.3770	0.4309
28	邮政业	0.4981	0.4016	0.3237	0.2903

序号	产业名称	消费	投资	出口	省外流出
29	信息传输计算机服务和软件业	0.5587	0.2589	0.2164	0.3336
30	批发和零售贸易业	0.4127	0.4678	0.3197	0.3150
31	住宿和餐饮业	0.6518	0.2801	0.1779	0.2332
32	金融保险业	0.4262	0.4886	0.3799	0.3930
33	房地产业	0.7923	0.3043	0.0244	0.0245
34	租赁和商务服务业	0.4706	0.3477	0.1853	0.3192
35	旅游业	0.7990	0.1864	0.2283	0.2714
36	科学研究事业	0.7475	0.1510	0.0890	0.1482
37	综合技术服务业	0.6695	0.2435	0.0979	0.2360
38	其他社会服务业	0.8736	0.1211	0.0789	0.1106
39	教育事业	0.9924	0.0059	0.0037	0.0046
40	卫生社会保障和社会福利业	0.9977	0.0020	0.0014	0.0017
41	文化体育和娱乐业	0.7848	0.1979	0.1468	0.2666
42	公共管理和社会组织	0.9994	0.0005	0.0005	0.0004
AVE	平均值	0.6192	0.6351	0.3941	0.5153

注：表中数据根据 2002 年"江苏投入产出表"整理计算,平均值为 42 个产业部门的算术平均数。

国内省外流出依赖度系数超过 42 个产业平均值的产业有 9 个,从高到低依次是石油和天然气开采业(6.2491)、金属矿采选业(1.8379)、废品废料(1.1140)、燃气生产和供应业(1.0068)、石油加工炼焦及核燃料加工业(0.7698)、通信设备计算机及其他电子设备制造业(0.6154)、化学工业(0.5988)、金属冶炼及压延加工业(0.5808)、煤炭开采和洗选业(0.5540),均属第二产业,这些产业可视为省外需求依赖型产业。

综合各系数来看,石油和天然气开采业、燃气生产和供应业、煤炭开采和洗选业、金属矿采选业同时属于消费依赖型产业、投资依赖型产业、出口依赖型产业、省外需求依赖型产业;废品废料同时属于投资依赖型产业、出口依赖型产业、省外需求依赖型产业;通信设备计算机及其他电子设备制造业、化学工业同时属于出口依赖型产业、省外需求依赖型产业;金属冶炼及压延加工业同时属于投资依赖型产业、省外需求依赖型产业;电气机械及器材制造业同时属于投资依赖型产业、出口依赖型产业。

综合 2002 年、2007 年、2012 年的情况来看,江苏经济逐渐从消费和投资依赖型转向外需和投资依赖型,对消费的依赖度下降,外向型经济特征不断增强。各种类型产业(消费依赖型产业、投资依赖型产业、出口依赖型产业、省外需求依赖型产业)的产业数量都在减少。金属矿采选产品、石油和天然气开采产品、煤炭采选产品始终是同时属于 4 种类型的"四型"产业。

第八章

江苏产业关联结构分解分析

随着结构分解技术成为投入产出分析新的分析范式,投入产出结构分解技术在经济与产业研究中得到了推广和普及。该方法不仅能够反映产业之间和产业内部的产业关联特性,还能够对产业关联特性进行细化分解,是对传统产业关联分析的重要拓展。本章利用投入产出结构分解技术,从动态和静态两个角度,对江苏产业结构关联效应进行全面深入的测算,并提出相关结论和建议,以此作为江苏产业关联分析和推动产业转型升级的依据与参考。

第一节 产业关联结构分解模型简介

传统产业关联分析,是利用列昂惕夫逆矩阵计算感应度系数和影响力系数等重要指数,进而反映产业关联状态。结构分解技术是对列昂惕夫逆矩阵进行进一步分解,将产业关联细化分解为各种效应指标,从而更加深入精细地衡量产业关联水平。

一、静态结构分解模型及算法

本章借鉴了 Miller 和 Blair(2009)对投入产出模型结构分解技术的拓展研究成果,将列昂惕夫逆矩阵分解为以下形式:

$$
\begin{bmatrix} \bar{b}_{11} & \bar{b}_{12} & \cdots & \bar{b}_{1n} \\ \bar{b}_{21} & \bar{b}_{22} & \cdots & \bar{b}_{2n} \\ \vdots & \vdots & & \vdots \\ \bar{b}_{n1} & \bar{b}_{n2} & \cdots & \bar{b}_{nn} \end{bmatrix} = \begin{bmatrix} \dfrac{1}{1-a_{11}} & 0 & \cdots & 0 \\ 0 & \dfrac{1}{1-a_{22}} & \cdots & 0 \\ \vdots & \vdots & & \vdots \\ 0 & 0 & \cdots & \dfrac{1}{1-a_{nn}} \end{bmatrix} +
$$

$$
\begin{bmatrix} \bar{b}_{11} - \dfrac{1}{1-a_{11}} & 0 & \cdots & 0 \\ 0 & \bar{b}_{22} - \dfrac{1}{1-a_{22}} & \cdots & 0 \\ \vdots & \vdots & & \vdots \\ 0 & 0 & \cdots & \bar{b}_{22} - \dfrac{1}{1-a_{nn}} \end{bmatrix} + \begin{bmatrix} 0 & \bar{b}_{12} & \cdots & \bar{b}_{1n} \\ \bar{b}_{21} & 0 & \cdots & \bar{b}_{2n} \\ \vdots & \vdots & & \vdots \\ \bar{b}_{n1} & \bar{b}_{n2} & \cdots & 0 \end{bmatrix}
$$

$$\text{式}(1)$$

在最终需求给定的条件下,根据投入产出模型行平衡关系,对于部门 X_i 有:

$$X_i = \frac{1}{1-a_{ii}}Y_i + (\bar{b}_{ii} - \frac{1}{1-a_{ii}})Y_i + \sum_{j,j \neq i}^{n} \bar{b}_{ij}Y_j \qquad 式(2)$$

列昂惕夫逆矩阵系数的含义是当某一产业部门的最终需求发生一个单位的变化，各产业部门由此引发的直接和间接产出变化的总和。由式（2）可以表明，产业 i 的最终产出可看作三部分的总和。

为了分析方便，令 $M_i = \frac{1}{1-a_{ii}}$，代表产业内乘数效应，表示产业 i 单位最终需求变化引起产业 i 自身产出水平变化，是产业自身需求对自身产出的影响，反映产业自我调节和可持续发展能力，称之为自生能力。

令 $F_i = \bar{b}_{ii} - \frac{1}{1-a_{ii}}$，代表产业 i 的反馈效应，表示产业 i 的单位最终需求变化对其他产业产生影响后，这些影响反过来对产业 i 产出的影响，称之为反馈效应。

令 $S_{1i} = \sum_{j,j \neq i}^{n} \bar{b}_{ij}$，代表产业间溢出效应 I，表示其他产业单位最终需求变化对产业 i 产出直接或间接影响的总和，是该产业受到其他产业影响程度的反映，是产业感应能力的体现。

类似于产业间溢出效应 I，还可以定义 $S_{2i} = \sum_{i,j \neq i}^{n} \bar{b}_{ij}$，代表产业间溢出效应 II。

$\frac{1}{1-a_{ii}}$ 表示产业 i 的单位最终需求变化对其他产业产出直接或间接影响的总和，是该产业影响能力的体现。

在这里，乘数效应、反馈效应和溢出效应 I 共同反映了产业的成长能力，而溢出效应 I 和溢出效应 II 共同反映了产业的关联强弱。

二、动态结构分解模型及算法

为进行动态分析，将上述定义代入式（2），并引入时间坐标，对于产业 X_i 在时期 0 和时期 t 的产出可以分别表示为：

$$X_i^0 = M_i^0 Y_i^0 + F_i^0 Y_i^0 + \sum_{j,j \neq i}^{n} b_{ij}^0 Y_j^0 \qquad 式(3)$$

$$X_i^t = (M_i^0 + \Delta M_i)(Y_i^0 + \Delta Y_i) + (F_i^0 + \Delta F_i)(Y_i^0 + \Delta Y_i) +$$

$$\sum_{j,j \neq i}^{n}(b_{ij}^0 + \Delta b_{ij})(Y_j^0 + \Delta Y_j) \qquad 式(4)$$

利用式（3）和式（4），我们可以得到产业 i 的增长构成：

$$g_i = \frac{\Delta X_i}{X_i} = (M_i^0 \Delta Y_i + \Delta M_i Y_i^0 + \Delta M_i \Delta Y_i)/X_i^0 +$$

$$(F_i^0 \Delta Y_i + \Delta F_i Y_i^0 + \Delta F_i \Delta Y_i)/X_i^0 +$$

$$\sum_{j, j \neq i}^{n} (b_{ij}^0 \Delta Y_j + \Delta b_{ij} Y_j^0 + \Delta b_{ij} \Delta Y_j)/X_i^0 \qquad \text{式}(5)$$

由式(5)可见,某一个产业的增长率可以分解为乘数效应的变化、反馈效应的变化和溢出效应 I 的变化三部分,分别代表产业自生机制、产业反馈机制和产业关联机制的动态改变对产业部门成长的贡献,为了与静态效应相区分,分别称之为动态乘数效应、动态反馈效应和动态溢出效应 I。通过分解可以区分产业部门增长的来源。这种结构分解技术改进了传统的产业关联分析技术。首先,将产业技术经济联系分解为产业内部和产业间的联系,可定量地区分产业成长源于自身和源于其他产业影响之间的关系,对认识产业关联特征具有重要意义;其次,溢出效应 I 与感应度系数具有一定相似性,溢出效应 II 与影响力系数具有一定相似性,但不同的是,溢出效应剥离了产业自身的影响,更加合理地反映了产业间的联系;最后,结构分解技术能够动态反映产业间技术经济联系的变化,具有动态分析的优势。

第二节 产业关联特征的实证分析

在上述投入产出模型结构分解的基础上,利用投入产出表的相关数据对江苏的产业结构关联效应进行测算。将 2007 年和 2012 年的江苏 42 部门投入产出表重新集结为两张 40 部门的投入产出表,包括 1 个农业部门(第一产业)、25 个第二产业部门及 14 个第三产业部门。基于两张集结的新表,本章对江苏产业部门增长的效应进行了深入细致的分析。

一、产业结构关联特征的静态分析

从江苏产业结构关联总体特征来看,利用式(2)的投入产出静态结构分解模型,计算了江苏产业的相应效应,表 61 给出了三次产业和整个经济体的计算结果。根据计算结果,江苏经济中 40 个产业部门的最终需求都增加 1 亿元,2012 年,江苏经济各部门乘数效应总和为 51.20,反馈效应为 1.212,溢出效应 I 为 62.56,即通过产业自生机制可以创造产出增量为 51.20 亿元,通过产业反馈机制可以创造产出增量为 1.212 亿元,通过产业关联机制可以创造产出增加值为 62.56 亿元,整个经济产出将增加 114.972 亿元。乘数效应贡献占比为 44.53%,反馈效应为 1.05%,溢出效应为 54.41%,可见,江苏经济增长最为关键的来源就是产业结构的关联作用,其次为产业的自生能力,而经济反馈能力的影响比较微弱。

表61　2007年与2012年江苏产业结构关联效应

效应	乘数效应		反馈效应		溢出效应Ⅰ		溢出效应Ⅱ	
年份	2007	2012	2007	2012	2007	2012	2007	2012
第一产业平均	1.141	1.087	0.080	0.108	3.354	2.408	0.872	0.890
第二产业平均	1.454	1.444	0.064	0.060	3.535	3.088	1.972	2.103
第三产业平均	1.031	1.074	0.012	0.019	1.233	1.594	1.104	0.979
40部门平均	1.362	1.352	0.055	0.052	3.090	2.741	1.766	1.820
40部门合计	46.89	51.20	1.235	1.212	66.61	62.56	66.61	62.56

注:表中数据根据2007年和2012年"江苏投入产出表"整理计算;溢出效应Ⅰ计算的是其他产业单位最终需求对本产业的溢出影响;溢出效应Ⅱ计算的是本产业单位最终需求对其他产业的溢出影响;采用各部门产出比重进行加权平均。

从2012年三次产业之间各种效应的比较来看,在自生能力上,第二产业>第一产业>第三产业;在反馈能力上,第一产业>第二产业>第三产业;在感应能力上,第二产业>第一产业>第三产业;而在影响力方面,第二产业>第三产业>第一产业。总体而言,第二产业的各种效应值基本在社会平均水平之上,第三产业的各种效应值则均低于社会平均水平,因此,第二产业的发展对江苏整体产业的成长具有重要的作用,而第三产业的发展主要依靠其他产业的带动。

从三次产业内部的各种效应来看,2012年,江苏第一产业的乘数效应为1.087,反馈效应为0.108,溢出效应Ⅰ为2.408,溢出效应Ⅱ为0.890;第二产业的乘数效应为1.444,反馈效应为0.060,溢出效应Ⅰ为3.088,溢出效应Ⅱ为2.103;第三产业的乘数效应为1.074,反馈效应为0.019,溢出效应Ⅰ为1.594,溢出效应Ⅱ为0.979。可见,江苏第一、二、三产业在整体上具有共同的产业关联特征,即产业发展首要依靠的是其他产业的关联驱动,其次是产业自生能力,反馈能力的影响比较小。

2012年与2007年相比,江苏总体经济和第二产业的各种效应变化趋势相同,其中乘数效应、反馈效应、溢出效应Ⅰ有所下降,溢出效应Ⅱ有所提升,表明江苏经济自生能力下降,接受其他产业的反馈能力变弱,对其他产业的感应能力变差,只有对其他产业的影响能力有所增强;第一产业的乘数效应、溢出效应Ⅰ有所下降,反馈效应、溢出效应Ⅱ有所提升;第三产业除溢出效应Ⅱ下降,其他三类效应都有所上升。

从江苏产业结构关联的行业特征来看。当江苏经济中 40 个产业部门的最终需求都增加 1 亿元时,由于各行业的关联特征差异,其增长也存在较大的差距。在 2012 年的产业关联水平上,最高者金属冶炼和压延加工品可以获得10.739 亿元的产出增量,而最低者为水利环境和公共设施管理,其产出增加值仅为 1.033 亿元。在同等单位最终需求的刺激下,能够获得产出增量超过2 亿元的行业有 23 个,其中,第一产业 1 个、第二产业 18 个、第三产业 4 个。可见,江苏第二产业的产业关联水平普遍高于第一、三产业(见表 62)。

表 62 2007 年与 2012 年江苏细分行业的产业结构关联

效应	乘数效应		反馈效应		溢出效应 I		总效应		溢出效应 II	
年份	2007	2012	2007	2012	2007	2012	2007	2012	2007	2012
01	1.141	1.087	0.080	0.108	3.354	2.408	4.575	3.603	0.872	0.890
02	1.112	1.350	0.031	0.060	1.608	3.480	2.751	4.890	1.496	1.040
03	1.018	1.004	0.085	0.022	3.838	2.000	4.941	3.026	1.645	0.370
04	1.123	3.298	0.029	0.037	1.362	3.450	2.514	6.785	1.932	1.365
05	1.086	1.326	0.012	0.024	0.398	1.006	1.496	2.356	2.151	1.778
06	1.224	1.152	0.084	0.114	2.036	1.600	3.344	2.866	1.459	1.348
07	1.574	1.552	0.031	0.017	1.701	1.367	3.306	2.936	1.772	1.866
08	1.119	1.092	0.019	0.005	0.530	0.254	1.668	1.351	2.349	2.273
09	1.452	1.499	0.009	0.004	0.659	0.249	2.120	1.752	2.023	1.946
10	1.319	1.291	0.020	0.025	1.440	1.905	2.779	3.221	1.844	1.941
11	1.064	1.053	0.096	0.026	3.274	1.583	4.434	2.662	2.206	1.212
12	1.648	1.938	0.102	0.096	7.618	8.425	9.368	10.459	1.711	1.301
13	1.218	1.412	0.021	0.013	1.227	1.105	2.466	2.530	2.086	1.987
14	1.699	1.835	0.168	0.223	8.353	8.681	10.22	10.739	1.791	2.069
15	1.141	1.073	0.040	0.095	1.652	2.054	2.833	3.222	2.648	2.579
16	1.268	1.177	0.083	0.038	3.160	1.693	4.511	2.908	2.326	2.554
17	1.355	1.213	0.028	0.005	1.515	0.221	2.898	1.439	2.154	2.906
18	1.136	1.160	0.040	0.026	1.977	1.142	3.153	2.328	2.489	2.778
19	1.968	1.756	0.037	0.021	2.652	1.195	4.657	2.972	1.716	2.152
20	1.113	1.042	0.015	0.006	0.738	0.231	1.866	1.279	2.542	2.681
21	1.060	1.072	0.006	0.009	0.309	0.537	1.375	1.618	2.269	2.676
22	1.062	1.074	0.001	0.007	0.737	0.981	1.800	2.062	0.101	0.417
23	1.490	1.156	0.072	0.066	4.374	3.200	5.936	4.422	1.716	1.826

效应	乘数效应		反馈效应		溢出效应Ⅰ		总效应		溢出效应Ⅱ	
年份	2007	2012	2007	2012	2007	2012	2007	2012	2007	2012
24	1.044	2.821	0.003	0.002	0.134	0.273	1.181	3.096	2.091	0.701
25	1.020	1.057	0.001	0.001	0.075	0.067	1.096	1.125	1.555	1.294
26	1.009	1.012	0.002	0.003	0.174	0.186	1.185	1.201	2.354	2.573
27	1.004	1.024	0.010	0.026	1.899	2.379	2.913	3.429	0.602	0.441
28	1.075	1.361	0.035	0.026	2.826	2.868	3.936	4.255	1.433	1.077
29	1.008	1.002	0.012	0.012	1.080	0.919	2.100	1.933	1.560	1.428
30	1.048	1.165	0.007	0.004	0.567	0.356	1.622	1.525	1.303	1.130
31	1.060	1.027	0.013	0.032	2.048	2.661	3.121	3.720	0.588	1.081
32	1.010	1.060	0.003	0.007	0.468	0.464	1.481	1.531	0.518	0.539
33	1.042	1.024	0.019	0.042	1.000	2.654	2.061	3.720	2.009	1.199
34	1.058	1.001	0.009	0.002	0.580	0.145	1.647	1.148	1.668	1.798
35	1.029	1.001	0.001	0.001	0.150	0.031	1.180	1.033	1.325	1.323
36	1.043	1.016	0.007	0.005	0.589	0.502	1.639	1.523	1.441	1.451
37	1.013	1.010	0.000	0.000	0.119	0.111	1.133	1.121	0.841	0.488
38	1.004	1.001	0.002	0.001	0.148	0.050	1.154	1.052	1.752	1.726
39	1.031	1.002	0.002	0.001	0.219	0.099	1.252	1.102	1.264	1.523
40	1.000	1.006	0.000	0.000	0.019	0.029	1.019	1.035	1.005	0.832

注：表中序号指代的产业分别是：01农林牧渔产品和服务，02煤炭采选产品，03石油和天然气开采产品，04金属矿采选产品，05非金属矿和其他矿采选产品，06食品和烟草，07纺织品，08纺织服装鞋帽皮革羽绒及其制品，09木材加工品和家具，10造纸印刷和文教体育用品，11石油炼焦产品和核燃料加工品，12化学产品，13非金属矿物制品，14金属冶炼和压延加工品，15金属制品，16通用专用设备，17交通运输设备，18电气机械和器材，19通信设备计算机和其他电子设备，20仪器仪表，21其他制造产品，22废品废料，23电力热力的生产和供应，24燃气生产和供应，25水的生产和供应，26建筑，27批发和零售，28交通运输仓储和邮政，29住宿和餐饮，30信息传输软件和信息技术服务，31金融，32房地产，33租赁和商务服务，34科学研究和技术服务，35水利环境和公共设施管理，36居民服务修理和其他服务，37教育，38卫生和社会服务，39文化体育和娱乐，40公共管理社会保障和社会组织。

在乘数效应上，2012年有金属矿采选产品等9个行业高于社会平均水平，表明这些行业的自生能力在江苏经济中相对较强，而在排名最后的13个行业中，除建筑、石油和天然气开采产品为第二产业外，其余全部为第三产业行业,可见,第三产业行业的自生能力普遍比较低下。

反馈效应在产业增长中的作用并不十分显著,2012年反馈效应最大的行业为金属冶炼和压延加工品,其效应值为0.223,占总效应的2.08%;而反馈效应占总效应比例最高的食品和烟草,也仅为3.98%,其效应值为0.114。总体而言,江苏各产业中反馈效应对产业发展的影响都是比较弱的。

溢出效应Ⅰ高出社会平均水平的行业有金属冶炼和压延加工品等6个,其中仅交通运输仓储和邮政属于第三产业,其他5个行业全部属于第二产业,这些行业的溢出效应Ⅰ值均在3.2以上。但是也有一些产业的溢出效应Ⅰ很小,如废品废料、住宿和餐饮等19个行业的溢出效应Ⅰ甚至小于1,也就是说这些产业在发展过程中受其他产业的影响是比较小的,其感应能力较弱。

溢出效应Ⅱ则不同,反映的是本产业单位最终需求增长为经济其他产业带来的产出增量之和。2012年溢出效应Ⅱ值高于社会平均水平的产业有交通运输设备、电气机械和器材、仪器仪表等15个行业。在这些行业中,1亿元的最终需求增长至少可以为其他行业带来1.826亿元以上的增长,尤其是交通运输设备,该行业1亿元的最终需求甚至可以为经济创造2.906亿元的产出增量。溢出效应Ⅱ小于1的有8个行业,其中有1个属于第一产业,有3个属于第二产业,有4个属于第三产业,对于这些产业而言,本产业1亿元的最终需求对其他行业的拉动都不足1亿元,即对产业外溢出能力较弱。这是江苏产业发展中值得关注的重要问题,从产业关联角度,要加快提升产业的辐射带动作用,这是提升产业竞争力的关键。

从江苏产业结构关联特征的分类来看。上述对江苏产业结构关联特征的分析过程比较复杂,主要是因为涉及的产业部门较多,又涉及多种效应。为了能够对江苏产业结构的关联特征有更加清晰的认识,根据不同效应的取值情况对各个产业进行了简单分类(基于2012年的产业关联水平)。在分类过程中,本章没有把反馈效应纳入考虑范围,这是由于上述计算结果显示,各个行业的反馈效应值都较小,即产业反馈能力相比于其他产业发展能力的重要性偏低,因此,分类中没有考虑反馈效应的影响。于是,产业的成长性就可以通过乘数效应和溢出效应Ⅰ来反映,产业的关联性就可以通过溢出效应Ⅰ和溢出效应Ⅱ来反映。将各个产业的不同效应情况与总体经济的平均水平进行比较,可以对各种产业进行一个简单的分类(见表63)。

表63　江苏产业结构关联效应的分类

类别	M—S_1—S_2	行业
第一类	低—低—低	第一产业：农林牧渔产品和服务 第二产业：石油和天然气开采产品、废品废料、石油炼焦产品和核燃料加工品、水的生产和供应、食品和烟草、非金属矿和其他矿采选产品 第三产业：批发和零售、教育、房地产、公共管理社会保障和社会组织、金融、信息传输软件和信息技术服务、租赁和商务服务、水利环境和公共设施管理、住宿和餐饮、居民服务修理和其他服务、文化体育和娱乐、卫生和社会服务、科学研究和技术服务
第二类	低—低—高	第二产业：造纸印刷和文教体育用品、纺织服装鞋帽皮革羽绒及其制品、通用专用设备、建筑、金属制品、其他制造产品、仪器仪表、电气机械和器材、交通运输设备
第三类	低—高—低	第二产业：煤炭采选产品
第四类	低—高—高	第二产业：电力热力的生产和供应
第五类	高—低—低	第二产业：燃气生产和供应
第六类	高—低—高	第二产业：纺织品、木材加工品和家具、非金属矿物制品、通信设备计算机和其他电子设备
第七类	高—高—低	第二产业：金属矿采选产品、化学产品 第三产业：交通运输仓储和邮政
第八类	高—高—高	第二产业：金属冶炼和压延加工品

第一产业属于低乘数效应—低溢出效应Ⅰ—低溢出效应Ⅱ的"三低"产业类型，即表明产业的成长性和关联性都较差。因此，对于第一产业而言，要进一步建立完善产业发展机制，提升产业创新发展水平，优化农业内部产业结构，进而提升第一产业整体发展水平。

在第二产业中，产业关联的差异性比较大。石油和天然气开采产品、废品废料、石油炼焦产品和核燃料加工品、水的生产和供应、食品和烟草、非金属矿和其他矿采选产品6个行业属于第一类，产业成长性较差，产业关联性较弱，这些产业的独立性比较强，产业链条相对较短，产业关联的特征不显著。造纸印刷和文教体育用品、纺织服装鞋帽皮革羽绒及其制品、通用专用设备、建筑、金属制品、其他制造产品、仪器仪表、电气机械和器材、交通运输设备9个行业属于第二类，产业成长性较差，但产业对外溢出效应较强，即这些产业对其他产业的发展具有重要影响，对这类产业必须从产业发展机制入手，引入竞争机制，增强产业的活力。煤炭采选产品属于第三类，这类产业具有较强的产业感应能力，对其他产业的需求变化较为敏感，但产业自生能力和对其他产业发展的影响力都比较差,因此,对这类产业要促进产业自生能力的提升,并加强与其他产业的协调发展,这是对这类产业进行产业结构调整优化的重点举措。电力热力的生产和供应属于第四类,产业具有强关联的产业特征,但自生能力较差。燃气生产和供应属于第五类,产业自生能力较强,但关联性弱。纺织品、木材加工品和家具、非金属矿物制品、通信设备计算机和其他电子设备4个行业属于第六类,产业自生能力较强,对其他产业的发展也具有较大的影响力,但产业感应能力比较差。金属矿采选产品、化学产品2个行业属于第七类,这类产业具有较强的成长性,但是对外溢出能力不强。金属冶炼和压延加工品属于第八类,这类产业成长性强,关联性高,是具有"承上启下"特征的"中场产业",这些产业发展对提升江苏产业的竞争力具有重要作用。

第三产业的溢出效应Ⅱ都低于社会平均水平,表明第三产业对其他产业的影响都较弱。其中,除交通运输仓储和邮政属于第七类(该类产业的自生能力和感应能力较弱,但影响力较弱)外,其他行业都属于第一类,产业的成长性和关联性都较差。江苏服务业发展相对滞后在很大程度上是由于第三产业的产业关联机制没有充分发挥作用,即第三产业的技术经济特性没有得到充分的体现。并且,在这一基础性条件没有得到有效改善之前,通过依靠外部环境和力量拉动第三产业发展,其效果必定会大打折扣。因此,对于江苏第三产业,要完善自生机制,提升自生发展能力;同时要通过产业内部结构优化和产业功能升级,建立和强化产业的技术经济联系,发挥产业关联效应。

二、产业结构关联特征的动态分析

以重新整合计算的2007年和2012年江苏40个部门的投入产出表为基础,对式(5)的动态分解公式进行了计算,结果见表64。可见,2012年和2007年相比,江苏经济增长率为126.37%,其中动态乘数效应为53.83%,动态反馈效应为1.99%,动态溢出效应为70.55%,三种效应对经济增长贡献的占比分别为42.60%,1.57%,55.83%。总体上,产业关联机制的贡献占主导地位,产业自生机制的贡献也非常重大,而产业反馈机制的作用则相对较弱。40个产业大致可以分为六类。第一类属于完全产业关联拉动型的产业,包括金属矿采选产品、非金属矿和其他矿采选产品、煤炭采选产品、石油和天然气开采产品、金属冶炼和压延加工品、其他制造产品、非金属矿物制品、租赁和商务服务、燃气生产和供应、造纸印刷和文教体育用品、水的生产和供应11个行业。这类产业在成长过程中动态乘数效应和动态反馈效应基本为负值,产业的增长高度依赖于产业关联机制,即这类产业的增长完全来自于其他行业的需求拉动，一旦外部需求减弱，这些行业的发展将会面临较大的问题。因此对于这类产业，要建立规范的产业发展制度，理顺产业发展的机制，保持产业发展的活力，降低乘数效应的副作用。第二类属于产业关联主导型的产业，包括电力热力的生产和供应、金属制品、化学产品、交通运输仓储和邮政、废品废料5个行业，这些产业在增长过程中动态关联效应占绝对主导地位，动态乘数效应与动态反馈效应为正值，但其值较小，也就是说这类产业的增长也是主要依赖于其他产业的需求来拉动，只不过与第一类产业相比自生机制发挥的作用要大一些。第三类属于产业关联—自身机制驱动型的产业，包括纺织品、居民服务修理和其他服务、农林牧渔产品和服务、住宿和餐饮、金融5个行业，这类产业在发展过程中主要由产业关联机制和产业自生发展机制共同推动，而动态关联效应相对要大一些。第四类属于自身机制—产业关联驱动型的产业，包括通用专用设备、食品和烟草、批发和零售3个行业，其产业增长由产业关联机制和产业自生机制共同推动，但是自生机制占主导。第五类属于自生机制主导型的产业，包括文化体育和娱乐、公共管理社会保障和社会组织、建筑、石油炼焦产品和核燃料加工品、教育、通信设备计算机和其他电子设备、木材加工品和家具、信息传输软件和信息技术服务、房地产、电气机械和器材、仪器仪表11个行业，这些产业在增长过程中动态乘数效应占绝对主导地位，但动态反馈效应与动态关联效应也基本为正值，其值较小，也就是说，这类产业的增长主要依赖于自生机制发挥作用，但其他产业的需求拉动也发挥一定作用。第六类属于完全自生机制驱动型的产业，包括交通运输设备、科学研究和技术服务、卫生和社会服务、纺织服装鞋帽皮革羽绒及其制品、水利环境和公共设施管理5个行业。这类产业在成长过程中动态反馈效应和关联效应基本为负值，产业的增长高度依赖于动态乘数效应，这意味着这类产业的增长完全来自于产业自生机制的驱动。

表64　2007—2012年江苏产业关联效应的动态分解

%

行业	增长率	效应			贡献		
		M	F	S_1	M	F	S_1
01	87.99	24.78	2.88	60.33	28.16	3.27	68.57
02	93.24	−1617.26	−78.05	1788.55	−1734.44	−83.70	1918.14
03	47.34	−1088.82	64.03	1072.13	−2299.85	135.24	2264.61

行业	增长率	效应			贡献			
		M	F	S_1	M	F	S_1	
04	97.65	−6832.89	−51.71	6982.24	−6997.27	−52.95	7150.22	
05	104.58	−1994.35	−36.94	2135.86	−1907.02	−35.32	2042.34	
06	136.55	78.55	9.03	48.97	57.52	6.61	35.86	
07	32.69	11.39	−0.40	21.69	34.84	−1.21	66.37	
08	80.46	83.45	−0.68	−2.31	103.72	−0.85	−2.87	
09	128.98	104.76	0.15	24.07	81.22	0.12	18.66	
10	87.25	−31.69	−0.52	119.45	−36.32	−0.59	136.91	
11	130.24	114.34	10.16	5.75	87.79	7.80	4.41	
12	128.89	27.15	0.86	100.87	21.07	0.67	78.26	
13	139.68	−85.11	−0.63	225.42	−60.93	−0.45	161.38	
14	101.54	−194.51	−24.04	320.09	−191.55	−23.68	315.23	
15	110.52	8.04	2.80	99.68	7.27	2.53	90.20	
16	92.39	57.37	−0.36	35.38	62.10	−0.39	38.29	
17	223.16	241.10	−0.20	−17.74	108.04	−0.09	−7.95	
18	199.03	160.87	2.81	35.35	80.83	1.41	17.76	
19	100.80	85.04	0.47	15.29	84.37	0.46	15.17	
20	207.46	170.03	0.53	36.90	81.96	0.25	17.79	
21	6.20	−192.84	−1.65	200.70	−3107.93	−26.66	3234.59	
22	202.35	47.03	0.29	155.04	23.24	0.14	76.62	
23	109.73	20.25	1.13	88.35	18.46	1.03	80.51	
24	217.09	−33.15	−0.07	250.31	−15.27	−0.03	115.30	
25	84.33	−1.26	0.00	85.59	−1.49	0.00	101.50	
26	158.97	154.72	0.47	3.78	97.33	0.30	2.38	
27	147.99	77.44	2.73	67.82	52.33	1.84	45.83	
28	147.81	30.98	0.57	116.26	20.96	0.38	78.66	
29	136.79	61.06	0.69	75.04	44.64	0.51	54.85	
30	161.65	135.71	0.29	25.66	83.95	0.18	15.87	

行业	增长率	效应			贡献		
		M	F	S_1	M	F	S_1
31	248.58	111.95	3.85	132.77	45.04	1.55	53.41
32	189.52	160.12	1.40	28.00	84.49	0.74	14.77
33	288.02	−35.20	−0.73	323.95	−12.22	−0.25	112.48
34	152.51	162.86	0.12	−10.47	106.78	0.08	−6.86
35	161.44	163.02	0.15	−1.73	100.98	0.09	−1.07
36	57.91	9.86	−0.02	48.07	17.03	−0.04	83.02
37	88.99	77.58	0.01	11.40	87.19	0.01	12.81
38	125.62	130.95	−0.02	−5.31	104.24	−0.01	−4.23
39	81.75	79.87	0.08	1.80	97.69	0.10	2.20
40	117.03	114.55	0.03	2.44	97.88	0.03	2.09
一产平均	87.99	24.79	2.87	60.33	28.18	3.26	68.56
二产平均	120.03	45.35	1.78	72.91	37.78	1.48	60.74
三产平均	159.51	85.31	1.80	72.40	53.48	1.13	45.39
全部平均	126.37	53.83	1.99	70.55	42.60	1.57	55.83

注：表中序号指代的产业分别是：01农林牧渔产品和服务，02煤炭采选产品，03石油和天然气开采产品，04金属矿采选产品，05非金属矿和其他矿采选产品，06食品和烟草，07纺织品，08纺织服装鞋帽皮革羽绒及其制品，09木材加工品和家具，10造纸印刷和文教体育用品，11石油炼焦产品和核燃料加工品，12化学产品，13非金属矿物制品，14金属冶炼和压延加工品，15金属制品，16通用专用设备，17交通运输设备，18电气机械和器材，19通信设备计算机和其他电子设备，20仪器仪表，21其他制造产品，22废品废料，23电力热力的生产和供应，24燃气生产和供应，25水的生产和供应，26建筑，27批发和零售，28交通运输仓储和邮政，29住宿和餐饮，30信息传输软件和信息技术服务，31金融，32房地产，33租赁和商务服务，34科学研究和技术服务，35水利环境和公共设施管理，36居民服务修理和其他服务，37教育，38卫生和社会服务，39文化体育和娱乐，40公共管理社会保障和社会组织。

2007—2012年第一产业增长率为87.99%，低于社会平均水平。其中由产业自生机制创造的增长率仅为24.79%，来自产业反馈机制的增长率为2.87%，而产业关联机制创造的增长率则为60.33%，动态乘数效应、动态反馈效应、动态溢出效应的相对贡献比例分别为28.18%，3.26%，68.56%。即第一产业在增长过程中产业关联机制占绝对主导地位，传统意义上的第一产业被认为是自我封闭和自给自足的，但实际上从发展的角度来看，第一产业与其他产业的融合正在不断深入,但产业自生机制不完善,成为制约产业发展的薄弱环节,亟需突破。

2007—2012 年第二产业增长率为 120.03%,其中由产业自生机制创造的增长率为 45.35%,来自产业反馈机制的增长率为 1.78%,产业关联机制创造的增长率为 72.91%,动态乘数效应、动态反馈效应、动态溢出效应的相对贡献比例分别为 37.78%,1.48%,60.74%。第二产业的产业自生机制和产业反馈机制创造的增长率都低于社会平均水平,但产业关联机制创造的增长率却高于第一、三产业。第二产业可以分为六类。第一类为完全产业关联拉动型的产业,包括金属矿采选产品、非金属矿和其他矿采选产品、煤炭采选产品、石油和天然气开采产品、金属冶炼和压延加工品、其他制造产品、非金属矿物制品、燃气生产和供应、造纸印刷和文教体育用品、水的生产和供应 10 个行业。第二类为产业关联主导型的产业,包括电力热力的生产和供应、金属制品、化学产品、废品废料 4 个行业。第三类为产业关联—自身机制驱动型的产业,包括纺织品 1 个行业。第四类为自身机制—产业关联驱动型的产业,包括通用专用设备、食品和烟草 2 个行业。第五类为自生机制主导型的产业,包括建筑、石油炼焦产品和核燃料加工品、通信设备计算机和其他电子设备、木材加工品和家具、电气机械和器材、仪器仪表 6 个行业。第六类为完全自生机制驱动型的产业,包括交通运输设备、纺织服装鞋帽皮革羽绒及其制品 2 个行业。

2007—2012 年第三产业增长率为 159.51%,在三次产业中最大。其中由产业自生机制创造的增长率为 85.31%,来自产业反馈机制的增长率为 1.80%,产业关联机制创造的增长率为 72.40%,动态乘数效应、动态反馈效应、动态溢出效应的相对贡献比例分别为 53.48%,1.13%,45.39%。第三产业可以分为六类。第一类为完全产业关联拉动型的产业,包括租赁和商务服务 1 个行业。第二类为产业关联主导型的产业,包括交通运输仓储和邮政 1 个行业。第三类为产业关联—自身机制驱动型的产业,包括居民服务修理和其他服务、住宿和餐饮、金融 3 个行业。第四类为自身机制—产业关联驱动型的产业,包括批发和零售 1 个行业。第五类为自生机制主导型的产业,包括文化体育和娱乐、公共管理社会保障和社会组织、教育、信息传输软件和信息技术服务、房地产 5 个行业。第六类为完全自生机制驱动型的产业,包括科学研究和技术服务、卫生和社会服务、水利环境和公共设施管理 3 个行业。第三产业中,不同服务行业具有不同的发展特性和社会功能,因此其发展模式也应当有所差别。租赁和商务服务、交通运输仓储和邮政符合产业发展规律,动态溢出效应对产业发展发挥重要作用。居民服务修理和其他服务、住宿和餐饮、金融在发展过程中其他产业的需求拉动作用相对较大,产业自生机制作用较小。批发和零售符合行业发展规律,主要依靠自生机制来发展,同时动态溢出效应也发挥重要作用。信息传输软件和信息技术服务、房地产在发展过程中产业自生机制作用相对较大,其他产业的需求拉动作用较小。公共管理社会保障和社会组织、卫生和社会服务、水利环境和公共设施管理、教育等具有公共服务性质的产业发展主要来自动态乘数效应,动态反馈效应和动态溢出效应具有正面促进作用,但影响较小,这类产业基本上符合公共服务的发展规律,因此要进一步完善自生机制,在政策选择时兼顾产业关联的需求拉动作用。而文化体育和娱乐应当是最终需求导向的,多数是民营企业,因此放松行业管制、鼓励竞争、完善产业自身发展机制应当是这类产业发展的政策选择。科学研究和技术服务在发展过程中完全依赖于产业关联机制,自身机制不仅不利于其产业发展,反而具有抑制作用,这些产业发展要改变产业发展模式,提高产业自身发展效率。总体而言,与静态比较分析类似,如果能有针对性地进一步完善产业的关联机制,第三产业将有更大的发展空间。

综上,本章运用投入产出模型的结构分解技术,将产业结构效应分解为乘数效应、反馈效应和溢出效应三部分,并在此基础上对江苏产业结构的关联特性进行了静态和动态分析,得出了以下结论:

第一,从江苏产业关联的实际情况看,溢出效应、乘数效应和反馈效应的重要性依次递减。江苏经济增长最重要的依靠力量是产业关联机制,产业自生机制也具有重要影响,而产业反馈机制对经济增长的影响力相对较弱。2007—2012 年,江苏经济和第二产业的自生能力、反馈能力、感应能力都有所下降,对其他产业的影响能力有所提升。第一产业自生能力、感应能力下降,反馈能力、影响能力提升。第三产业除影响能力有所下降外,其他能力都有所上升。在细分行业上,第二产业的各种效应比较显著,第一产业反馈效应较强且对其他产业的溢出效应大,但是自生能力和感应能力较差,而多数第三产业的自身机制和产业关联机制还有待提升。其原因是多方面的,服务业市场规模不大、市场化程度不高、竞争程度较低、规制扭曲导致的交易成本过高等都是影响第三产业关联效应的重要因素。因此整顿和规范市场秩序、有针对性地放开产业的准入与规制、鼓励服务企业的市场竞争、促进第三产业结构优化是产业发展面临的迫切问题。

第二,第一产业成长性和关联性都较差;第二产业中具有高成长、强关联特征的产业仅有 1 个行业,而成长性和关联性都差的行业则有 6 个,其他的所有第二产业行业在产业成长性或关联性上都不同程度地存在着不足;在第三产业中具有低成长、弱关联特征的行业多达 13 个。研究表明,江苏产业结构问题不只是因为产业资源配置不合理,还因为另一个重要问题即产业自生能力较差,因此在制定产业政策调整产业结构的同时,要完善市场机制,促进产业自生能力的提升,这对于第三产业发展尤为重要。

第三,从动态增长的角度,江苏产业大致可以分为完全产业关联拉动型、产业关联主导型、产业关联—自身机制驱动型、自身机制—产业关联驱动型、自生机制主导型、完全自生机制驱动型六类,产业自生能力薄弱是第一产业发展面临的核心问题;第二产业在江苏经济中仍占据主导地位;第三产业总体上自身成长机制和关联机制都较强,处于快速发展期。

本章研究表明,江苏产业发展具有较大的差异性,产业结构优化升级不仅是产业向高级化演进,提升产业自身发展能力和产业关联水平是推动江苏产业转型的当务之急。同时,政府制定产业政策时,不能仅着眼于产业结构和产业体系的总体特征,更要根据不同的产业关联特性制定有针对性的产业支持政策。产业结构关联特征分析是一项复杂但重要的工作,在这一方面还有很多值得深入研究的课题,限于篇幅,本章没有完全展开,这也是在以后的研究中有待深入研究的问题。

第九章

江苏主导产业选择评价分析

产业结构变化和经济发展过程是相对应的,其表现在于产业结构会随着经济发展阶段的变化经历一个由低级向高级演变的过程。在这个过程中,各个产业的扩张速度及其对经济增长的贡献是不同的。一些关键性产业往往对经济增长起着直接作用,并在很大程度上决定着该产业结构系统未来的发展方向和模式,这些产业被称为主导产业。主导产业将自己的优势辐射到产业链上的相关产业中,进而带动整个区域经济的发展。因此,区域产业结构的调整和优化,其本质就是正确选择主导产业,合理确定其发展数量和规模,使整个区域经济不断获得新动力。在投入产出分析中,有必要运用投入产出表及相关系数等数据,并利用相关数学模型和指标,将产业部门分成一般产业部门、主导产业部门和辅助产业部门,这对指导区域经济发展具有重要意义。

第一节　主导产业理论及评价方法

一、主导产业及其更替规律

主导产业的概念是由罗斯托提出的主导部门引申发展而来的。罗斯托认为经济发展过程中某一阶段的主导部门要具备两个条件:一是部门增长势头强劲,并形成显著规模;二是部门的回顾和旁侧效应渗透到整个经济系统中[1]。

根据罗斯托对主导部门的界定,国内学者也提出了新的见解。例如,江小涓认为,主导产业是指能够较多吸收先进技术,面对大幅增长的需求自身保持较高增长速度并对其他产业发展具有较强带动作用的产业部门[2]。

刘伟认为,在特定时期内,主导产业有快于其他产业的增长势头,并正在或已经在产业结构中占据优势比重;主导产业通过其前后向关联与旁侧关联,能够对整个经济增长和产业结构高度化发挥明显的主导性作用,即能够将其活跃的增长势头、优势的技术创新、制度创新效果广泛而深刻地扩散到整个经济体系中[3]。

根据以上阐述,可将主导产业定义为:主导产业是在一国经济发展的某阶段,能够较多地吸收先进技术,具有广阔的市场前景和较强的技术进步能

---

[1]　罗斯托:《从起飞进入持续增长的经济学》,四川人民出版社,1998年,第9页。
[2]　江小涓:《世纪之交的工业结构升级》,上海远东出版社,1996年,第205页。
[3]　刘伟:《工业化进程中的产业结构研究》,中国人民大学出版社,1995年,第247页。

力,并对其他产业的发展具有较强的导向性和带动性作用的产业部门。

主导产业发展受特定政治、经济、社会、历史及文化等因素制约,在不同的经济发展阶段,主导产业也不同。随着主观和客观条件的改变,原有主导产业对经济增长的带动作用会减弱,从而被新的主导产业所替代。因此,主导产业演进会表现出序列更替性和多层次性的特征。

从主导产业的发展过程来看,全世界主导产业发展主要经历了五个阶段,各个阶段的主导产业部门和主导产业群如表65所示。

表65 主导产业及其群体更替规律

产业群	主导产业部门	主导产业群
第一个主导产业群	纺织	纺织产业、冶铁产业、采煤产业
第二个主导产业群	钢铁	早期制造业、交通运输业、钢铁产业、采煤产业、造船产业、铁路修建产业、纺织产业、机器制造业、铁路运输业、轮船运输业等
第三个主导产业群	电力、汽车、化学、钢铁	电力产业、电器产业、机械制造业、汽车产业、化学产业和第二主导产业群
第四个主导产业群	汽车、石油、钢铁、耐用消费品	耐用消费品产业、宇航产业、计算机产业、原子能产业、合成材料产业和第三主导产业群
第五个主导产业群	信息	新材料产业、新能源产业、生物工程、宇航产业等新兴产业和第四主导产业群

注:表中资料来源于史忠良编《产业经济学》,经济管理出版社,1998年版。

二、主导产业的评价基准

罗斯托将回顾效应、旁侧效应和前瞻效应作为判断主导部门的关键性依据。但这三种效应难以精确地数量化,因此,罗斯托的主导部门理论对如何选择主导部门局限于定性的说明,缺乏可供操作的选择依据。最早明确提出主导产业选择基准的是日本经济学家筱原三代平。筱原在20世纪50年代中期,为规划日本产业结构,提出了著名的筱原二基准,即收入弹性基准和生产率基准。

其中,收入弹性基准是将产业内产品的收入弹性作为主导产业选择的依据。收入弹性是指某种产品的需求增长率与国民收入增长率的比值。当收入弹性大于1时,表明该产业的增长速度快于国民收入增长速度;当收入弹性小于1时,其增长慢于国民收入增长。根据收入弹性基准,就是要选择市场潜力大、增长速度快的产业作为主导产业。生产率基准也称为比较生产率基准。比较生产率是指某一产业的要素生产率与其他产业的要素生产率的比率,一般选用全要素生产率进行比较。由于全要素生产率的上升主要取决于技术进步,因此这一基准充分体现了技术进步的重要性。

1958 年,赫希曼在其著作《经济发展战略》中提出了产业关联度基准,认为应选择前向关联、后向关联和旁侧关联度较大的产业作为主导产业,以主导产业为动力,直接或间接地带动其他产业共同发展。除此之外,还有学者提出经验法则、高附加值基准、货币回笼基准、边际储蓄率基准、就业与节能基准、生产要素持续基准、产业链延伸效应基准、市场导向基准、经济效益比较基准等。

国内学者结合我国产业发展的现状和遇到的问题,在主导产业选择基准的研究上取得了丰硕的成果。周振华提出了增长后劲基准、短缺替代基准、瓶颈效应基准三条基准[①];增长后劲基准是指要重点扶植那些对产业体系整体的持续发展有重大意义的产业;短缺替代基准是以短缺替代弹性作为基准,要重点扶持那些具有无法替代的短缺性的产业,以满足社会最迫切而又必不可少的需求;瓶颈效应基准考虑到产业关联中瓶颈制约的摩擦效应,强调重点扶持那些瓶颈效应较大的产业,以减少瓶颈制约所造成的其他产业生产能力的非正常滞存。王岳平提出了高需求收入弹性、高生产率上升、高关联度、高技术扩散与带动、动态比较优势五项原则[②];关爱萍等提出可持续发展基准、市场需求基准、效率基准、技术进步基准、产业关联基准和竞争优势基准六项基准[③];其他成果不再赘述。

三、主导产业的评价方法

主导产业综合评价有多种方法,例如灰色关联分析法、层次分析法、数据包络分析法、因子分析法等。本章选择因子分析法,下面对该方法进行简要介绍。

因子分析法是利用降维的思想,把多个变量转化为少数几个复合分量,然后对每个分量赋予一定的权数以计算样本的综合得分。

该方法现已被广泛地应用于区域主导产业选择研究领域,其基本思路为:

假设在对某一事物的评价体系中包含 p 个指标,分别用 $x_1^{(0)}$,$x_2^{(0)}$,…,$x_p^{(0)}$ 表示。

再设被评价的样本个数为 n,第 i 个样本的各指标值为:

① 周振华:《产业政策的经济理论系统分析》,中国人民大学出版社,1991 年。
② 王岳平:《中国工业结构调整与升级:理论、实证和政策》,中国计划出版社,2001 年。
③ 关爱萍,王瑜:《区域主导产业的选择基准研究》,《统计研究》,2002 年第 12 期。

$$x_i^{(0)} = \begin{pmatrix} x_{i1}^{(0)} & x_{i2}^{(0)} & \cdots & x_{ip}^{(0)} \end{pmatrix}$$

则对于 n 个样本可以得到如下样本矩阵:

$$\boldsymbol{X}^{(0)} = \begin{bmatrix} x_{11}^{(0)} & x_{12}^{(0)} & \cdots & x_{1p}^{(0)} \\ x_{21}^{(0)} & x_{22}^{(0)} & \cdots & x_{2p}^{(0)} \\ \vdots & \vdots & & \vdots \\ x_{n1}^{(0)} & x_{n2}^{(0)} & \cdots & x_{np}^{(0)} \end{bmatrix}$$

由于 $x_1^{(0)}, x_2^{(0)}, \cdots, x_p^{(0)}$ 之间的量纲或数据级不同而不能直接比较,因此,首先要对数据进行标准化处理,以消除因量纲或数据级不同而产生的影响。

$$x_{ij} = \frac{x_{ij}^{(0)} - \bar{x}_j^{(0)}}{s_j} \quad i = 1, 2, \cdots, n; \ j = 1, 2, \cdots, p$$

式中, $\bar{x}_j^{(0)}$ 和 s_j 分别为第 j 个指标的平均数与标准差。

标准化后的矩阵为:

$$\boldsymbol{X} = \begin{bmatrix} x_{11} & x_{12} & \cdots & x_{1p} \\ x_{21} & x_{22} & \cdots & x_{2p} \\ \vdots & \vdots & & \vdots \\ x_{n1} & x_{n2} & \cdots & x_{np} \end{bmatrix}$$

标准化后的 $x_1, x_2, \cdots, x_p$ 之间并非相互独立的,因此可从中提取一些互不相关的公共因子 $z_1, z_2, \cdots, z_m (m < p)$。这样对 $x_1, x_2, \cdots, x_p$ 的分析就可以转化为对公共因子 $z_1, z_2, \cdots, z_m$ 的分析。

因子分析的数学模型为:

$$x_1 = a_{11} z_1 + a_{12} z_2 + \cdots + a_{1m} z_m + e_1$$
$$x_2 = a_{21} z_1 + a_{22} z_2 + \cdots + a_{2m} z_m + e_2$$
$$\cdots\cdots\cdots\cdots$$
$$x_p = a_{p1} z_1 + a_{p2} z_2 + \cdots + a_{pm} z_m + e_p$$

式中, $x_1, x_2, \cdots, x_P$ 为标准化后的指标(称其为原始指标); $z_1, z_2, \cdots, z_m$ 为 m 个公共因子; e_i 为 x_i 中与其他指标不相关的部分; a_{ij} 可用最大似然法求出。

还可求出各公共因子 $z_1, z_2, \cdots, z_m$ 的方差贡献,分别为 $\lambda_1, \lambda_2, \cdots, \lambda_m$。

方差贡献率分别为 $\lambda_1 / \sum \lambda_i, \lambda_2 / \sum \lambda_i, \cdots, \lambda_m / \sum \lambda_i$,贡献率反映了各因子在保持原始指标信息方面的能力。

公共因子可看成一系列相互独立的变量,其个数可根据累计贡献率取舍,一般使累计贡献率达到 $70\% \sim 90\%$。

进一步,还可估计出第 i 个个体在主因子 $z_1,z_2,\cdots,z_m$ 上的因子得分,记为 $z_{i1},z_{i2},\cdots,z_{im}$。

计算公式为:

$$z_{i1}=b_{11}x_1+b_{12}x_2+\cdots+b_{1p}x_p$$
$$z_{i2}=b_{21}x_1+b_{22}x_2+\cdots+b_{2p}x_p$$
$$\cdots\cdots\cdots\cdots\cdots$$
$$z_{im}=b_{m1}x_1+b_{m2}x_2+\cdots+b_{mp}x_p$$

式中,b_j 可用回归方法估计出。

因子 $z_1,z_2,\cdots,z_m$ 的方差为 $\lambda_1,\lambda_2,\cdots,\lambda_m$,其平均数为 0,这样可对各因子进行标准化,进而得到第 i 个样本的标准化因子得分: $z_{i1}/\sqrt{\lambda_1}$,$z_{i2}/\sqrt{\lambda_2}$,$\cdots$,$z_{im}/\sqrt{\lambda_m}$。

又因为 m 个公共因子互相独立,所以可将 m 个标准化的因子得分进行线性加权求和(以各因子的贡献率 $\lambda_i/\sum\lambda_j$ 为权重),得到综合得分:

$$
\begin{aligned}
f_i &= \frac{\lambda_1}{\sum\lambda_i}\cdot\frac{z_{i1}}{\sqrt{\lambda_1}}+\frac{\lambda_2}{\sum\lambda_i}\cdot\frac{z_{i2}}{\sqrt{\lambda_2}}+\cdots+\frac{\lambda_m}{\sum\lambda_i}\cdot\frac{z_{im}}{\sqrt{\lambda_m}} \\
&= \frac{\sqrt{\lambda_1}}{\sum\lambda_i}(b_{11}x_{i1}+b_{12}x_{i2}+\cdots+b_{1p}x_{ip})+\cdots \\
&\quad +\frac{\sqrt{\lambda_m}}{\sum\lambda_i}(b_{m1}x_{i1}+b_{m2}x_{i2}+\cdots+b_{mp}x_{ip}) \\
&= \frac{\sum\limits_{k=1}^{m}\sqrt{\lambda_k}b_{k1}\cdot x_{i1}}{\sum\lambda_i}+\cdots+\frac{\sum\limits_{k=1}^{m}\sqrt{\lambda_k}b_{kp}\cdot x_{ip}}{\sum\lambda_i}
\end{aligned}
$$

式中,f_i 为第 i 个样本综合得分;$x_{i1},x_{i2},\cdots,x_{ip}$ 为第 i 个样本 p 项指标值。

令

$$\omega_k=\frac{1}{\sum\lambda_i}(\sqrt{\lambda_1}b_{1k}+\sqrt{\lambda_2}b_{2k}+\cdots+\sqrt{\lambda_m}b_{mk})\qquad k=1,2,\cdots,p$$

最后可得对所有样本综合评价的一般模型为:

$$f_1=\omega_1x_{11}+\omega_2x_{12}+\cdots+\omega_px_{1p}$$
$$f_2=\omega_1x_{21}+\omega_2x_{22}+\cdots+\omega_px_{2p}$$
$$\cdots\cdots\cdots\cdots\cdots$$
$$f_n=\omega_1x_{n1}+\omega_2x_{n2}+\cdots+\omega_px_{np}$$

对每个要评价的样本,只要将其各指标值代入上式便可求得综合得分 f_i,由 f_i 值的大小即可对个体的性能进行评价。

第二节　主导产业评价体系构建

根据国内外主导产业选择基准,并结合江苏产业发展实际(江苏 2012 年 42 个产业部门的投入产出表),构建出江苏主导产业评价指标体系,见图 1。

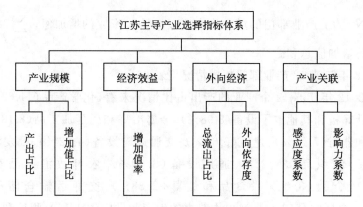

图 1　江苏主导产业评价指标体系

江苏主导产业评价体系包括产业规模、经济效益、外向经济、产业关联 4 个一级指标,一级指标包括 7 个二级指标:

产业规模一级指标包括产出占比、增加值占比 2 个二级指标;

经济效益一级指标包括增加值率 1 个二级指标;

外向经济一级指标包括总流出占比、外向依存度 2 个二级指标;

产业关联一级指标包括感应度系数、影响力系数 2 个二级指标。

该指标体系不仅考虑到主导产业的基本特征,如产业关联度大、经济效益高、产业规模大等,也考虑到江苏特色,如经济外向度高等,设置了总流出占比、外向依存度等能够反映外向性特征的指标。

一、主导产业评价的发展规模指标

适当的产业规模是主导产业必须具备的特征之一。原因在于一个产业只有具备一定的产业规模、雄厚的经济实力和先进的技术设备,才能充分发挥带头和促进作用。衡量产业规模,选取各产业产出占比和增加值占比两个指标。

各产业产出占比的计算公式为:

$$SX_j = X_j / \sum_{j=1}^{n} X_j \times 100\%$$

式中,j 为第 j 个产业;SX_j 为 j 产业部门的产出占比;X_j 为 j 产业的产出;

$\sum_{j=1}^{n} X_j$ 为各个产业的总产出。

各产业增加值占比的计算公式为:

$$SN_j = N_j / \sum_{j=1}^{n} N_j \times 100\%$$

式中,SN_j 为 j 产业部门的增加值占比;N_j 为 j 产业的增加值;$\sum_{j=1}^{n} N_j$ 为各个产业的增加值总和。

2012 年江苏 42 产业部门规模情况见表 66。

从 2012 年江苏 42 个产业的产出占比情况来看,化学产品(11.62%)、通信设备计算机和其他电子设备(8.98%)、金属冶炼和压延加工品(8.18%)、电气机械和器材(7.12%)、建筑(6.64%)、交通运输设备(4.62%)、批发和零售(3.84%)、纺织品(3.52%)、通用设备(3.39%)、农林牧渔产品和服务(3.05%)、金融(3.02%)、食品和烟草(2.88%)、交通运输仓储和邮政(2.84%)、金属制品(2.61%)、电力热力的生产和供应(2.43%)、租赁和商务服务(2.32%)、纺织服装鞋帽皮革羽绒及其制品(2.29%)、房地产(2.18%)、专用设备(2.15%)的产出占比较大(2% 以上)。在产出规模方面,这些产业在江苏的国民经济中占据相对较重要的位置,在确定江苏主导产业过程中可作为备选产业重点考察。

表 66　2012 年江苏 42 产业部门规模情况

%

序号	产业名称	产出占比	增加值占比
01	农林牧渔产品和服务	3.05	5.70
02	煤炭采选产品	0.18	0.27
03	石油和天然气开采产品	0.06	0.15
04	金属矿采选产品	0.06	0.03
05	非金属矿和其他矿采选产品	0.12	0.11
06	食品和烟草	2.88	2.80

序号	产业名称	产出占比	增加值占比
07	纺织品	3.52	2.25
08	纺织服装鞋帽皮革羽绒及其制品	2.29	1.63
09	木材加工品和家具	0.98	0.63
10	造纸印刷和文教体育用品	1.39	1.07
11	石油炼焦产品和核燃料加工品	1.22	0.80
12	化学产品	11.62	8.92
13	非金属矿物制品	1.95	1.43
14	金属冶炼和压延加工品	8.18	4.62
15	金属制品	2.61	1.81
16	通用设备	3.39	2.44
17	专用设备	2.15	1.78
18	交通运输设备	4.62	2.40
19	电气机械和器材	7.12	4.66
20	通信设备计算机和其他电子设备	8.98	6.03
21	仪器仪表	1.43	1.14
22	其他制造产品	0.14	0.08
23	废品废料	0.90	2.35
24	金属制品机械和设备修理服务	0.02	0.01
25	电力热力的生产和供应	2.43	1.85
26	燃气生产和供应	0.17	0.12
27	水的生产和供应	0.06	0.09
28	建筑	6.64	5.37
29	批发和零售	3.84	9.51
30	交通运输仓储和邮政	2.84	3.85
31	住宿和餐饮	1.32	1.74
32	信息传输软件和信息技术服务	1.17	2.01
33	金融	3.02	5.23

续表

序号	产业名称	产出占比	增加值占比
34	房地产	2.18	4.99
35	租赁和商务服务	2.32	2.57
36	科学研究和技术服务	0.75	1.00
37	水利环境和公共设施管理	0.31	0.48
38	居民服务修理和其他服务	0.70	1.07
39	教育	0.95	2.45
40	卫生和社会服务	0.79	1.20
41	文化体育和娱乐	0.32	0.46
42	公共管理社会保障和社会组织	1.33	2.86

注：表中数据根据 2012 年"江苏投入产出表"整理计算。

从 2012 年江苏 42 个产业增加值占比情况来看,批发和零售(9.51%)、化学产品(8.92%)、通信设备计算机和其他电子设备(6.03%)、农林牧渔产品和服务(5.70%)、建筑(5.37%)、金融(5.23%)、房地产(4.99%)、电气机械和器材(4.66%)、金属冶炼和压延加工品(4.62%)、交通运输仓储和邮政(3.85%)、公共管理社会保障和社会组织(2.86%)、食品和烟草(2.80%)、租赁和商务服务(2.57%)、教育(2.45%)、通用设备(2.44%)、交通运输设备(2.40%)、废品废料(2.35%)、纺织品(2.25%)、信息传输软件和信息技术服务(2.01%)的增加值占比较大(2%以上)。在增加值规模方面,这些高增加值产业可作为江苏主导产业的备选产业。

二、主导产业评价的经济效益指标

主导产业必须具有良好的经济效益。根据 2012 年江苏投入产出表的数据,选取各产业的增加值率作为江苏主导产业的选择指标,该指标体现了产业创造新价值的能力,因此能够很好地反映产业经济效益水平。

增加值率的计算公式为:

$$PN_j = \frac{N_j}{X_j}$$

式中,PN_j 为 j 产业的增加值率;N_j 为 j 产业增加值;X_j 为 j 产业总产出。

2012 年江苏 42 产业部门效益情况见表 67。从 2012 年江苏 42 个产业的增加值率情况来看,石油和天然气开采产品(0.84301)、废品废料(0.82282)、教育(0.81724)、批发和零售(0.78574)、房地产(0.72666)、公共管理社会保障和社会组织(0.68056)、农林牧渔产品和服务(0.59332)、金融(0.54873)、信息传输软件和信息技术服务(0.54493)、水的生产和供应(0.49246)、水利环境和公共设施管理(0.48945)、居民服务修理和其他服务(0.48794)、卫生和社会服务(0.48398)、煤炭采选产品(0.46734)、文化体育和娱乐(0.46329)、交通运输仓储和邮政(0.43024)、科学研究和技术服务(0.42361)、住宿和餐饮(0.41980)、租赁和商务服务(0.35197)的增加值率较大(高于42个产业平均水平0.31708)。在经济效益方面,这些产业获利状况良好、增加值高,可作为主导产业的备选产业。

表 67 2012 年江苏 42 产业部门效益情况

序号	产业名称	增加值率
01	农林牧渔产品和服务	0.59332
02	煤炭采选产品	0.46734
03	石油和天然气开采产品	0.84301
04	金属矿采选产品	0.15749
05	非金属矿和其他矿采选产品	0.29192
06	食品和烟草	0.30810
07	纺织品	0.20268
08	纺织服装鞋帽皮革羽绒及其制品	0.22549
09	木材加工品和家具	0.20426
10	造纸印刷和文教体育用品	0.24435
11	石油炼焦产品和核燃料加工品	0.20728
12	化学产品	0.24357
13	非金属矿物制品	0.23269
14	金属冶炼和压延加工品	0.17910
15	金属制品	0.22036
16	通用设备	0.22805
17	专用设备	0.26202

序号	产业名称	增加值率
18	交通运输设备	0.16483
19	电气机械和器材	0.20761
20	通信设备计算机和其他电子设备	0.21299
21	仪器仪表	0.25271
22	其他制造产品	0.17761
23	废品废料	0.82282
24	金属制品机械和设备修理服务	0.24458
25	电力热力的生产和供应	0.24103
26	燃气生产和供应	0.22975
27	水的生产和供应	0.49246
28	建筑	0.25639
29	批发和零售	0.78574
30	交通运输仓储和邮政	0.43024
31	住宿和餐饮	0.41980
32	信息传输软件和信息技术服务	0.54493
33	金融	0.54873
34	房地产	0.72666
35	租赁和商务服务	0.35197
36	科学研究和技术服务	0.42361
37	水利环境和公共设施管理	0.48945
38	居民服务修理和其他服务	0.48794
39	教育	0.81724
40	卫生和社会服务	0.48398
41	文化体育和娱乐	0.46329
42	公共管理社会保障和社会组织	0.68056

注：表中数据根据2012年"江苏投入产出表"整理计算。

三、主导产业评价的外向经济指标

江苏是经济外向性很强的省份,出口和国内省外流出两项指标的发展规模大是江苏的区域经济比较优势之一,因此,江苏主导产业应该具备一定的外向发展水平,选取各产业总流出占比和外向依存度作为江苏主导产业选择的两个指标。

总流出占比的计算公式为:

$$\rho_i = \frac{EX_i + OF_i}{\sum\limits_{i=1}^{n}(EX_i + OF_i)} \times 100\%$$

式中,ρ_i 为 i 产业的总流出占比;EX_i 为 i 产业的出口额;OF_i 为 i 产业的国内省外流出额。

出口依存度的计算公式为:

$$\eta_i = \frac{EX_i + OF_i}{X_i} \times 100\%$$

式中,η_i 为 i 产业的出口依存度;EX_i 为 i 产业的出口额;OF_i 为 i 产业的国内省外流出额;X_i 为 i 产业的总产出。

2012 年江苏 42 产业部门外向经济发展情况见表 68。

从 2012 年江苏 42 个产业的总流出占比来看,通信设备计算机和其他电子设备(20.14%)、建筑(12.23%)、电气机械和器材(12.09%)、化学产品(9.14%)、交通运输设备(7.41%)、通用设备(5.89%)、纺织服装鞋帽皮革羽绒及其制品(4.95%)、专用设备(4.90%)、仪器仪表(3.93%)、纺织品(3.44%)、食品和烟草(2.30%)的占比较大(高于 2%)。在总流出占比方面,这些产业应作为主导产业的备选产业。

从 2012 年江苏 42 个产业的外向依存度来看,仪器仪表(82.56%)、专用设备(68.65%)、通信设备计算机和其他电子设备(67.52%)、纺织服装鞋帽皮革羽绒及其制品(65.20%)、建筑(55.45%)、通用设备(52.27%)、电气机械和器材(51.10%)、交通运输设备(48.31%)、木材加工品和家具(47.28%)的外向依存度较大(高于 42 个产业平均水平 30.10%)。在外向依存度方面,这些产业应作为主导产业的备选产业。

表 68　2012 年江苏 42 产业部门外向经济发展情况

%

序号	产业名称	总流出占比	外向依存度
01	农林牧渔产品和服务	1.60	15.86
02	煤炭采选产品	0.00	0.24
03	石油和天然气开采产品	0.00	0.03
04	金属矿采选产品	0.00	1.52
05	非金属矿和其他矿采选产品	0.01	1.26
06	食品和烟草	2.30	24.02
07	纺织品	3.44	29.38
08	纺织服装鞋帽皮革羽绒及其制品	4.95	65.20
09	木材加工品和家具	1.53	47.28
10	造纸印刷和文教体育用品	0.86	18.68
11	石油炼焦产品和核燃料加工品	0.12	3.00
12	化学产品	9.14	23.69
13	非金属矿物制品	0.49	7.59
14	金属冶炼和压延加工品	1.29	4.74
15	金属制品	1.37	15.83
16	通用设备	5.89	52.27
17	专用设备	4.90	68.65
18	交通运输设备	7.41	48.31
19	电气机械和器材	12.09	51.10
20	通信设备计算机和其他电子设备	20.14	67.52
21	仪器仪表	3.93	82.56
22	其他制造产品	0.12	26.25
23	废品废料	0.85	28.11
24	金属制品机械和设备修理服务	0.00	0.00
25	电力热力的生产和供应	0.00	0.00
26	燃气生产和供应	0.00	0.00
27	水的生产和供应	0.00	0.00

序号	产业名称	总流出占比	外向依存度
28	建筑	12.23	55.45
29	批发和零售	1.73	13.57
30	交通运输仓储和邮政	1.49	15.84
31	住宿和餐饮	0.56	12.90
32	信息传输软件和信息技术服务	0.43	11.16
33	金融	0.83	8.32
34	房地产	0.00	0.00
35	租赁和商务服务	0.19	2.41
36	科学研究和技术服务	0.00	0.03
37	水利环境和公共设施管理	0.00	0.00
38	居民服务修理和其他服务	0.00	0.00
39	教育	0.06	1.76
40	卫生和社会服务	0.00	0.00
41	文化体育和娱乐	0.01	0.64
42	公共管理社会保障和社会组织	0.00	0.00

注：表中数据根据 2012 年"江苏投入产出表"整理计算。

四、主导产业评价的产业关联指标

主导产业要具备很强的产业关联性，因此，选取感应度系数和影响力系数作为江苏主导产业选择的两个指标。

2012 年江苏 42 产业部门产业关联情况见表 69。

表 69　2012 年江苏 42 产业部门产业关联情况

序号	产业名称	感应度系数	影响力系数
01	农林牧渔产品和服务	1.2452	0.7143
02	煤炭采选产品	1.7411	0.8393
03	石油和天然气开采产品	1.0665	0.4782
04	金属矿采选产品	2.5410	1.6102
05	非金属矿和其他矿采选产品	0.8179	1.0713

序号	产业名称	感应度系数	影响力系数
06	食品和烟草	0.9925	0.8956
07	纺织品	1.0155	1.1773
08	纺织服装鞋帽皮革羽绒及其制品	0.4678	1.1546
09	木材加工品和家具	0.6068	1.1820
10	造纸印刷和文教体育用品	1.1219	1.1160
11	石油炼焦产品和核燃料加工品	0.9496	0.7847
12	化学产品	3.6731	1.1426
13	非金属矿物制品	0.8933	1.1695
14	金属冶炼和压延加工品	4.3496	1.4152
15	金属制品	1.1829	1.2843
16	通用设备	0.8505	1.3025
17	专用设备	0.5812	1.2759
18	交通运输设备	0.5174	1.4144
19	电气机械和器材	0.8998	1.3592
20	通信设备计算机和其他电子设备	1.0588	1.3463
21	仪器仪表	0.4429	1.2789
22	其他制造产品	0.4754	1.2835
23	废品废料	0.7416	0.5135
24	金属制品机械和设备修理服务	0.4334	1.3171
25	电力热力的生产和供应	1.5994	1.0446
26	燃气生产和供应	1.0635	1.2071
27	水的生产和供应	0.3866	0.8058
28	建筑	0.4139	1.2295
29	批发和零售	1.2154	0.5110
30	交通运输仓储和邮政	1.5195	0.8446
31	住宿和餐饮	0.6792	0.8368
32	信息传输软件和信息技术服务	0.5274	0.7877
33	金融	1.3214	0.7334

序号	产业名称	感应度系数	影响力系数
34	房地产	0.5291	0.5506
35	租赁和商务服务	1.3137	0.7763
36	科学研究和技术服务	0.3995	0.9596
37	水利环境和公共设施管理	0.3545	0.7967
38	居民服务修理和其他服务	0.5293	0.8470
39	教育	0.3859	0.5138
40	卫生和社会服务	0.3615	0.9331
41	文化体育和娱乐	0.3797	0.8659
42	公共管理社会保障和社会组织	0.3548	0.6298

注：表中数据根据 2012 年"江苏投入产出表"整理计算。

从 2012 年江苏 42 个产业的感应度系数来看，金属冶炼和压延加工品（4.3496）、化学产品（3.6731）、金属矿采选产品（2.5410）、煤炭采选产品（1.7411）、电力热力的生产和供应（1.5994）、交通运输仓储和邮政（1.5195）、金融（1.3214）、租赁和商务服务（1.3137）、农林牧渔产品和服务（1.2452）、批发和零售（1.2154）、金属制品（1.1829）、造纸印刷和文教体育用品（1.1219）、石油和天然气开采产品（1.0665）、燃气生产和供应（1.0635）、通信设备计算机和其他电子设备（1.0588）、纺织品（1.0155）的感应度系数较大（大于 1）；从江苏 2012 年 42 个产业的影响力系数来看，金属矿采选产品（1.6102）、金属冶炼和压延加工品（1.4152）、交通运输设备（1.4144）、电气机械和器材（1.3592）、通信设备计算机和其他电子设备（1.3463）、金属制品机械和设备修理服务（1.3171）、通用设备（1.3025）、金属制品（1.2843）、其他制造产品（1.2835）、仪器仪表（1.2789）、专用设备（1.2759）、建筑（1.2295）、燃气生产和供应（1.2071）、木材加工品和家具（1.1820）、纺织品（1.1773）、非金属矿物制品（1.1695）、纺织服装鞋帽皮革羽绒及其制品（1.1546）、化学产品（1.1426）、造纸印刷和文教体育用品（1.1160）、非金属矿和其他矿采选产品（1.0713）、电力热力的生产和供应（1.0446）影响力系数较大（大于 1）。其中，两个基准均大的产业是具有较大带动性的产业，从产业关联角度看，这些产业可以作为江苏主导产业的备选产业。

第三节　主导产业评价因子分析

以 2012 年江苏投入产出表作为基础数据，首先，分别计算产出占比、增加值占比、增加值率、总流出占比、外向依存度、感应度系数、影响力系数 7 个指标值；其次，以这 7 个指标值作为变量利用 SPSS 软件进行因子分析，计算 2012 年江苏 42 个产业部门的综合评分值；最后，根据测算的综合评分值，结合产业发展实际情况，确定江苏的主导产业。

一、因子分析适宜性检验

因子分析之前，要对变量是否适合作因子分析进行检验，检验方法为 KMO 检验和巴特利特球度检验。

KMO 统计量的计算公式为：

$$KMO = \frac{\sum\sum_{i \neq j} r_{ij}^2}{\sum\sum_{i \neq j} r_{ij}^2 + \sum\sum_{i \neq j} p_{ij}^2}$$

式中，r_{ij}^2 是变量 i 和 j 之间简单相关系数；p_{ij}^2 是变量 i 和 j 之间偏相关系数。

KMO 的取值范围在 0 和 1 之间，是否适合进行因子分析，一般按照如下标准进行判断：

$$0.9 < KMO < 1 \qquad \text{非常适合}$$
$$0.8 < KMO < 0.9 \qquad \text{适合}$$
$$0.7 < KMO < 0.8 \qquad \text{一般}$$
$$0.5 < KMO < 0.7 \qquad \text{不太适合}$$
$$0 < KMO < 0.5 \qquad \text{不适合}$$

巴特利特（Bartlett's）球度检验统计量是根据相关系数矩阵的行列式得到的，对是否适合进行因子分析的判断标准为：巴特利特球度检验统计量越大，相伴概率越小则越适合作因子分析；巴特利特球度检验统计量越小，相伴概率越大则越不适合作因子分析。

在实证分析中，一般要结合两种检验结果来综合判断变量能否进行因子分析。KMO 检验和巴特利特球度检验结果见表 70。

KMO 检验值为 0.570，落在不太适合因子分析的区间；巴特利特球度检验给出的相伴概率为 0.000，远远小于显著性水平 0.05，表明适合进行因子分析。综合两个检验结果，可以进行因子分析。

表 70　KMO 检验和巴特利特球度检验

KMO 检验	统计量	0.570
巴特利特检验	统计量	262.138
	df	21
	相伴概率	0.000

二、公共因子个数的确定

因子分析的主要目的是用尽可能少的变量来尽可能多地反映原变量所涵盖的信息,因此,因子个数的确定非常关键,既要达到精简原始变量的目的,又要尽可能多地保留原始变量所涵盖的信息。根据因子对原始变量总方差的解释情况来确定解释因子的个数,软件运算结果见表 71。

表 71　总方差解释情况

成分	初始特征值			提取平方和载入			旋转平方和载入		
	合计	方差/%	累计/%	合计	方差/%	累计/%	合计	方差/%	累计/%
1	3.348	47.831	47.831	3.348	47.831	47.831	2.318	33.114	33.114
2	1.858	26.538	74.369	1.858	26.538	74.369	2.141	30.587	63.701
3	1.260	18.007	92.375	1.260	18.007	92.375	2.007	28.674	92.375
4	0.246	3.508	95.883						
5	0.163	2.326	98.209						
6	0.091	1.301	99.510						
7	0.034	0.490	100.000						

注:提取方法为主成分分析。

表中第一列是因子编号,第二列至第四列分别是特征根值、方差贡献率和累计方差贡献率。因子个数的确定主要是根据每个因子的方差贡献率大小和所选因子的累计方差贡献率情况来确定。从表 71 的因子方差解释情况来看,第 1 个公共因子的方差贡献率为 47.831%,第 2 个公共因子的方差贡献率为 26.538%,第 3 个公共因子的方差贡献率为 18.007%,第 4 个公共因子的方差贡献率为 3.508%,第 5 个公共因子的方差贡献率为 2.326%,第 6 个公共因子的方差贡献率为 1.301%,第 7 个公共因子的方差贡献率为 0.490%。可见,前 3 个公共因子的方差贡献率均较大,第 3 个公共因子仍能解释原变量 18.007%的信息,并且前 3 个公共因子累计可以解释原变量 92.375%的信息,所以本书认为选取 3 个因子作为公共因子是合适的。

三、公共因子的解释情况

因子分析中计算因子载荷矩阵是核心内容,从因子载荷矩阵中可以看出公共因子对原始变量的解释情况。原始因子载荷矩阵见表 72。

表 72 因子载荷矩阵

名称	因子		
	1	2	3
产出占比	0.871	0.443	−0.088
增加值占比	0.534	0.797	0.060
增加值率	−0.634	0.669	0.288
总流出占比	0.866	0.096	0.386
外向依存度	0.703	−0.230	0.562
感应度系数	0.422	0.323	−0.804
影响力系数	0.693	−0.642	−0.234

注:提取方法为主成分分析,提取 3 个公共因子。

从表 72 可见,公共因子载荷情况不易于解释,需要用因子旋转方法增强公共因子解释能力。选用方差极大法对其进行旋转,旋转因子载荷矩阵见表 73。

表 73 旋转因子载荷矩阵

名称	因子		
	1	2	3
产出占比	0.543	0.143	0.805
增加值占比	0.444	−0.357	0.775
增加值率	−0.177	−0.947	−0.061
总流出占比	0.872	0.210	0.323
外向依存度	0.875	0.303	−0.071
感应度系数	−0.295	0.298	0.868
影响力系数	0.259	0.935	0.082

注:提取方法为主成分分析,用具有 Kaiser 正规化的最大平衡值法转轴,在 14 次迭代中收敛。

可见,旋转后各个因子的载荷情况变得易于解释,各个因子的含义如下:公共因子1代表总流出占比、外向依存度;公共因子2代表增加值率、影响力系数;公共因子3代表产出占比、增加值占比、感应度系数。

四、因子综合得分的计算

因子得分函数的输出结果见表74。

表74 因子评分系数矩阵

名称	因子		
	1	2	3
产出占比	0.135	−0.020	0.333
增加值占比	0.164	−0.263	0.340
增加值率	0.061	−0.463	0.010
总流出占比	0.403	−0.033	0.009
外向依存度	0.464	0.019	−0.206
感应度系数	−0.378	0.193	0.522
影响力系数	−0.016	0.443	−0.014

注:提取方法为主成分分析,用具有 Kaiser 正规化的最大平衡值法转轴,因子评分。

因子得分的函数表示为:

$$\begin{cases} F_1 = 0.135x_1 + 0.164x_2 + 0.061x_3 + 0.403x_4 + 0.464x_5 - 0.378x_6 - 0.016x_7 \\ F_2 = -0.020x_1 - 0.263x_2 - 0.463x_3 - 0.033x_4 + 0.019x_5 + 0.193x_6 + 0.443x_7 \\ F_3 = 0.333x_1 + 0.340x_2 + 0.010x_3 + 0.009x_4 - 0.206x_5 + 0.522x_6 - 0.014x_7 \end{cases}$$

$x_1, x_2, \cdots, x_7$ 分别代表产出占比、增加值占比、增加值率、总流出占比、外向依存度、感应度系数、影响力系数。

综合得分是根据各个因子得分情况,采用加权平均法计算得到的,计算公式为:

$$\overline{F} = W_1 F_1 + W_2 F_2 + W_3 F_3$$

以各个公共因子的方差贡献率为权重,将各个因子得分进行加权平均,得到江苏42个产业部门的综合评分值,各产业评分值情况见表75。

表75　2012年江苏42部门综合评分值情况

序号	产业名称	综合评分值
01	农林牧渔产品和服务	−0.15105
02	煤炭采选产品	−0.59265
03	石油和天然气开采产品	−0.89754
04	金属矿采选产品	−0.17825
05	非金属矿和其他矿采选产品	−0.37172
06	食品和烟草	0.07168
07	纺织品	0.34679
08	纺织服装鞋帽皮革羽绒及其制品	0.65366
09	木材加工品和家具	0.25398
10	造纸印刷和文教体育用品	−0.06053
11	石油炼焦产品和核燃料加工品	−0.35309
12	化学产品	1.02479
13	非金属矿物制品	−0.09749
14	金属冶炼和压延加工品	0.28643
15	金属制品	0.09806
16	通用设备	0.70584
17	专用设备	0.70396
18	交通运输设备	0.89305
19	电气机械和器材	1.27519
20	通信设备计算机和其他电子设备	1.92023
21	仪器仪表	0.73434
22	其他制造产品	0.00500
23	废品废料	−0.46230
24	金属制品机械和设备修理服务	−0.25341
25	电力热力的生产和供应	−0.23553
26	燃气生产和供应	−0.30807
27	水的生产和供应	−0.56860
28	建筑	1.26703

序号	产业名称	综合评分值
29	批发和零售	−0.17392
30	交通运输仓储和邮政	−0.10933
31	住宿和餐饮	−0.28097
32	信息传输软件和信息技术服务	−0.37377
33	金融	−0.24406
34	房地产	−0.52592
35	租赁和商务服务	−0.33385
36	科学研究和技术服务	−0.41140
37	水利环境和公共设施管理	−0.54426
38	居民服务修理和其他服务	−0.49351
39	教育	−0.70275
40	卫生和社会服务	−0.44116
41	文化体育和娱乐	−0.49960
42	公共管理社会保障和社会组织	−0.57528

注：表中数据根据 2012 年"江苏投入产出表"整理计算。

从按综合评分值对各产业部门的排序结果来看,排在前 15 位的产业部门的综合评分值为正数,依次是通信设备计算机和其他电子设备(1.92023)、电气机械和器材(1.27519)、建筑(1.26703)、化学产品(1.02479)、交通运输设备(0.89305)、仪器仪表(0.73434)、通用设备(0.70584)、专用设备(0.70396)、纺织服装鞋帽皮革羽绒及其制品(0.65366)、纺织品(0.34679)、金属冶炼和压延加工品(0.28643)、木材加工品和家具(0.25398)、金属制品(0.09806)、食品和烟草(0.07168)、其他制造产品(0.00500)。其中,纺织品、金属冶炼和压延加工品、木材加工品和家具、金属制品、食品和烟草、其他制造产品尽管评分值为正,但数值偏小,可不作为主导产业考虑。交通运输设备、仪器仪表、通用设备、专用设备、纺织服装鞋帽皮革羽绒及其制品评分值相对较大,但与评分值大于 1 的产业仍有一定差距,需要长期考察产业发展情况,视其表现再做评价,目前可作为重点产业发展。通信设备计算机和其他电子设备、电气机械和器材、建筑、化学产品综合评分值较高,可作为主导产业。

在可作为主导产业的 4 个产业中,通信设备计算机和其他电子设备的优势在于：一是产业规模优势，产出占比接近 9％，增加值占比超过 6％，达到主导产业的规模要求；二是外向经济优势，总流出占比超过 20％，在 42 个产业中最高，外向依存度超过 67％，是对江苏外向型经济发展支撑作用最大的产业；三是产业关联优势，感应度系数和影响力系数均大于 1。电气机械和器材的优势在于：一是产业规模优势，产出占比超过 7％，规模较大；二是外向经济优势，总流出占比超过 12％，外向依存度超过 50％，对江苏外向型经济发展的支撑作用明显。建筑的优势在于：一是产业规模优势，产出占比和增加值占比均超过 5％，达到主导产业的规模要求；二是外向经济优势，总流出占比超过 12％，外向依存度超过 55％，对江苏外向型经济，尤其是国内省外流出的支撑作用较大。化学产品的优势在于：一是产业规模优势，产出占比超过 11％，增加值占比超过 8％，高于主导产业的一般规模要求；二是产业关联优势，感应度系数和影响力系数均大于 1，感应度系数甚至高居 42 个产业中的第二位，产业辐射带动作用大。

第十章

江苏产业结构预测分析

非线性动态投入产出模型独有的应用领域是进行高速均衡增长轨道的计算。高速均衡增长模型是刻画经济系统动态变化的均衡模型。它一方面要以确定时期的经济均衡状态为目标,另一方面要兼顾不同时期之间经济发展的均衡。高速增长轨道的计算依据是快车道定理。

第一节　动态投入产出快车道模型及求解方法

一、动态投入产出快车道模型理论基础

列昂惕夫提出的静态和动态投入产出模型是线性多部门模型,可看作线性静态和动态一般均衡分析。德国数学家冯·诺依曼最早确立了冯·诺依曼模型,并给出线性动态均衡模型平稳增长解。美国经济学家陶夫曼、萨缪尔森、索洛在合著的《线性计划与经济分析》一书中,提出快车道定理与经济有效增长问题[①]。在研究中发现,就长期规划而言,无论经济系统的初始状态(生产水平和结构)如何,也不管其最终状态如何,经济发展的最优途径总是趋近于冯·诺依曼射线。例如从某地乘车去往目的地,因两地距离很远,有必要出发时先绕行到高速公路上,然后大部分时间沿高速公路行驶,接近终点时,再离开高速公路转向目的地,故形象地称之为快车道定理。

如图 2 所示,假定一个经济系统中只有两个部门,P 表示基期的经济规模,R 表示末期的产出规模,国民经济从点 P 发展到点 R,其最快轨道往往是经济系统先拐向另外一条射线 ON,沿着 ON 高速行驶,在末期离开 ON,驶向点 R。也就是说,经济系统的运行规律往往不是保持基期各部门比例关系向前发展,而是大多时间在另一条高速轨道上运行,这条轨道(射

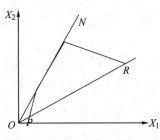

图 2　冯·诺依曼射线示意图

线 ON)就是冯·诺依曼射线,又称高速均衡增长路线。而无论最终点 R 位置如何,最优增长路线总是趋近高速均衡增长路线的性质被称为高速增长定理,即快车道定理。该贡献在经济学中被称为冯·诺依曼革命,冯·诺依曼也因此获得诺贝尔经济学奖。

二、多部门非线性动态投入产出快车道模型

快车道模型是对经济增长的动态表现,可以利用动态投入产出模型结合

---

① 钟契夫,陈锡康,刘起运:《投入产出分析》,中国财政经济出版社,1993 年,第 528 页。

线性规划模型建立投入产出快车道模型。

根据可计算非线性动态投入产出表,在均衡状态下,总产出等于中间投入需求、投资需求、最终消费需求之和。可由如下平衡方程式表示:

$$总产出 = 中间投入需求 + 投资需求 + 最终消费需求$$

用 $x(t)$ 表示总产出,$Ax(t)$ 表示中间投入需求,$B[x(t+1)-x(t)]$ 表示投资需求,$Tx(t)$ 表示最终消费需求,则平衡方程式可表示为如下形式:

$$x(t) = Ax(t) + B[x(t+1) - x(t)] + Tx(t)$$

在平衡方程式中,$x(t)$ 是 n 维列向量,即

$$x(t) = (x_1(t) \quad x_2(t) \quad \cdots \quad x_n(t))^{\mathrm{T}}$$

其中,$x_i(t)$ 是第 i 部门的总产出。

A 为直接消耗系数矩阵,矩阵中的元素 a_{ij} 为直接消耗系数,其计算公式为:

$$a_{ij} = \frac{x_{ij}}{x_j}$$

式中,x_{ij} 为 j 部门消耗 i 部门产品的数量,即 a_{ij} 表示每产出 1 单位 j 部门产品要投入 a_{ij} 单位 i 部门产品;x_j 为 j 部门总产出。

直接消耗系数矩阵 A 可表示为:

$$
A = \begin{bmatrix}
a_{11} & a_{12} & \cdots & a_{1n} \\
a_{21} & a_{22} & \cdots & a_{2n} \\
\vdots & \vdots & & \vdots \\
a_{n1} & a_{n2} & \cdots & a_{nn}
\end{bmatrix} = \begin{bmatrix}
x_{11}/x_1 & x_{12}/x_2 & \cdots & x_{1n}/x_n \\
x_{21}/x_1 & x_{22}/x_2 & \cdots & x_{2n}/x_n \\
\vdots & \vdots & & \vdots \\
x_{n1}/x_1 & x_{n2}/x_2 & \cdots & x_{nn}/x_n
\end{bmatrix}
$$

B 为固定资产使用系数矩阵,b_{ij} 为每生产 1 单位 j 部门的产品所使用的第 i 部门的固定资产数量,即

$$b_{ij} = \frac{f_{ij}}{x_j}$$

式中,f_{ij} 为 j 部门中 i 部门所形成的固定资产总值;x_j 为 j 部门总产出。

当国民经济系统中有 n 个产业部门时,n 个产业部门的固定资产使用系数矩阵 B 可表示为:

$$
B = \begin{bmatrix}
b_{11} & b_{12} & \cdots & b_{1n} \\
b_{21} & b_{22} & \cdots & b_{2n} \\
\vdots & \vdots & & \vdots \\
b_{n1} & b_{n2} & \cdots & b_{nn}
\end{bmatrix} = \begin{bmatrix}
f_{11}/x_1 & f_{12}/x_2 & \cdots & f_{1n}/x_n \\
f_{21}/x_1 & f_{22}/x_2 & \cdots & f_{2n}/x_n \\
\vdots & \vdots & & \vdots \\
f_{n1}/x_1 & f_{n2}/x_2 & \cdots & f_{nn}/x_n
\end{bmatrix}
$$

T 为消费系数矩阵,t_{ij} 为消费系数,其计算公式为:

$$t_{ij} = \frac{C_i}{x_j} \times l_j$$

式中，C_i 为第 i 部门的消费；x_j 为第 j 部门的产出；$l_j = \dfrac{L_j}{\sum\limits_{i=1}^{n} L_i}$ 为 j 部门劳动

力占全部劳动力的比重。

当国民经济系统中有 n 个产业部门时，n 个产业部门的消费系数矩阵 $\boldsymbol{T}$ 可表示为：

$$\boldsymbol{T} = \begin{bmatrix} t_{11} & t_{12} & \cdots & t_{1n} \\ t_{21} & t_{22} & \cdots & t_{2n} \\ \vdots & \vdots & & \vdots \\ t_{n1} & t_{n2} & \cdots & t_{nn} \end{bmatrix} = \begin{bmatrix} C_1 \times l_1/x_1 & C_1 \times l_2/x_2 & \cdots & C_1 \times l_n/x_n \\ C_2 \times l_1/x_1 & C_2 \times l_2/x_2 & \cdots & C_2 \times l_n/x_n \\ \vdots & \vdots & & \vdots \\ C_n \times l_1/x_1 & C_n \times l_2/x_2 & \cdots & C_n \times l_n/x_n \end{bmatrix}$$

这就是动态投入产出模型，其最大特征是考虑到固定资产的使用情况，引入固定资产使用系数矩阵。

三、快车道模型平衡增长解及其性质

在动态投入产出模型中，如果各部门增长率一致，则

$$\boldsymbol{x}(t+1) = (1+\alpha)\boldsymbol{x}(t)$$

其中，α 为平衡增长率，也就是所求的快车道上的增长率，根据平衡方程式，有

$$\frac{1}{\alpha}\boldsymbol{x}(t) = (\boldsymbol{I} - \boldsymbol{A} - \boldsymbol{T})^{-1}\boldsymbol{B}\boldsymbol{x}(t)$$

令 $\boldsymbol{H} = (\boldsymbol{I} - \boldsymbol{A} - \boldsymbol{T})^{-1}\boldsymbol{B}$，可得 $\dfrac{1}{\alpha}\boldsymbol{x}(t) = \boldsymbol{H}\boldsymbol{x}(t)$。

可知，$\dfrac{1}{\alpha}$ 为矩阵 $\boldsymbol{H}$ 的特征值，属于矩阵 $\boldsymbol{H}$ 特征值 $\dfrac{1}{\alpha}$ 的特征向量就是所求

经济增长快车道。下面分析证明矩阵 $\boldsymbol{H}$ 的特征值 $\dfrac{1}{\alpha}$ 的性质。

可计算非线性动态投入产出快车道模型平衡增长解的证明分为存在性、稳定性与唯一性的证明。存在性可通过 Frobenius 定理完成。Frobenius 定理说明非负定矩阵一定存在半正的特征向量（其每个分量都大于或等于零），并对应一个非负的实根，使得它的模至少不比其他特征根的模小。而这个最大的特征根被称为 Frobenius 根。该定理在求解经济系统平稳增长解时有重要应用。

在 $\boldsymbol{H} = (\boldsymbol{I} - \boldsymbol{A} - \boldsymbol{T})^{-1}\boldsymbol{B}$ 中，不难验证其逆阵为非负定矩阵，根据 Frobenius 定理，总能找到一个 Frobenius 根和对应的特征向量，而这个特征

向量就是均衡产出向量。其经济意义是该模型总有解,而且最优均衡增长路径唯一。曾力生在《非负矩阵新的谱理论及其在投入产出模型中的应用》[1]中对此有深入的讨论。

唯一性问题就是讨论 $H=(I-A-T)^{-1}B$ 所决定的 n 个特征值和特征向量中有几个有经济意义的问题。利用 Jordan 分解定理证明可简约性,由此可以证明 Frobenius 根的唯一性。投入产出矩阵 H^{-1} 是一个方程组的系数矩阵,反映了各个产品部门之间都有一定程度的联系,那么有定理可以保证当经济系统中各部门联系比较紧密时,平衡增长解是唯一的。而且,经济现实问题的均衡解或最优解都是唯一的,这就是 Frobenius 根。稳定性是由系数矩阵的稳定性来保证的。本书只根据已有结论来说明可计算非线性动态投入产出快车道模型的解的存在性、稳定性与唯一性,而没有详细证明,是因为该证明所涉及的相关数学分析技术已超出本书的研究范畴。

根据 Frobenius 定理,计算快车道模型的平衡增长解,可以先计算 $H=(I-A-T)^{-1}B$ 的所有特征值,找出最小的一个,也就是 Frobenius 根[2],然后求出对应的特征向量即可。一般用计算机和专用软件包来求解,投入产出模型中的矩阵可在 SPSS、Matlab 和 Excel 中计算。

四、经济结构调整的线性规划模型

根据平衡增长解进行经济结构调整,只需建立一个有约束的线性优化模型:

$$\max \quad q$$

$$\text{s.t.}\begin{cases} Ax(0)+B[x(1)-x(0)]+Tx(0)\leqslant x(0) \\ Ax(1)+B[x(2)-x(1)]+Tx(1)\leqslant x(1) \\ \cdots\cdots\cdots\cdots \\ Ax(t-1)+B[x(t)-x(t-1)]+Tx(t-1)\leqslant x(t-1) \\ \bar{x}\cdot q\leqslant x(t) \\ x(1),x(2),\cdots,x(t)\geqslant 0,q\geqslant 0 \end{cases}$$

A、B、T 是如前所述矩阵,q 是待定未知数,$x(0)$ 是初始期产业结构,$\bar{x}$ 是快车道上的产业结构。将上式写成矩阵形式:

---

[1]　许宪春,刘起运:《中国投入产出分析应用论文精萃》,中国统计出版社,2004 年,第 348—358 页。

[2]　这里讨论的是 Frobenius 定理所说的非负定矩阵的逆矩阵,因此要选择最小的特征值,这与 Frobenius 定理选择最大特征根的说法不矛盾。

$$\max \quad q$$

s.t.

$$\begin{bmatrix} B & 0 & 0 & \cdots & 0 & 0 & 0 \\ -(I-A-T+B) & B & 0 & \cdots & 0 & 0 & 0 \\ 0 & -(I-A-T+B) & B & \cdots & 0 & 0 & 0 \\ \vdots & \vdots & \vdots & & \vdots & \vdots & \vdots \\ 0 & 0 & 0 & \cdots & -(I-A-T+B) & B & 0 \\ 0 & 0 & 0 & \cdots & 0 & -I & \bar{x} \end{bmatrix} \begin{bmatrix} x(1) \\ x(2) \\ x(3) \\ \vdots \\ x(t) \\ q \end{bmatrix}$$

$$\leqslant \begin{bmatrix} (I-A-T+B)x(0) \\ 0 \\ 0 \\ \vdots \\ 0 \\ 0 \end{bmatrix}$$

$$x(1),x(2),\cdots,x(t) \geqslant \mathbf{0}, q \geqslant 0$$

将上式进一步简写,令

$$x = \begin{bmatrix} x(1) \\ x(2) \\ x(3) \\ \vdots \\ x(t) \\ q \end{bmatrix}, q = \begin{bmatrix} 0 & 0 & 0 & \cdots & 0 & 1 \end{bmatrix} \begin{bmatrix} x(1) \\ x(2) \\ x(3) \\ \vdots \\ x(t) \\ q \end{bmatrix} = cx, b = \begin{bmatrix} (I-A-T+B)x(0) \\ 0 \\ 0 \\ \vdots \\ 0 \\ 0 \end{bmatrix}$$

$$H = \begin{bmatrix} B & 0 & 0 & \cdots & 0 & 0 & 0 \\ -(I-A-T+B) & B & 0 & \cdots & 0 & 0 & 0 \\ 0 & -(I-A-T+B) & B & \cdots & 0 & 0 & 0 \\ \vdots & \vdots & \vdots & & \vdots & \vdots & \vdots \\ 0 & 0 & 0 & \cdots & -(I-A-T+B) & B & 0 \\ 0 & 0 & 0 & \cdots & 0 & -I & \bar{x} \end{bmatrix}$$

则上式可简写为:

$$\max \quad cx$$

$$\text{s.t.} \begin{cases} Hx \leqslant b \\ x \geqslant 0 \end{cases}$$

其中,x 为列向量,维数$=t\times n+1$;c 为常数行向量,维数$=t\times n+1$;b 为常数列向量,维数$=t\times n+1$;H 为常数矩阵,行数$=(t+1)\times n$,列数$=t\times n+1$。

将 A、B、T、$x(0)$、$\bar{x}$ 代入上式,可计算出经济调整和规划的最优解,即$t\times n+1$ 个变量的最优解:

$$\begin{bmatrix} x_1^*(1) \\ x_2^*(1) \\ \vdots \\ x_n^*(1) \end{bmatrix}, \begin{bmatrix} x_1^*(2) \\ x_2^*(2) \\ \vdots \\ x_n^*(2) \end{bmatrix}, \begin{bmatrix} x_1^*(3) \\ x_2^*(3) \\ \vdots \\ x_n^*(3) \end{bmatrix}, \cdots, \begin{bmatrix} x_1^*(t) \\ x_2^*(t) \\ \vdots \\ x_n^*(t) \end{bmatrix}, q^*$$

以三个产业五年计划为例,写出投入产出快车道模型:

$$\max\quad q$$

$$\text{s.t.}\begin{cases} Ax(0)+B[x(1)-x(0)]+Tx(0)\leqslant x(0) \\ Ax(1)+B[x(2)-x(1)]+Tx(1)\leqslant x(1) \\ Ax(2)+B[x(3)-x(2)]+Tx(2)\leqslant x(2) \\ Ax(3)+B[x(4)-x(3)]+Tx(3)\leqslant x(3) \\ Ax(4)+B[x(5)-x(4)]+Tx(4)\leqslant x(4) \\ \bar{x}\cdot q\leqslant x(5) \\ x(1),x(2),x(3),x(4),x(5)\geqslant \mathbf{0},q\geqslant 0 \end{cases}$$

将上式写成矩阵形式:

$$\max\quad q$$

$$\text{s.t.}\begin{bmatrix} B & 0 & 0 & 0 & 0 & 0 \\ -\begin{pmatrix} I-A \\ -T+B \end{pmatrix} & B & 0 & 0 & 0 & 0 \\ 0 & -\begin{pmatrix} I-A \\ -T+B \end{pmatrix} & B & 0 & 0 & 0 \\ 0 & 0 & -\begin{pmatrix} I-A \\ -T+B \end{pmatrix} & B & 0 & 0 \\ 0 & 0 & 0 & -\begin{pmatrix} I-A \\ -T+B \end{pmatrix} & B & 0 \\ 0 & 0 & 0 & 0 & -I & \bar{x} \end{bmatrix}\begin{bmatrix} x(1) \\ x(2) \\ x(3) \\ x(4) \\ x(5) \\ q \end{bmatrix}$$

$$\leqslant \begin{bmatrix} \begin{pmatrix} I-A \\ -T+B \end{pmatrix} x(0) \\ 0 \\ 0 \\ 0 \\ 0 \\ 0 \end{bmatrix}$$

$$x(1),x(2),x(3),x(4),x(5)\geqslant 0,q\geqslant 0$$

$$x=\begin{bmatrix} x(1) \\ x(2) \\ x(3) \\ x(4) \\ x(5) \\ q \end{bmatrix}, b=\begin{bmatrix} (I-A-T+B)x(0) \\ 0 \\ 0 \\ 0 \\ 0 \end{bmatrix}$$

$$q=\begin{bmatrix} 0 & 0 & 0 & 0 & 0 & 1 \end{bmatrix}\begin{bmatrix} x(1) \\ x(2) \\ x(3) \\ x(4) \\ x(5) \\ q \end{bmatrix}=cx$$

$$H=\begin{bmatrix} B & 0 & 0 & 0 & 0 & 0 \\ -\begin{pmatrix} I-A \\ -T+B \end{pmatrix} & B & 0 & 0 & 0 & 0 \\ 0 & -\begin{pmatrix} I-A \\ -T+B \end{pmatrix} & B & 0 & 0 & 0 \\ 0 & 0 & -\begin{pmatrix} I-A \\ -T+B \end{pmatrix} & B & 0 & 0 \\ 0 & 0 & 0 & -\begin{pmatrix} I-A \\ -T+B \end{pmatrix} & B & 0 \\ 0 & 0 & 0 & 0 & -I & \bar{x} \end{bmatrix}$$

则上式可简写为：

$$\max \quad cx$$

$$\text{s.t.} \begin{cases} \boldsymbol{Hx} \leqslant \boldsymbol{b} \\ \boldsymbol{x} \geqslant \boldsymbol{0} \end{cases}$$

其中,$\boldsymbol{x}$ 为 16 维列向量;$\boldsymbol{c}$ 为 16 维常数行向量;$\boldsymbol{b}$ 为 16 维常数列向量;$\boldsymbol{H}$ 为 18×16 常数矩阵。将 $\boldsymbol{A}$、$\boldsymbol{B}$、$\boldsymbol{T}$、$\boldsymbol{x}(0)$、$\bar{\boldsymbol{x}}$ 代入上式,可计算出经济调整和规划的最优解:

$$\begin{bmatrix} x_1^*(1) \\ x_2^*(1) \\ x_3^*(1) \end{bmatrix}, \begin{bmatrix} x_1^*(2) \\ x_2^*(2) \\ x_3^*(2) \end{bmatrix}, \begin{bmatrix} x_1^*(3) \\ x_2^*(3) \\ x_3^*(3) \end{bmatrix}, \begin{bmatrix} x_1^*(4) \\ x_2^*(4) \\ x_3^*(4) \end{bmatrix}, \begin{bmatrix} x_1^*(5) \\ x_2^*(5) \\ x_3^*(5) \end{bmatrix}, q^*$$

第二节　江苏产业结构调整的快车道分析

一、2012 年平衡增长解和快车道计算

利用快车道模型对江苏产业结构进行实证分析,数据来源于江苏省统计局提供的 2012 年江苏投入产出表。首先把 2012 年江苏 42 个产业部门(42×42)的投入产出表合并为三次产业(3×3)的投入产出表,结果见表 76。

表 76　2012 年江苏三次产业投入产出表

亿元

投入＼产出		中间使用			最终消费	资本形成	净流出	总产出
		一产	二产	三产				
中间投入	一产	459.2	3824.5	389.2	1018.9	68.2	1.3	5761.3
	二产	1625.4	95119.5	6255.3	6852.4	23654.9	8584.8	142092.3
	三产	258.4	10247.5	10984.4	15714.7	3977.0	99.3	41281.3
增加值		3418.3	32900.8	23652.4	—	—	—	—
总投入		5761.3	142092.3	41281.3	—	—	—	—

注:表中数据根据 2012 年"江苏投入产出表"整理计算,数据单位已换算成亿元。

根据平衡方程:

$$\boldsymbol{x}(t) = \boldsymbol{A}\boldsymbol{x}(t) + \boldsymbol{B}[\boldsymbol{x}(t+1) - \boldsymbol{x}(t)] + \boldsymbol{T}\boldsymbol{x}(t)$$

分别计算 $\boldsymbol{A}$、$\boldsymbol{B}$、$\boldsymbol{T}$,并进一步计算平衡增长率 α 和对应的特征向量。

直接消耗系数矩阵 $\boldsymbol{A}$ 计算公式为:

$$A = \begin{bmatrix} a_{11} & a_{12} & \cdots & a_{1n} \\ a_{21} & a_{22} & \cdots & a_{2n} \\ \vdots & \vdots & & \vdots \\ a_{n1} & a_{n2} & \cdots & a_{nn} \end{bmatrix} = \begin{bmatrix} x_{11}/x_1 & x_{12}/x_2 & \cdots & x_{1n}/x_n \\ x_{21}/x_1 & x_{22}/x_2 & \cdots & x_{2n}/x_n \\ \vdots & \vdots & & \vdots \\ x_{n1}/x_1 & x_{n2}/x_2 & \cdots & x_{nn}/x_n \end{bmatrix}$$

根据 2012 年江苏投入产出表计算出的消耗系数矩阵 A 为：

$$A = \begin{bmatrix} a_{11} & a_{12} & a_{13} \\ a_{21} & a_{22} & a_{23} \\ a_{31} & a_{32} & a_{33} \end{bmatrix} = \begin{bmatrix} 0.079704 & 0.026916 & 0.009428 \\ 0.282124 & 0.669421 & 0.151529 \\ 0.044851 & 0.072119 & 0.266087 \end{bmatrix}$$

固定资产使用系数矩阵 B 计算公式为：

$$B = \begin{bmatrix} b_{11} & b_{12} & \cdots & b_{1n} \\ b_{21} & b_{22} & \cdots & b_{2n} \\ \vdots & \vdots & & \vdots \\ b_{n1} & b_{n2} & \cdots & b_{nn} \end{bmatrix} = \begin{bmatrix} f_{11}/x_1 & f_{12}/x_2 & \cdots & f_{1n}/x_n \\ f_{21}/x_1 & f_{22}/x_2 & \cdots & f_{2n}/x_n \\ \vdots & \vdots & & \vdots \\ f_{n1}/x_1 & f_{n2}/x_2 & \cdots & f_{nn}/x_n \end{bmatrix}$$

由于第一产业和第三产业均不形成固定资产，因此在固定资产使用系数矩阵中，b_{1j}，$b_{3j}(j=1,2,3)$ 都为 0。

由于各产业固定资产占用情况无法从统计年鉴中直接查出，因此只能采取间接方法估算得到。从江苏统计年鉴中能够查询到历年的固定资产投资数据，本书根据固定资产平均折旧年限为 20 年进行估算，最终可以估算得到 2012 年江苏固定资产总值为 142402.9 亿元。

在测算固定资产总值基础上，根据 2012 年江苏三次产业固定资本投资比例关系，估算出 2012 年江苏三次产业固定资产总值为 (921.7 74694.7 66786.5)$^\mathrm{T}$，则固定资产使用系数矩阵 B 为：

$$B = \begin{bmatrix} b_{11} & b_{12} & b_{13} \\ b_{21} & b_{22} & b_{23} \\ b_{31} & b_{32} & b_{33} \end{bmatrix} = \begin{bmatrix} 0 & 0 & 0 \\ 0.159989 & 0.525677 & 1.617839 \\ 0 & 0 & 0 \end{bmatrix}$$

消费系数矩阵 T 计算公式为：

$$T = \begin{bmatrix} t_{11} & t_{12} & \cdots & t_{1n} \\ t_{21} & t_{22} & \cdots & t_{2n} \\ \vdots & \vdots & & \vdots \\ t_{n1} & t_{n2} & \cdots & t_{nn} \end{bmatrix} = \begin{bmatrix} C_1 \times l_1/x_1 & C_1 \times l_2/x_2 & \cdots & C_1 \times l_n/x_n \\ C_2 \times l_1/x_1 & C_2 \times l_2/x_2 & \cdots & C_2 \times l_n/x_n \\ \vdots & \vdots & & \vdots \\ C_n \times l_1/x_1 & C_n \times l_2/x_2 & \cdots & C_n \times l_n/x_n \end{bmatrix}$$

根据江苏统计年鉴相关数据，2012 年江苏三次产业从业人员所占比重向量为 (20.8% 42.7% 36.5%)$^\mathrm{T}$，则消费系数矩阵 T 为：

$$T = \begin{bmatrix} t_{11} & t_{12} & t_{13} \\ t_{21} & t_{22} & t_{23} \\ t_{31} & t_{32} & t_{33} \end{bmatrix} = \begin{bmatrix} 0.036785 & 0.003062 & 0.009009 \\ 0.247392 & 0.020592 & 0.060587 \\ 0.567347 & 0.047224 & 0.138946 \end{bmatrix}$$

根据直接消耗系数矩阵 A、固定资产使用系数矩阵 B 和消费系数矩阵 T，有

$$H = (I-A-T)^{-1}B = \begin{bmatrix} 0.026150 & 0.085922 & 0.264436 \\ 0.671341 & 2.205833 & 6.788734 \\ 0.161570 & 0.530872 & 1.633825 \end{bmatrix}$$

根据 $\frac{1}{\alpha}x(t) = Hx(t)$ 计算矩阵 H 的特征值和特征向量，其中，特征值的倒数为平衡增长率 α，特征向量的比例关系为快车道，则

平衡增长率为 $\alpha = 25.87\%$

快车道为 $(3.04\% \quad 78.15\% \quad 18.81\%)^{\mathrm{T}}$

二、2007 年平衡增长解和快车道计算

利用快车道模型对江苏产业结构进行实证分析，首先把 2007 年江苏 42 个产业部门（42×42）的投入产出表合并为三次产业（3×3）的投入产出表，见表 77。

表 77 2007 年江苏三次产业投入产出表

亿元

投入＼产出		中间使用			最终消费	资本形成	净流出	总产出
		一产	二产	三产				
中间投入	一产	378.5	2128.3	186.9	1016.1	72.5	−717.6	3064.7
	二产	681.9	41808.8	3403.0	2830.3	10360.4	5493.0	64577.5
	三产	188.1	5495.3	2770.4	6752.4	1618.2	−916.9	15907.5
增加值		1816.2	15145.0	9547.1	—	—	—	—
总投入		3064.7	64577.5	15907.5	—	—	—	—

注：表中数据根据 2007 年"江苏投入产出表"整理计算，数据单位已换算成亿元。

平衡方程：

$$x(t) = Ax(t) + B[x(t+1) - x(t)] + Tx(t)$$

根据 2007 年江苏投入产出表计算出的消耗系数矩阵 A 为：

$$A = \begin{bmatrix} a_{11} & a_{12} & a_{13} \\ a_{21} & a_{22} & a_{23} \\ a_{31} & a_{32} & a_{33} \end{bmatrix} = \begin{bmatrix} 0.123503 & 0.032957 & 0.011749 \\ 0.222501 & 0.647421 & 0.213924 \\ 0.061376 & 0.085096 & 0.174157 \end{bmatrix}$$

固定资产使用系数矩阵 B 的 b_{1j},$b_{3j}(j=1,2,3)$ 都为 0。根据折旧年限 20 年进行估算,最终得到 2007 年江苏固定资产总值为 53789.94 亿元。根据 2007 年江苏三次产业固定资本投资比例关系,估算出 2007 年江苏三次产业固定资产总值为 $(357.9 \quad 29371.7 \quad 24060.2)^{\mathrm{T}}$,则固定资产使用系数矩阵 B 为:

$$B = \begin{bmatrix} b_{11} & b_{12} & b_{13} \\ b_{21} & b_{22} & b_{23} \\ b_{31} & b_{32} & b_{33} \end{bmatrix} = \begin{bmatrix} 0 & 0 & 0 \\ 0.116799 & 0.454829 & 1.512510 \\ 0 & 0 & 0 \end{bmatrix}$$

2007 年江苏三次产业从业人员占比向量为 $(26.3\% \quad 39.7\% \quad 34.0\%)^{\mathrm{T}}$,则消费系数矩阵 T 为:

$$T = \begin{bmatrix} t_{11} & t_{12} & t_{13} \\ t_{21} & t_{22} & t_{23} \\ t_{31} & t_{32} & t_{33} \end{bmatrix} = \begin{bmatrix} 0.087199 & 0.006247 & 0.021718 \\ 0.242887 & 0.017400 & 0.060494 \\ 0.579462 & 0.041511 & 0.144323 \end{bmatrix}$$

根据直接消耗系数矩阵 A、固定资产使用系数矩阵 B 和消费系数矩阵 T,有

$$H = (I-A-T)^{-1}B = \begin{bmatrix} 0.029067 & 0.113190 & 0.376406 \\ 0.484964 & 1.888505 & 6.280120 \\ 0.117425 & 0.457265 & 1.520608 \end{bmatrix}$$

根据 $\dfrac{1}{\alpha}x(t) = Hx(t)$ 计算矩阵 H 的特征值和特征向量,则

平衡增长率为 $\alpha = 29.08\%$

快车道为 $(4.61\% \quad 76.80\% \quad 18.59\%)^{\mathrm{T}}$

三、2002 年平衡增长解和快车道计算

利用快车道模型对江苏产业结构进行实证分析,首先把 2002 年江苏 42 个产业部门 (42×42) 的投入产出表合并为三次产业 (3×3) 的投入产出表,见表 78。

表 78　2002 年江苏三次产业投入产出表

亿元

投入 \ 产出		中间使用			最终消费	资本形成	净流出	总产出
		一产	二产	三产				
中间投入	一产	566.14	1129.34	248.35	467.2	121.2	−180.3	2351.94
	二产	449.27	14393.52	1347.16	1653.8	4396.0	1034.2	23273.90
	三产	135.85	2270.91	1588.31	2690.6	183.1	22.5	6891.33
增加值		1200.68	5480.14	3707.50	—	—	—	—
总投入		2351.94	23273.9	6891.33	—	—	—	—

注：表中数据根据 2002 年"江苏投入产出表"整理计算，数据单位已换算成亿元。

平衡方程：

$$x(t) = Ax(t) + B[x(t+1) - x(t)] + Tx(t)$$

根据 2002 年江苏投入产出表计算出的消耗系数矩阵 A 为：

$$A = \begin{bmatrix} a_{11} & a_{12} & a_{13} \\ a_{21} & a_{22} & a_{23} \\ a_{31} & a_{32} & a_{33} \end{bmatrix} = \begin{bmatrix} 0.240712 & 0.048524 & 0.036038 \\ 0.191021 & 0.618440 & 0.195486 \\ 0.057761 & 0.097573 & 0.230479 \end{bmatrix}$$

固定资产使用系数矩阵 B 的 b_{1j}，b_{3j}（$j = 1, 2, 3$）都为 0。根据折旧年限 20 年进行估算，最终得到 2002 年江苏固定资产总值为 10206.13 亿元。根据 2002 年江苏三次产业固定资本投资比例关系，估算出 2002 年江苏三次产业固定资产总值为 $(873.9 \quad 9594.3 \quad 10206.1)^T$，则固定资产使用系数矩阵 B 为：

$$B = \begin{bmatrix} b_{11} & b_{12} & b_{13} \\ b_{21} & b_{22} & b_{23} \\ b_{31} & b_{32} & b_{33} \end{bmatrix} = \begin{bmatrix} 0 & 0 & 0 \\ 0.371574 & 0.412235 & 1.481010 \\ 0 & 0 & 0 \end{bmatrix}$$

2002 年三产从业占比为 $(39.0\% \quad 32.5\% \quad 28.5\%)^T$，则消费系数矩阵 T 为：

$$T = \begin{bmatrix} t_{11} & t_{12} & t_{13} \\ t_{21} & t_{22} & t_{23} \\ t_{31} & t_{32} & t_{33} \end{bmatrix} = \begin{bmatrix} 0.077467 & 0.006524 & 0.019321 \\ 0.274231 & 0.023094 & 0.068394 \\ 0.446155 & 0.037572 & 0.111273 \end{bmatrix}$$

根据直接消耗系数矩阵 A、固定资产使用系数矩阵 B 和消费系数矩阵 T，有

$$H = (I-A-T)^{-1}B = \begin{bmatrix} 0.164232 & 0.182203 & 0.654591 \\ 1.581261 & 1.754298 & 6.302552 \\ 0.450375 & 0.499660 & 1.795095 \end{bmatrix}$$

根据 $\frac{1}{\alpha}x(t) = Hx(t)$，计算矩阵 H 的特征值和特征向量，则

平衡增长率为 $\alpha = 26.93\%$

快车道为 $(7.48\%\quad 72.01\%\quad 20.51\%)^{\mathrm{T}}$

2002 年、2007 年、2012 年江苏快车道模型计算结果汇总情况见表 79。

表 79　江苏快车道计算结果汇总情况

产业	2002 年		2007 年		2012 年	
	当年值	快车道	当年值	快车道	当年值	快车道
一产	7.23%	7.48%	3.67%	4.61%	3.05%	3.04%
二产	71.57%	72.01%	77.29%	76.80%	75.13%	78.15%
三产	21.20%	20.51%	19.04%	18.59%	21.82%	18.81%
合计	100.00%	100.00%	100.00%	100.00%	100.00%	100.00%

从快车道计算结果的纵向比较来看，第一产业占比呈下降趋势，第二产业占比呈上升趋势，第三产业占比呈先降后升趋势。可见，从江苏经济结构的技术特性（即投入产出特性）来看，第二产业在三次产业中占据最重要的位置，并且其地位仍然得到进一步巩固和强化；第一产业占比最小，并且持续下降；第三产业占比与第二产业差距仍然较大，但其在三次产业中的地位处于转折期，从下降转入上升期。从产业结构演变规律来看，"三二一"型是总体趋势，但江苏目前的投入产出特征仍表现出第二产业的强势特性，无论从直接消耗系数或是投资、劳动力等要素结构状况，都能反映出第二产业的强势特性。当然，用总产出计算的三次产业结构状况与用 GDP 计算的结构状况有很大差距，但投入产出情况恰恰能够反映出深层次的结构状况，即三次产业演变的内在机理问题。在投资和劳动力等要素投入均占优势、大部分产业部门占主导的情况下，第二产业不可能被第三产业取代。也就是说，产业的技术经济特性决定了第二产业占主导的局面仍将持续一段时间。当然从增加值角度，第三产业具有超过第二产业的可能性，这是因为从产业发展规律来看，产业从幼稚期到成长期、成熟期，最终到衰退期，产业创造价值的能力是不一致的，发展过程中会经历加速增长、平稳增长到零增长甚至负增长的过程。相对于第二产业，第三产业中很多产业部门是新兴产业，发展活力强，创

造增加值的能力大。总之,当前仍处于第二产业占主导的经济时期,经济发展仍需要第二产业作为主要驱动力,这是由产业的技术经济特性决定的。但随着投入产出状况的改变,整个投入产出和要素投入等向第三产业倾斜,第三产业才能成为经济的主要驱动力。从当前的情况来看,从第三产业为主导发展到第三产业为主导仍需要一定时期。尽管从增加值的角度实现了向"三二一"型的转换,但产业发展的核心竞争力仍未实现根本性转换。"冰冻三尺非一日之寒",第二产业在几十年中积累的各种优势不可能在短时间内转向第三产业。

做快车道模型计算的重要用途之一,是对现实产业结构状况与理想产业结构状况进行比较分析,从而判断各种投入和产出是否达到合理配置。当下,供给侧结构改革的目的就是实现供给与需求之间的合理匹配,从而避免结构性失衡造成的资源浪费。经济发展的理想目标是实现帕累托最优,也就是各个产业达到一般均衡状态。而动态投入产出分析就是利用数学方法,计算出经济活动的一般均衡状态,在这个状态上能够使各种资源要素达到最优化配置。在这个知识背景下,比较3个年份的快车道与当年值,2002年第一产业快车道与当年值变化幅度较小,第二产业快车道高于当年值,第三产业快车道低于当年值,表明第二产业的产出水平没有达到各种资源投入应该达到的理想状态,而第三产业产出水平却超出了需求水平。一个产业部门过度投入必然会挤压其他产业部门,从而降低全社会的整体产出水平。2002年的情况表明第二产业产出相对不足,第三产业相对过剩,因此根据快车道进行调整,要降低第三产业比重,提高第二产业比重。其内部机理正是如前所述,由投入产出的技术经济特性决定的。2007年,第一产业产出水平需要强化,而第二产业、第三产业均需要下调,以保持部门间的平衡,实现产业间的一般均衡。2012年,第一产业基本可以维持现状,第二产业需要提升,第三产业需要下调。与2002年和2007年相比,2012年三次产业失衡的幅度加大了,第二产业、第三产业快车道与当年值的差距在3个百分点左右。当然,快车道模式的计算结果不是静态的规律,也要从动态的角度考察。经济的投入产出技术条件不是一成不变的,因此相关技术参数就会发生改变,从而影响快车道计算结果。但是快车道一定是某一状态下的最优轨道。实际值与快车道的偏差能够反映经济状态与一般均衡状态的偏离,也就预示着资源的浪费。因此,需要及时根据快车道做相应调整。

第三节　基于快车道模型的江苏产业结构优化路径

根据快车道模型的平衡增长率和平衡增长轨道,再利用动态线性规划模型,可以测算出产业结构调整方案,即基于快车道的产业发展路径。

一、基于快车道模型的产业结构线性规划

根据 2012 年江苏投入产出表的快车道计算结果,建立三次产业结构调整 8 年规划模型。

$$\max \quad q$$

$$\text{s.t.} \begin{cases} \boldsymbol{A}\boldsymbol{x}(0)+\boldsymbol{B}[\boldsymbol{x}(1)-\boldsymbol{x}(0)]+\boldsymbol{T}\boldsymbol{x}(0)\leqslant\boldsymbol{x}(0) \\ \boldsymbol{A}\boldsymbol{x}(1)+\boldsymbol{B}[\boldsymbol{x}(2)-\boldsymbol{x}(1)]+\boldsymbol{T}\boldsymbol{x}(1)\leqslant\boldsymbol{x}(1) \\ \boldsymbol{A}\boldsymbol{x}(2)+\boldsymbol{B}[\boldsymbol{x}(3)-\boldsymbol{x}(2)]+\boldsymbol{T}\boldsymbol{x}(2)\leqslant\boldsymbol{x}(2) \\ \boldsymbol{A}\boldsymbol{x}(3)+\boldsymbol{B}[\boldsymbol{x}(4)-\boldsymbol{x}(3)]+\boldsymbol{T}\boldsymbol{x}(3)\leqslant\boldsymbol{x}(3) \\ \boldsymbol{A}\boldsymbol{x}(4)+\boldsymbol{B}[\boldsymbol{x}(5)-\boldsymbol{x}(4)]+\boldsymbol{T}\boldsymbol{x}(4)\leqslant\boldsymbol{x}(4) \\ \boldsymbol{A}\boldsymbol{x}(5)+\boldsymbol{B}[\boldsymbol{x}(6)-\boldsymbol{x}(5)]+\boldsymbol{T}\boldsymbol{x}(5)\leqslant\boldsymbol{x}(5) \\ \boldsymbol{A}\boldsymbol{x}(6)+\boldsymbol{B}[\boldsymbol{x}(7)-\boldsymbol{x}(6)]+\boldsymbol{T}\boldsymbol{x}(6)\leqslant\boldsymbol{x}(6) \\ \boldsymbol{A}\boldsymbol{x}(7)+\boldsymbol{B}[\boldsymbol{x}(8)-\boldsymbol{x}(7)]+\boldsymbol{T}\boldsymbol{x}(7)\leqslant\boldsymbol{x}(7) \\ \bar{\boldsymbol{x}}\cdot q\leqslant\boldsymbol{x}(8) \\ \boldsymbol{x}(1),\boldsymbol{x}(2),\boldsymbol{x}(3),\boldsymbol{x}(4),\boldsymbol{x}(5),\boldsymbol{x}(6),\boldsymbol{x}(7),\boldsymbol{x}(8)\geqslant\boldsymbol{0}, q\geqslant0 \end{cases}$$

将 $\boldsymbol{A}$、$\boldsymbol{B}$、$\boldsymbol{T}$、$\boldsymbol{x}(0)$、$\bar{\boldsymbol{x}}$ 代入上式,运用 Matlab 软件,可计算出江苏 8 年的经济调整方案,结果见表 80。

表 80　基于 2012 年投入产出表的江苏产业结构线性规划方案

年份	第一产业	第二产业	第三产业
T=1	3.0503%	78.1533%	18.7964%
T=2	3.0462%	78.1526%	18.8012%
T=3	3.0445%	78.1421%	18.8134%
T=4	3.0391%	78.1476%	18.8133%
T=5	3.0388%	78.1537%	18.8075%
T=6	3.0406%	78.1548%	18.8046%
T=7	3.0479%	78.1464%	18.8057%
T=8	3.0395%	78.1466%	18.8138%

通常三次产业结构是利用地区生产总值计算的,而表 80 中结果是根据总产出数据计算的,为了便于理解和对比分析,有必要将其转换为用地区生产总值计算的三次产业结构。转化系数为 $(1.699335 \quad 4.562908 \quad 1.759781)^{\mathrm{T}}$,转换结果见表 81。

表 81　基于地区生产总值的江苏产业结构线性规划方案

年份	第一产业	第二产业	第三产业
T=1	6.0633%	57.8569%	36.0798%
T=2	6.0551%	57.8560%	36.0889%
T=3	6.0510%	57.8411%	36.1079%
T=4	6.0407%	57.8491%	36.1102%
T=5	6.0405%	57.8579%	36.1016%
T=6	6.0442%	57.8593%	36.0966%
T=7	6.0581%	57.8471%	36.0949%
T=8	6.0415%	57.8477%	36.1108%

规划方案的经济意义是,根据 2012 年江苏投入产出的经济技术状态(可理解为直接消耗系数矩阵、固定资产使用系数矩阵、消费系数矩阵等),各个产业部门之间保持规划方案中的比例关系,按照平衡增长轨道发展,就能够实现资源要素利用效益最大化,实现最优化发展,经济系统达到一般均衡状态。

二、基于快车道模型的产业结构动态调整

快车道模型能够计算出经济结构优化的平衡增长率和平衡增长轨道,经济结构调整的最终目的是调整到平衡增长轨道上。但是模型计算结果只提供了最优轨道方案,却不能直接反映从非平衡增长轨道踏上平衡增长轨道的过程。本书根据快车道模型计算的平衡增长率和平衡增长轨道,对线性规划计算结果进行了调整,目的是更好地反映从非平衡到平衡的变化过程,以方便制定产业结构优化方案。调整的原则是不偏离快车道和线性优化计算结果,但是方案更易于操作。江苏产业结构的规划调整方案见表 82。

表 82　基于 2012 年投入产出表的江苏产业结构动态调整方案

年份	第一产业	第二产业	第三产业
T=1	3.0463%	75.5221%	21.4316%
T=2	3.0461%	75.9118%	21.0421%
T=3	3.0457%	76.2966%	20.6577%
T=4	3.0450%	76.6765%	20.2786%

年份	第一产业	第二产业	第三产业
T=5	3.0440％	77.0514％	19.9046％
T=6	3.0428％	77.4214％	19.5358％
T=7	3.0413％	77.7865％	19.1723％
T=8	3.0395％	78.1466％	18.8138％

按照转化系数(1.699335　4.562908　1.759781)^{T}转换为用地区生产总值计算的三次产业结构,结果见表83。

表83　基于地区生产总值的江苏产业结构动态调整方案

年份	第一产业	第二产业	第三产业
T=1	5.8731％	54.2266％	39.9003％
T=2	5.8991％	54.7504％	39.3504％
T=3	5.9245％	55.2723％	38.8032％
T=4	5.9492％	55.7921％	38.2587％
T=5	5.9733％	56.3096％	37.7171％
T=6	5.9967％	56.8248％	37.1785％
T=7	6.0194％	57.3375％	36.6430％
T=8	6.0415％	57.8477％	36.1108％

与利用快车道模型和线性规划模型测算的产业结构调整方案相比,该方案反映了结构调整的动态变化过程,但其最终的结构状态也是进入快车道,实现均衡增长。两种方案殊途同归,但对于宏观调控,后一种方案相对易于操作。

从以上分析结果来看,江苏三次产业结构如果按照当前的技术经济条件(直接消耗系数矩阵、固定资产使用系数矩阵、消费系数矩阵等),还不具备迅速转为"三二一"型的技术条件,原因在于当前各种要素投入情况、产出能力等均是第二产业占优势。如果强行提高第三产业占比,必然要以牺牲第二产业增速为代价。而第二产业降速的背后,则意味着大量经济要素不能合理发挥产出效益,经济活动将长时期偏离帕累托状态,造成严重的资源浪费。对于江苏经济发展,当前最主要的动力仍来自于第二产业,包括主导产业部门、优势资源集聚情况及创新能力等,这些优势在短时期内不能被第三产业所取代。科学的发展路径应该是沿着快车道模型的平衡增长轨道发展,这样能够充分调动第二产业多年积累形成的要素资源的产出能力,保持经济持续健康发展。同时,将资源要素的重点投入领域逐渐转向第三产业,并按照幼稚产业理论培育新兴服务业态,从而整体提升第三产业发展竞争力。

三、基于"十三五"要求的产业结构动态预测

江苏省"十三五"规划纲要对产业结构发展提出要求,目标是到 2020 年服务业增加值占比不低于 53%。再结合江苏省"十三五"规划纲要对经济总量和发展速度的目标要求,即总量超过 10 万亿元、增速不低于 7.5%,本书对2015—2025 年江苏产业结构做了预测分析,结果见表 84。

表 84　基于"十三五"发展要求的江苏产业结构预测

年份	第一产业	第二产业	第三产业
2015	5.68%	45.70%	48.61%
2016	5.30%	45.19%	49.51%
2017	4.95%	44.66%	50.39%
2018	4.61%	44.12%	51.27%
2019	4.30%	43.57%	52.14%
2020	4.00%	43.00%	53.00%
2021	3.72%	42.42%	53.85%
2022	3.46%	41.84%	54.70%
2023	3.22%	41.24%	55.53%
2024	3.00%	40.64%	56.36%
2025	2.79%	40.04%	57.18%

可见,根据 2015 年江苏三次产业结构状况,到 2020 年实现 4：43：53 的产业结构比例关系,"十三五"期间江苏第一产业占比需下降 1.68 个百分点,第二产业占比需下降 2.7 个百分点,第三产业占比需上升 4.38 个百分点,与经济总量平均增速 7.5% 对应的三次产业平均增速分别为 0.2%、6.2% 和9.37%。对比基于快车道模型计算的产业结构调整方案,该方案第三产业占比显著上升,但其背后的深层次问题就是必须牺牲第一、第二产业增长速度。从当前经济技术条件来看,消除人为约束,第一、第二产业增速将高于 0.2%、6.2%,从而导致第三产业占比高于 53% 的目标难以实现。如果保障第三产业占比,必须将要素资源向第三产业倾斜,而这种做法无疑将降低全社会资源配置效率,偏离一般均衡状态。三次产业结构状态是产业运行的外在表象,其内在机理是各个产业之间的产业关联关系及增速等相互作用的结果。产业发展倒逼机制发挥作用的前提是要遵循产业发展规律,否则将会揠苗助长,损失经济系统的整体运行效率和效益水平。

第十一章

江苏产业结构调整的对策建议

产业结构调整优化是产业转型升级的重要环节，这对促进区域经济发展具有非常重要的意义和作用。本章利用投入产出分析技术，通过对江苏产业结构发展状况的大量数据实证分析，并结合江苏经济发展新趋势、新特征、新要求，提出产业结构调整的相关建议。

第一节　构建三次产业发展全新格局

目前，江苏三次产业仍以第二产业为主导，主要表现在：第二产业的产出占比最大，接近 80%；第二产业资本和劳动力等主要投入要素占比大，规模上占有绝对优势；江苏主导产业中，第二产业的产业部门最多，规模、效益、关联度等优势明显高于第一产业和第三产业的大多数产业部门。在这种条件下，第二产业的主导地位是显而易见的。虽然从增加值的角度来看，第三产业能够超过第二产业，从而达到"三二一"型的 GDP 结构，但是从产业影响力和竞争力来看，当前第二产业仍重于第三产业。按照产业结构演变规律，产业结构转向"三二一"型是发展趋势，即到时不仅 GDP 结构向"三二一"型转换，总产出结构也要向"三二一"型转换。即便总产出结构不能达到"三二一"型，第二产业产出占比也不会维持当前这样高的水平。例如，新加坡等国家第三产业占比高达 90% 以上，即便是美国这样的超级大国第三产业占比也高达 70%以上。因此，进军"三二一"型、巩固"三二一"型是产业结构调整优化的根本方向。同时，现阶段中央对经济发展做出新研判，并提出了新要求、新理念。今后产业结构优化调整，要基于新常态的阶段性特征，主要包括对增长速度等指标要做新考量；要充分考虑五大发展理念，要将创新、绿色等作为重要要素纳入经济分析模型；要考虑产业升级的趋势，从结构比例关系不能看出业态升级和新技术、新工艺等创新程度，要从工业革命和科技革命的全球趋势中把脉产业转型升级的新方向、新特征，以此作为产业结构优化的依据和导向。江苏产业结构优化调整，要贯彻中央对经济发展的新精神、新要求，要遵循产业发展的一般规律，要面向全球产业发展和科技创新的新趋势，要立足江苏产业结构的现状和阶段性特征，总体上，坚持调高、调轻、调优、调强、调绿的总体要求，坚持高端化、高技术化和服务化的基本方向，加快推进经济结构优化和产业转型升级，构建以高新技术产业为主导、服务经济为主体、先进制造业为支撑、现代农业为基础的现代产业体系，形成以先进制造业和现代服务业为主干的产业发展新格局。

一、实施工业强基工程,打造先进制造业高地

提升发展优势传统产业。江苏当前的主导产业部门包括通信设备计算机和其他电子设备、电气机械和器材、建筑、化学产品等,这些产业具有明显的产业规模、外向引领、产业关联等优势,具有很强的产业辐射带动能力及对整个经济发展的拉动能力。总体上,要通过实施"工业强基"工程及"互联网+""双百工程"推进计划,全面提升产业层次和核心竞争力,实现高端化发展。加强自主创新和技术改造,推进重点装备技术和产品质量攻关计划,支持制造业名品名牌建设。深入推进"两化"融合,推动产业向高端化、品牌化发展,打造一批具有国际竞争力的特色产业集群和特色产业基地,形成先进制造业高地。

培育发展战略性新兴产业。与传统优势产业相比,当前江苏新兴产业发展仍相对滞后,还没有占据主导地位,不能发挥对整个经济系统的有效支撑作用。要突出先导性和支柱性的导向,从产业规模、经济效益、增长速度、发展潜力、产业趋势等角度多方考量,选择培育一批拥有自主核心技术、发展成长性强、代表未来方向的战略性新兴产业集群。对于备选新兴产业,要发挥孵化器及产业投资引导基金作用,制定和实施产业培育发展规划与具体推进方案。对于江苏确定的新一代信息技术、高端装备、海洋工程、航空航天、新材料、节能环保、生物医药和新型医疗器械、新能源和智能电网、新能源汽车、数字创意等产业,要坚持做精、做特、做优、做实,细分行业、细分领域,促进产业规模迅速壮大、产业竞争力迅速增强、产业带动力迅速提升。

创新发展智能制造模式。当前,德国大力实施工业4.0战略,美国着力完善工业互联网体系。与此相对应,我国提出《中国制造2025》计划,并且各地均制定了相应的行动计划。江苏未来工业发展,尤其是制造业发展,要关注全球新工业革命的发展趋势和潮流,贯彻《中国制造2025》和《中国制造2025江苏行动纲要》的文件精神,引导产业向分工细化、协作紧密的方向发展,促进信息技术向市场、设计、生产环节渗透,推动生产方式向柔性、智能、精细转变。引导和促进企业的制造装备升级,重点突出数控装备普及换代、现有装备智能改造、高端装备自主制造、工业机器人推广应用等,推进装备由机械化向数字化、网络化、智能化提升。加快推进制造模式创新,拓展智能制造合作领域,支持智能制造核心关键技术、智能化装备研发及产业化。推行基于网络的数字化制造,鼓励发展个性化定制、众包设计、云制造等网络生产新模式,支持工业云和中小企业公共服务平台建设,推进制造资源开放共享,构建网络化企业集群。

二、实施服务业提升工程，打造现代服务业创新发展高地

促进服务业集聚提升。江苏第三产业的绝大多数产业部门，其经济效益水平高于江苏三次产业的平均效益水平，其中，批发和零售、金融、交通运输仓储和邮政、租赁和商务服务等产业部门更是具有产业规模大和产业关联度高等优势，因此，江苏服务业发展要立足现有产业基础和优势，进一步做大规模、做高层次、做强品牌，实现产业集聚集约发展。以打造"江苏服务"整体品牌为统领，推动生产性服务业向专业化、网络化和价值链高端环节延伸，生活性服务业向精细化和高品质化方向转变。围绕全产业链整合优化，在现代金融、软件和信息服务、电子商务、现代物流、科技服务、服务外包、检验检测、国际航运等生产性服务业中根据自身比较优势择优发展，鼓励发展基于网络的平台经济、文化创意、工业设计、人力资源服务等新兴业态。推进产业融合发展，通过培育服务型制造示范企业和实施服务型制造示范项目，引导和推动制造业由生产型转向生产服务型，拓展产品功能，提升交易效率，增强集成能力，满足深层需求。支持企业面向客户提供个性化的产品设计和整体解决方案，引导优质企业由提供设备转向提供系统总集成总承包服务。通过实施生产性服务业"双百工程"，鼓励企业向价值链高端发展，推动园区提高集聚发展水平。通过"生产性服务业百企升级引领工程"，引导生产性服务业企业运用现代科技信息技术，加大科技研发力度，推进企业技术创新、管理创新、制度创新和模式创新，全面提升企业核心竞争力。通过"生产性服务业百区提升示范工程"，进一步完善现代服务业集聚区配套服务功能，增强要素吸附能力、产业支撑能力和辐射带动能力。

加快服务业改革开放。进一步放开服务业领域市场准入，引导外资投向高端服务业和新兴服务业领域，延伸外资企业服务链，促进本土服务业提升发展，推动服务业向资本密集型、技术密集型、知识密集型转变。引导外资设立生产性服务业企业、各类功能性总部和分支机构、研发中心、营运基地等，放开建筑设计、会计审计、商贸物流、电子商务等服务业领域的外资准入限制。鼓励社会资本以多种方式发展生产性服务业，允许社会资本参与应用型技术研发机构市场化改革，鼓励社会资本参与国家和省级服务业综合改革试点。加快落实服务业进一步扩大开放的政策措施，对已经明确的扩大开放要求，要抓紧制定配套措施。统一内外资法律法规，推进生产性服务业领域有序开放。进一步减少生产性服务业重点领域前置审批和资质认定项目，加大市场监管力度，建立健全有利于公平竞争的体制机制。积极对接中国（上海）自由贸易试验区，研究探索对外商投资实行准入前国民待遇加负面清单的管

理模式。加强与新加坡以及我国港、澳、台地区服务业合作，加快推进昆山与

台湾地区的服务业合作试点。鼓励有条件的企业依托现有产品贸易优势，在境外设立分支机构，大力拓展服务业发展空间。推进境外投资项目备案和企业备案单一窗口模式，进一步提高服务业境外投资便利程度。鼓励企业利用电子商务开拓国际营销渠道，积极争取跨境电子商务通关试点。鼓励设立境外投资贸易服务机构，做好境外投资需求的规模、领域和国别研究，提供对外投资准确信息，为企业"走出去"提供咨询服务。

三、实施农业现代化工程，打造农业可持续发展试验示范区

加快构建现代农业产业体系。推进农业产业结构调整和农业生产方式转变，进一步优化区域布局和生产格局，形成具备区域特色的现代农业产业体系，加快实现农业现代化。发展优质粮油业，大力实施藏粮于地、藏粮于技战略，深入推行粮食稳产提质行动计划，推进粮食高产增效创建和绿色增产模式攻关，进一步优化粮经饲品种结构和粮食等重要农产品生产区域化、专业化布局，完善价格形成机制和收储政策，保证供需平衡、口粮自给。支持粮食规模化产业基地建设，突出粮食主产区、重点县建设，探索建立粮食生产功能区和重要农产品生产保护区。发展设施园艺业，培育壮大设施蔬菜、应时鲜果、花卉苗木等高效农业产业，推进"菜篮子"工程蔬菜基地和园艺作物标准园建设。发展规模畜牧业，全面推广生态健康养殖模式，打造标准化生产基地。发展特色水产业，推进渔港建设和渔船更新改造，推广先进养殖技术，打造品牌优势。发展开放型农业，加快农垦改革。深化农业综合开发，努力形成农业可持续发展格局，打造生态农业强省。推进国家现代农业示范区建设，加快省级现代农业产业园区提档升级。

推进农村一二三产业融合发展。首先，延伸农业产业链。积极发展农业生产性服务业，加快农业由生产环节向产前产后延伸，引导农产品加工业向主产区、优势产区和关键物流节点集中。支持农产品深加工、加工集中区和特色加工业发展，推动农产品加工业集聚集群集约发展。创新农产品流通和销售模式，健全农产品产地营销体系，推进市场流通体系与储运加工布局的有机衔接。推进农业全产业链标准化、品牌化建设。其次，拓展农业多种功能。推动农业生产、生活和生态功能综合开发，推进农业与旅游、教育、文化等产业深度融合，实现农业从生产向生态生活、从物质向精神文化功能拓展。发展休闲观光农业，打造都市休闲观光农业圈，环湖、环丘陵休闲观光农业区，沿江风光带、沿海风情带、沿黄河故道农耕文化带，完善促进休闲观光农业发展的扶持政策。建设特色景观旅游村镇和乡村旅游示范村，鼓励有条件

的地区发展智慧乡村游。建设农业教育和社会实践基地,大力推进农耕文化教育进校园。再次,培育农业新型业态。加快实施"互联网＋现代农业"行动,推进现代信息技术应用于农业生产、经营、管理和服务。鼓励在大城市郊区发展工厂化农业、立体农业等高科技农业,积极发展个性化定制服务、会展农业、创意农业、农业众筹等新型业态。大力发展农产品电子商务和农村快递物流业,健全农村电商综合服务网络。围绕"一村一品一店",重点扶持发展一批电商专业村镇,实现农民家庭经营、农村小微企业与电商的成功嫁接。

加快培育新型农业经营主体。首先,重点培育家庭农场。积极发展多种形式适度规模经营,支持土地向专业大户、家庭农场集中,鼓励专业大户向家庭农场转型。积极开展新型职业农民培育,通过新型职业农民培育工程、农民继续教育工程、现代青年农场主计划和农村实用人才培养计划,不断壮大新型职业农民的规模。实施鼓励外来务工人员等返乡创业三年行动计划,引导和鼓励外来务工人员、大学生和退役士兵等返乡创业,积极为新农人提供良好的创业环境。其次,规范发展农民合作社。鼓励农民兴办专业合作、股份合作、劳务合作等多元化多类型的合作社,扶持建设一批经营规模大、服务能力强、产品质量优、民主管理好的示范合作社。支持家庭农场联合组建合作社,鼓励发展合作社联合社和销售联社,积极推进合作社综合社试点,鼓励政府为合作社购买公共服务。全面深化供销合作社综合改革。再次,积极扶持农业龙头企业。注重发挥龙头企业对产业发展和农民致富的带动作用,扶持发展自主创新能力强、处于行业领先地位的骨干农业龙头企业。鼓励龙头企业通过订单生产、入股分红等方式,建立"公司＋合作社＋农户""股份制公司＋农户入股"等生产经营模式。引导龙头企业建立现代企业制度,通过兼并、收购、重组、控股等方式组建大型企业集团。在不改变农村土地用途的前提下,鼓励工商资本有序进入农业,发展适合企业化经营的现代种养业、农产品加工流通和农业社会化服务。

第二节　推进结构性改革取得新成效

着力推动供给侧结构性改革,促进供给与需求有效对接、产业升级与需求升级协同推进,全面提升全要素生产率,切实提高供给体系质量和效率,增强经济持续增长动力。以去产能、去库存、去杠杆、降成本、补短板等为重点,调存量改造提升传统动能,扩有效增量培育发展新动能,提高供给结构的适应性和灵活性,实现供需平衡由低水平向高水平跃升。推动产业重组,综合运用市场机制、经济手段、法治办法,通过严格环保、能耗、技术标准倒逼过剩产能退出,实现市场出清。化解房地产库存,发展住房租赁市场,满足新市民住房需求,稳定房地产市场。注重防范化解金融风险,降低企业负债率,主动释放信用违约风险,稳妥推进地方政府存量债务置换,有效防范化解政府债务、大企业资金链断裂、企业联保互保、互联网金融、非法集资等方面风险隐患。积极开展降低实体经济企业成本行动,落实国家减税清费政策,切实降低制度性交易成本、人工成本、企业税费负担、社会保险费、企业财务成本、电力价格、物流成本,增强优质企业竞争力。在精准扶贫脱贫、产业转型升级、基础设施建设、生态环境治理等方面,增加有效供给,着力补齐短板,进一步增强发展的全面性、协调性。

一、促进供需有效对接和协同发展

积极扩大有效投入。发挥投资对增长的关键作用,进一步优化投资结构,加大对现代服务业、先进制造业、新兴产业、现代农业和重要基础设施、民生领域的投入力度,提高技改投入在工业投资中的比重,引导投资更多投向沿海、苏北等经济薄弱地区。推进投资主体多元化,积极鼓励社会投资,有效撬动民间资本参与重点领域建设,提高民间资本在全社会固定资产投资中的比重。

发展消费经济。发挥消费对增长的基础作用,落实和创新鼓励消费的各项政策,拓展居民多层次、个性化和多样化需求,引导消费向智能、绿色、健康、安全的方向转变。突出服务消费、信息消费、绿色消费、时尚消费、品质消费、农村消费等重点领域,加快培育新的消费增长点,促进消费结构转型升级。发展消费金融公司和消费信贷专营机构,加快消费金融产品和服务创新。鼓励企业通过提高生产率和产品质量、扩大新产品和服务供给、改善用户体验等方式,开发引领消费时尚的概念产品、设计理念、新兴服务,发展个性化、智能化、定制式消费。深入推进放心消费创建工作,加强市场监督管理,切实维护消费者权益。促进流通信息化、标准化、集约化,推进贸易流通体制改革。

发展品牌经济。大力推进质量强省和品牌强省建设,深入开展质量品牌提升行动和质量强市创建活动,实施商标和名牌战略,全面提升产品、工程和服务质量及自主品牌建设水平,打造江苏品牌、江苏标准,推动江苏制造走向质量时代。通过实施"一企一标""一社一标"工程,引导企业通过品牌创建推动经营理念、技术、产品、管理和商业模式创新。实施商标密集型产业发展计划,以旅游业、纺织服装业等为突破口,培育品牌价值高的商标密集型产业。

实施品牌价值提升工程,支持企业名品名牌建设,依托特色产业集群和产业集聚区打造区域品牌,培育一批知名品牌示范区,以及拥有核心知识产权和自主品牌、具有国际竞争力的商标密集型企业。

发展分享经济。支持快递、家政服务、教育、培训、新闻、租赁、广告、创意、医疗等产业领域,整合利用分散闲置社会资源,促进分享经济拓展领域、快速成长。创新分享经济模式,积极发展众包、众智、众扶、众筹等新业态。规范市场准入,建立健全行业标准,构建以信用为核心的市场监管机制,营造更加宽松的政策环境。建立多种互联网共享平台,完善网络信息安全体系,为分享经济发展提供保障。

二、推进"一中心"和"一基地"建设

"一中心"和"一基地"的分步实施计划。加快建设具有全球影响力的产业科技创新中心和具有国际竞争力的先进制造业基地,是江苏推进供给侧结构性改革的重大举措和重要抓手,对江苏提高全要素生产率、增加中高端供给、构建现代产业体系、实现创新驱动发展具有重大战略支撑作用。江苏对于"一中心"和"一基地"建设,制定了分步实施计划。其中,"一中心"建设的分步实施计划是:到2020年,基本形成产业科技创新中心框架体系,主要创新指标达到创新型国家中等水平;到2025年,形成产业科技创新中心区域的核心功能,成为全球产业技术创新网络重要节点,部分创新指标跨入创新型国家先进行列;到2035年,全面建成具有全球影响力的产业科技创新中心。"一基地"建设的分步实施计划是:到2020年,新型工业化基本实现,制造强省建设取得重要进展,若干重点行业和重要领域达到世界先进水平;到2025年,形成创新突破与国际同步、智能制造与国际对标、产品质量与国际接轨的先进制造体系,全要素生产率与国际先进水平相当,进入全球制造的先进行列。

"一中心"和"一基地"的建设工作重点。强化企业的主体作用,引导企业进一步强化研发工作环节、加大研发投入力度、加强研发机构建设,推进企业研发做优、做强、做活,提升研发能力和创新效率。通过全省企业制造装备升级和互联网化提升两大计划,引导和支持企业积极参与"一中心"和"一基地"建设。集聚创新资源要素,立足全国、放眼全球,着力引进一批世界著名研究机构、跨国公司区域性研发中心,吸引一批国际知名院校合作办学,引进一批经验丰富、实力较强的国内外股权投资机构,增强高端创新要素集聚和供给能力。促进产业链、创新链、资金链相互融合。整合科研、产业、资本等发展资源,重点围绕产业链当中影响核心竞争力的环节部署创新链,围绕创新链当中形成关键技术的领域跟进资金链,实现三链融合、创新发展。

三、加强园区等重要开放载体建设

促进开发园区转型升级。江苏开放型经济发展具有较强的比较优势,尤其是在开发园区等载体建设方面具有突出优势,因此,要巩固提升开放型经济载体发展优势,通过深化体制机制改革和创新驱动进一步放大开放效应,把开放载体平台建成推进全方位开放、推动创新转型的先行区、示范区。要推进各类开发区整合优化、功能提升、制度创新,加快实现由主要依靠政策优惠向依靠完善法律和制度体系、构建透明公开规范的发展环境转变。强化开发区创新平台建设和创新要素集聚,加快集聚和培育高端人才、高端技术、高端产业,充分发挥企业、城市、人才国际化的主阵地作用,成为江苏先进制造业基地和产业科技创新中心的主要载体。推进苏州工业园区开展国家开放创新综合试验示范,总结推广成功经验。以产城融合为导向,完善开发区管理体制,促进开发区与行政区融合发展,推动形态开发与功能开发并重,加快建设现代化新城区。支持有条件的省级开发区升级为国家级开发区,推进各类省级开发区有序整合、健康发展。

构建开放合作新载体。首先,加强国际合作园区建设。深入实施国际合作园区共建工程,创新合作路径和模式,争取设立一批各具特色、具有示范引领效应的国际合作园区。例如,通过中新南京生态科技岛、苏通科技产业园等项目建设,打造中新合作升级版;通过中韩盐城产业园、中韩(无锡)金融科技创新示范区建设,打造韩资集聚发展新高地;通过中以(常州)国际创新园建设,建立产业技术国际合作新模式;通过智能制造合作应用中心等建设项目,加强中德在智能制造和工业 4.0 等领域的深入合作。其次,推动与港澳台合作平台建设。充分发挥苏台经贸人文合作紧密的优势,全面提升苏台产业、文化、教育、科技、社会等领域合作发展水平。例如,通过海峡两岸紫金山峰会、苏台合作促进周、两岸产业合作论坛、中国(淮安)台商论坛、台商产业转型升级峰会等重要平台,昆山深化两岸产业合作试验区、南京两岸产业协同发展和创新试验区、淮安台资企业产业转移集聚服务示范区等重要载体,以及海峡两岸农业合作试验区、台湾农民创业园和海峡两岸青年创业基地等,加强两岸产业升级、科技创新等领域合作。深化苏港金融、物流、科技服务、文化创意等领域的合作,鼓励苏港企业联合走出去。推动建设苏澳合作园区,促进苏港澳政府高层会晤,扩大论坛峰会的影响力。

推动特殊开放功能区创新发展。推动各类海关特殊监管区域整合为综合保税区,加快实现功能优化和监管模式创新。发挥海关特殊监管区密集的优势,探索建立"保税集团"等监管新模式、新试点、新政策。发挥苏州工业园区综合保税区贸易多元化试点示范作用,积极试点跨境电子商务、境内外检测维修、保税展示交易等保税物流和保税服务新业务,推动贸易多元化、功能多样化、产业链高端化。加强智慧园区、创新型园区、金融创新园区、生态工业园区、特色产业园区、知识产权园区、共建园区、海关特殊监管区等功能型开放园区建设。积极争取设立海关特殊监管区。

四、推动产业智能化和网络化发展

实施"互联网+"行动计划。发展互联网经济,加强技术应用创新,突出商业模式创新,促进跨界融合创新,把互联网经济打造成为推动经济转型升级的强大动力。推动互联网再造制造业,制定实施企业互联网化提升计划,实现设计数字化、产品智能化、生产自动化和管理网络化。推动互联网再造服务业,促进供应链管理等服务模式创新。推动互联网嵌入现代农业,发展精准农业、信息农业和智慧农业。实施互联网企业创新培育和规模发展计划,支持互联网领军企业和骨干企业做大做强,鼓励国内外知名互联网企业在江苏设立区域总部和研发机构,打造互联网经济发展先行区。

加快建设互联网平台载体。发展互联网平台经济,整合产业链及多边市场资源,构建平台生态圈。培育大宗商品、消费服务、跨境贸易等电商交易平台,引导线上线下互动融合发展。加快国家电子商务示范城市建设,培育一批电子商务产业园、互联网产业园和众创园。鼓励金融机构融入互联网,探索开发新型支付方式和支付工具,创新发展互联网金融服务平台。鼓励符合条件的企业发起或参与发起设立互联网科技小额贷款公司。

发展大数据产业。实施大数据战略,大力发展工业大数据、新兴产业大数据、农业农村大数据、创新创业大数据。建立工业大数据资源聚合和分析应用平台,推动大数据与移动互联网、物联网、云计算的深度融合,创新应用模式和商业模式。建设大数据产业发展集聚区,促进大数据产业向规模化、高端化发展。加快数据开放共享,制定实施数据资源开放共享工程,建设统一开放平台。合理布局建设大数据平台、数据中心等基础设施,加快推动功能性信息服务平台建设,推动国家级数据服务中心、呼叫中心、云计算中心等功能性平台落户江苏,提升全省信息数据存储、挖掘和服务能力。

参考文献

[1] 薛俊杰,李春森.投入产出法教程[M].大连:东北财经大学出版社,1992.

[2] 廖敏.基于投入产出的江苏省第三产业内部结构关联分析[J].科技情报开发与经济,2006(17).

[3] 廖明球.投入产出模型由静态向动态的转化方法[J].统计研究,1987(1).

[4] 魁奈.魁奈《经济表》及著作选[M].晏智杰,译.北京:华夏出版社,2006.

[5] 蒋昭侠.主导产业的确立及其实践方法[J].经济经纬,2004(5).

[6] 曾五一.关于动态投入产出优化模型应用的研究[J].系统工程,1985(2).

[7] 龚六堂.动态经济学方法[M].北京:北京大学出版社,2002.

[8] 曹楷,汤以伦.江苏投入产出模型及应用[M].南京:东南大学出版社,1992.

[9] 顾六宝,李辉英.主导产业的评价选择模型[J].统计与决策,2002(3).

[10] 霍利斯·钱纳里.结构变化与发展政策[M].朱东海,黄钟,译.北京:经济科学出版社,1991.

[11] 霍利斯·钱纳里,英尔塞斯·塞尔昆.发展的格局[M].李小青,等译.北京:中国财政经济出版社,1989.

[12] H.钱纳里,S.鲁宾逊,M.赛尔奎因.工业化和经济增长的比较研究[M].吴奇,王松宝,等译.上海:上海三联书店,1989.

[13] 钱伯海.国民经济核算通论[M].北京:中国统计出版社,1992.

[14] 郭克莎.结构优化与经济增长[M].广州:广东经济出版社,2001.

[15] 贾晓峰.江苏产业结构研究[M].南京:南京大学出版社,2007.

[16] 贾晓峰.中国产业结构研究[M].南京:南京师范大学出版社,2004.

[17] 徐信.线性代数基本方法及投入产出模型[M].北京:北京科学技术出版社,1992.

[18] 唐小我,曾勇,曹长修.投入产出模型直接消耗系数修订的进一步研究[J].系统工程,1994(2).

[19] 唐小我.经济预测与决策新方法及其应用研究[M].成都:电子科技大学出版社,1997.

[20] 党耀国,刘思峰,陈可嘉,等.江苏省第二产业结构调整与"快车道"模型[J].江南大学学报(自然科学版),2003(5).

[21] 党耀国,刘思峰,陈可嘉.产业结构调整的"快车道"模型及实证分析[J].现代经济探讨,2003(5).

[22] 钟契夫,陈锡康,刘起运.投入产出分析[M].北京:中国财政经济出版社,1993.

[23] 赵进文,温宇静.中国经济结构变动的投入产出分析[J].财经问题研究,2004(4).

[24] 姜健飞,吴笑,胡良剑.数值分析及其 MATLAB 试验[M].北京:科学出版社,2004.

[25] 罗斯托.从起飞进入持续增长的经济学[M].成都:四川人民出版社,1989.

[26] 庞皓,向蓉美.投入产出分析[M].重庆:西南财经大学出版社,1989.

[27] 周振华.结构调整[M].上海:上海人民出版社,1999.

[28] 周叔莲.产业政策问题探索[M].北京:经济管理出版社,1987.

[29] 周民良.中国主导产业的发展历程与未来趋势[J].经济学家,1994(3).

[30] 陈璋.西方经济学方法论研究[M].北京:中国统计出版社,2001.

[31] 陈璋,张晓娣.投入产出分析若干方法论问题的研究[J].数量经济技术经济研究,2001(9).

[32] 陈锡康.当代中国投入产出理论与实践[M].北京:中国国际广播出版社,1988.

[33] 陈锡康.投入产出技术的发展趋势与国际动态[J].系统工程理论与实践,1991(2).

[34] 陈锡康.中国城乡经济投入占用产出分析[M].北京:科学出版社,1992.

[35] 陈晓剑,王淮学.主导产业的选择模型[J].中国管理科学,1996(4).

[36] 陈仲生.基于 Matlab 7.0 的统计信息处理[M].长沙:湖南科学技术出版社,2005.

[37] 邵汉青.投入产出法[M].武汉:武汉大学出版社,1990.

[38] 苏东水.产业经济学[M].北京:高等教育出版社,2000.

[39] 杨治.产业经济学导论[M].北京:中国人民大学出版社,1985.

[40] 杨建文,周冯琦,胡晓鹏.产业经济学[M].上海:学林出版社,2004.

[41] 杨沐.产业政策研究[M].上海:上海三联书店,1989.

[42] 李强.当代中国投入产出应用与发展[M].北京:中国统计出版社,1992.

[43] 李桥兴.灰色投入产出分析及直接消耗系数可拓调整研究[D].南京:南京航空航天大学,2007.

[44] 李悦,李平.产业经济学[M].大连:东北财经大学出版社,2002.

[45] 李江帆.第三产业的产业性质、评估依据和衡量指标[J].南方经济,1994(10).

[46] 李平.建国 50 年来我国产业结构调整分析[J].教学与研究,1999(8).

[47] 张金水.多重嵌套的可计算非线性动态投入产出模型及平衡增长率[J].系统科学与数学,1999(20).

[48] 张金水.可计算非线性动态投入产出模型[M].北京:清华大学出版社,2000.

[49] 宋辉.基于投入产出技术的产业结构与部门发展模型研究[D].天津:天津大学,2004.

[50] 余建英,何旭宏.数据统计分析与 SPSS 应用[M].北京:人民邮电出版社,2003.

[51] 许宪春,刘起运.中国投入产出分析应用论文精粹[M].北京:中国统计出版社,2004.

[52] 西蒙·库兹涅茨.现代经济增长[M].戴睿,易诚,译.北京:北京经济学院出版社,1989.

[53] 西蒙·库兹涅茨.各国的经济增长:总产值和生产结构[M].常勋,等译.北京:商务印书馆,1985.

[54] 孙冶方,陈岱孙,厉以宁,等.中国经济学家代表作精选 1978—1998[M].北京:中国发展出版社,1998.

[55] 刘起运,程卫平.宏观经济预测与规划[M].北京:中国物价出版社,1999.

[56] 刘志彪.现代产业经济分析[M].南京:南京大学出版社,2001.

[57] 刘克利,彭水军,陈富华.主导产业的评价选择模型及其应用[J].系统工程,2003(3).

[58] 刘伟,杨云龙.中国产业经济分析[M].北京:中国国际广播出版社,1987.

[59] 刘伟.工业化进程中的产业结构研究[M].北京:中国人民大学出版社,1995.

[60] 刘小瑜.中国产业结构的投入产出分析[M].北京:经济管理出版社,2003.

[61] 石磊.主导产业及其区域传导效应分析[J].管理世界,1994(2).

[62] 史忠良.产业经济学[M].北京:经济管理出版社,1998.

[63] 卡布尔.产业经济学前沿问题[M].北京:中国税务出版社,2000.

[64] 丛黎亮,万静.基于投入产出分析的产业结构高级化[J].统计与信息论坛,2007(1).

[65] 瓦西里·里昂惕夫.投入产出经济学[M].崔书香,潘省初,谢鸿光,译.北京:中国统计出版社,1990.

[66] 王慧炯,李泊溪,周林.中国部门产业政策研究[M].北京:中国财政经济出版社,1989.

[67] 王嘉谟.实用非线性动态投入产出模型:兼评列氏动态投入产出模型的失真性[M].北京:国防工业出版社,2003.

[68] 王岳平.我国产业结构的投入产出关联分析[J].管理世界,2000(4).

[69] 王辰.主导产业的选择理论与我国主导产业的选择[J].经济学家,1995(3).

[70] 王玉潜,袁建文,李华.投入产出分析的理论与方法[M].广州:广东高等教育出版社,2002.

[71] 王小波.投入产出分析[M].北京:中国统计出版社,1996.

[72] 毛剑峰.我国产业结构分析——基于投入产出法的实证研究[J].经济纵横,2005(6).

[73] 乌家培,张守一.投入产出法在中国的应用[M].太原:山西人民出版社,1984.

[74] 马洪,孙尚清.中国经济结构问题研究[M].北京:人民出版社,1981.

[75] 马建堂.周期波动与结构变动——论经济周期对产业结构的影响[D].北京:中国社会科学院,1988.

[76] Stigler G J. The Theory of Economic Regulation[J]. Bell Journal

of Economics and Management Science,1971,2.

[77] Nikaido, Hokukane. Convex Structures and Economic Theory [M]. Tokyo: Hitotsubashi University, 1968.

[78] Kenessey Z. The Accounts of Nations[M]. Amsterdam: IOS Press, 1994.

[79] Polenske K R, Skolka J. Advances in Input-output Analysis[M]. Cambridge:Ballinger Publishing Company , 1976.

[80] Jean Tirole. The Theory of Industrial Organization[M]. Cambridge: MIT Press, 1998.

[81] Hal Varian. Microeconomic Analysis[M].University of Michigan Press, 1992.

[82] Minc H. Nonnegative Matrices[M]. New York: Wiley, 1988.

[83] Greene. Econometric Analysis[M]. New York: Prentice Hall, 2000.

[84] Fujimoto Tokao. Nonlinear Leontief Models in Abstract Spaces [J]. Journal of Mathematical Economics, 1986(15).

[85] Luenberger D G. Investment Science [M]. Oxford University Press,1997.